NEFI CORDEIRO

COLABORAÇÃO PREMIADA

ATUALIZADA PELA LEI ANTICRIME

Copyright © 2020 by Editora Letramento
Copyright © 2020 by Nefi Cordeiro

DIRETOR EDITORIAL | Gustavo Abreu
DIRETOR ADMINISTRATIVO | Júnior Gaudereto
DIRETOR FINANCEIRO | Cláudio Macedo
LOGÍSTICA | Vinícius Santiago
COMUNICAÇÃO E MARKETING | Giulia Staar
EDITORA | Laura Brand
ASSISTENTE EDITORIAL | Carolina Fonseca
DESIGNER EDITORIAL | Gustavo Zeferino e Luís Otávio Ferreira
CONSELHO EDITORIAL | Alessandra Mara de Freitas Silva; Alexandre Morais da Rosa; Bruno Miragem; Carlos María Cárcova; Cássio Augusto de Barros Brant; Cristian Kiefer da Silva; Cristiane Dupret; Edson Nakata Jr; Georges Abboud; Henderson Fürst; Henrique Garbellini Carnio; Henrique Júdice Magalhães; Leonardo Isaac Yarochewsky; Lucas Moraes Martins; Luiz Fernando do Vale de Almeida Guilherme; Nuno Miguel Branco de Sá Viana Rebelo; Renata de Lima Rodrigues; Rubens Casara; Salah H. Khaled Jr; Willis Santiago Guerra Filho.

Todos os direitos reservados.
Não é permitida a reprodução desta obra sem
aprovação do Grupo Editorial Letramento.

Dados Internacionais de Catalogação na Publicação (CIP) de acordo com ISBD

C794c	Cordeiro, Nefi
	Colaboração premiada: atualizada pela lei anticrime / Nefi Cordeiro. - Belo Horizonte : Letramento ; Casa do Direito, 2020. 300 p. ; 15,5cm x 22,5cm.
	Inclui bibliografia. ISBN: 978-65-86025-74-3
	1. Direito penal. 2. Colaboração premiada. 3. Negociação. I. Título.
2020-2438	CDD 345 CDU 343

Elaborado por Odilio Hilario Moreira Junior - CRB-8/9949

Índice para catálogo sistemático:
1. Direito penal 345
2. Direito penal 343

Belo Horizonte - MG
Rua Magnólia, 1086
Bairro Caiçara
CEP 30770-020
Fone 31 3327-5771
contato@editoraletramento.com.br
editoraletramento.com.br
casadodireito.com

Casa do Direito é o selo jurídico do
Grupo Editorial Letramento

A VOCÊ QUE ME ENTENDE,
APOIA E AMA...
E EU AMO.

9 INTRODUÇÃO

13 COLABORAÇÃO PREMIADA EM SISTEMAS JURÍDICOS

- 14 **1. *PLEA BARGAINING* NORTE-AMERICANO**
- 15 1.1. A CONSTRUÇÃO DA *PLEA BARGAINING*
- 15 1.1.1. INFLUÊNCIA INGLESA
- 16 1.1.2. *PLEA BARGAINING* AMERICANA
- 19 1.1.3. MODELO ADVERSARIAL E SUA SUBSTITUIÇÃO PELO PROCESSO BUROCRÁTICO COOPERATIVO
- 21 1.2. TRATAMENTO DA *PLEA BARGAINING*
- 21 1.2.1. PROCEDIMENTO DA *PLEA BARGAINING*
- 23 1.2.2. REQUISITOS DA *PLEA BARGAINING*
- 26 1.2.3. PRINCÍPIOS DA *PLEA BARGAINING*
- 28 1.3. CRÍTICAS À *PLEA BARGAINING*
- 30 1.4. CONCLUSÕES

- 32 **2. O *PATTEGGIAMENTO* ITALIANO**
- 33 2.1. A BUSCA DO SISTEMA ACUSATÓRIO
- 37 2.2. O *PATTEGGIAMENTO* E A REFORMA PROCESSUAL ITALIANA
- 49 2.3. COLABORAÇÃO EM DELITOS GRAVES
- 53 2.4. CONSEQUÊNCIAS DO *PATTEGIAMENTO* E DA COLABORAÇÃO
- 56 2.5. CONCLUSÕES

- 58 **3. COLABORAÇÃO PREMIADA NA AMÉRICA LATINA: ARGENTINA, CHILE, COLÔMBIA E COSTA RICA**
- 58 3.1. ARGENTINA: "IMPUTADO ARREPENTIDO"
- 59 3.1.1. A LEI DO ARREPENDIDO
- 65 3.1.2. ASPECTOS PROCEDIMENTAIS
- 68 3.1.3. EFICIÊNCIA DA LEI DO ARREPENDIDO NA ARGENTINA
- 70 3.2. CHILE: "PROCEDIMIENTO ABREVIADO, ACUERDOS Y PREACUERDOS"
- 81 3.3. COLÔMBIA: "ACUERDOS DE CULPABILIDADE, 'BENEFICIO PARA LA COLABORACIÓN', Y DISPONIBILIDAD MINISTERIAL PARA LA COLABORACIÓN CRIMINAL"
- 86 3.4. COSTA RICA: "EL CRITERIO DE OPORTUNIDAD"
- 91 3.5. CONCLUSÕES

93   4. OUTROS PAÍSES

94   5. CONCLUSÕES

CARACTERES DA COLABORAÇÃO PREMIADA

98   **1. EVOLUÇÃO LEGAL BRASILEIRA**
100   1.1. LEI DOS CRIMES HEDIONDOS
101   1.2. LEI DO CRIME ORGANIZADO
102   1.3. LEI DOS CRIMES TRIBUTÁRIOS E ECONÔMICOS
104   1.4. LEI DE LAVAGEM DE CAPITAIS
105   1.5. LEI DE PROTEÇÃO DAS VÍTIMAS E TESTEMUNHAS
107   1.6. LEI DE TÓXICOS – HOJE REVOGADA LEI Nº 10.409/2002
108   1.7. LEI DE DROGAS - LEI Nº 11.343/2006
109   1.8. CONFLITO DE LEIS

112   **2. CARACTERES ESTÁVEIS DA LEGISLAÇÃO PREMIAL**
112   2.1. CRITÉRIO DO FAVOR JUDICIAL
113   2.2. CRITÉRIO DA PROPORÇÃO DO FAVOR
113   2.3. CRITÉRIO DO RESULTADO
115   2.4. CRITÉRIO DA VOLUNTARIEDADE
118   2.5. CRITÉRIO DA UTILIDADE

CARACTERES NA LEI DA CRIMINALIDADE ORGANIZADA

127   **1. O NEGÓCIO JURÍDICO**
127   1.1. NEGÓCIO JURÍDICO PARA A OBTENÇÃO DE PROVAS
135   1.2. NEGOCIADORES
139   1.3. AUTOCOLABORAÇÃO
141   1.4. SUBSIDIARIEDADE OU "MULETA INVESTIGATÓRIA"

142   **2. APLICAÇÃO DO FAVOR**
142   2.1. FAVOR JUDICIAL E FAVOR MINISTERIAL
144   2.2. FAVOR DE RESULTADO

145	3.	**OBJETO DA DELAÇÃO**
145	3.1.	ESTRATÉGIA DE DEFESA
149	3.2.	CRITÉRIO DA UTILIDADE
153	3.3.	SIGILO E IMPUGNAÇÃO DO ACORDO
158	4.	**A COLABORAÇÃO E O PROCESSO**
158	4.1.	RENÚNCIA AO SILÊNCIO
160	4.2.	CORROBORAÇÃO DA COLABORAÇÃO
165	4.3.	COLABORADOR E CONTRADITÓRIO
172	4.4.	DESFAZIMENTO DA COLABORAÇÃO

179 — LIMITES DA NEGOCIAÇÃO

179	1.	**LIMITES LEGAIS**
180	1.1.	FAVORES EXTRALEGAIS
186	1.2.	DEVERES EXTRALEGAIS
188	1.3.	PENA INVENTADA
192	1.4.	EXECUÇÃO IMEDIATA DA PENA
194	2.	**O PROCESSO PENAL COMO LIMITADOR PRINCIPIOLÓGICO**
195	2.1.	MODELO INQUISITÓRIO
199	2.2.	ANTERIORIDADE LEGAL DA PENA
200	2.3.	OUTROS PRINCÍPIOS DE INCIDÊNCIA
202	3.	**A CONSTITUIÇÃO GARANTISTA**
203	3.1.	JURISDICIONALIDADE DA PENA
207	3.2.	PRINCÍPIOS DA ADMINISTRAÇÃO PÚBLICA
207	3.2.1.	A EFICIÊNCIA
209	3.2.2.	A IMPESSOALIDADE, MORALIDADE E PUBLICIDADE
213	3.2.3.	PROPORCIONALIDADE E ISONOMIA

217 — CONTROLES NECESSÁRIOS

219	1.	**CONTROLE INTERNO MINISTERIAL**
219	1.1.	INDEPENDÊNCIA FUNCIONAL, CONTROLE E REVISÃO
223	1.2.	CONTROLES POR AÇÃO CONJUNTA OU REVISIONAL

230	**2. CONTROLE JUDICIAL NA HOMOLOGAÇÃO**
231	2.1. CONTROLE JUDICIAL DA LEGALIDADE
232	2.2. ACESSO JUDICIAL AO MÉRITO DA NEGOCIAÇÃO
235	2.3. MOMENTO DO CONTROLE JUDICIAL DA LEGALIDADE
237	**3. CONTROLE JUDICIAL DOS ADITAMENTOS**
239	**4. CONTROLE JUDICIAL NA SENTENÇA**

244 — COLABORAÇÃO PREMIADA NA LEI ANTICRIME

244	**1. COMPETÊNCIA DO JUIZ DE GARANTIAS**
251	**2. PROCEDIMENTO**
252	2.1. FUNDAMENTAÇÃO MINISTERIAL
259	2.2. CONFIDENCIALIDADE
260	2.3. DETALHAMENTOS DO ACORDO
262	2.4. DESCONHECIMENTO PARA A NÃO PERSECUÇÃO CRIMINAL
263	**3. PROVAS**
265	3.1. INVESTIGAÇÕES E PROVAS ANTECIPADAS
267	**4. LIMITE DE UTILIDADE DA DELAÇÃO**
274	**5. RESCISÃO**
278	**6. INTERVENÇÃO JUDICIAL**
284	**7. CONCLUSÕES**

286 — CONSIDERAÇÕES FINAIS

291 — REFERÊNCIAS

INTRODUÇÃO

A colaboração premiada é negócio jurídico que reduz a resposta penal em troca da colaboração do acusado para demonstração dos crimes de corréus, da estrutura criminosa, da recuperação do produto do crime ou do salvamento da vítima, ou ainda para prevenir novos crimes da organização criminosa.

É eficiente instrumento persecutório, de crescente uso no processo penal do ocidente. Recomendada pela Organização das Nações Unidas (ONU)[1] e incorporada por sucessivas leis no Brasil, atingiu a colaboração seu auge normativo com a Lei da Criminalidade Organizada (Lei nº 12.850/2013), onde se fixaram limites, competências e procedimento.

A partir de artigos e capítulos de livro sobre o tema,[2] surge agora a presente obra de colaboração premiada, inicialmente buscando identificar seus caracteres legais e controle, para hoje abordar também aspectos de direito comparado e de atualização pela nova Lei Anticrime.

Realmente, os sistemas persecutórios ocidentais parecem caminhar cada vez mais para a valorização das posições de partes no processo criminal, privilegiando o consenso. É modelo já histórico, identificado

---

[1] Convenção das Nações Unidas contra a Corrupção, incorporada pelo Dec nº 5.687/2006:

2. Cada Estado Parte considerará a possibilidade de prever, em casos apropriados, a mitigação de pena de toda pessoa acusada que preste cooperação substancial à investigação ou ao indiciamento dos delitos qualificados de acordo com a presente Convenção.

3. Cada Estado parte considerará a possibilidade de prever, em conformidade com os princípios fundamentais de sua legislação interna, a concessão de imunidade judicial a toda pessoa que preste cooperação substancial na investigação ou no indiciamento dos delitos qualificados de acordo com a presente Convenção.

[2] CORDEIRO, 2010; CORDEIRO, 2019a; CORDEIRO, 2019b.

com favores da época da inquisição e até objeto de reflexação crítica por Beccaria,[3] justificando a colaboração premiada como *favore* genérico e evitando os riscos de acordos individualizados.[4]

Também Ihering tratou dos prêmios no processo, tendo a lei como base:

> Um dia, os juristas vão ocupar-se do direito premial. E farão isso quando, pressionados pelas necessidades práticas, conseguirem introduzir a matéria premial dentro do direito, isto é, fora da mera faculdade e do arbítrio. Delimitando-o com regras precisas, nem tanto do interesse do aspirante ao prêmio, mas, sobretudo, no interesse superior da coletividade.[5]

Iniciamos o presente livro pelo exame de modelos de consenso no processo criminal mais fortemente vinculados ao Brasil: a colaboração premiada em sistemas jurídicos. É nesse capítulo examinada a *plea bargaining*, como barganha da culpa pela pena, iniciada com a simples admissão de culpa e chegando à colaboração para condenação de outros agentes. Segue o confronto comparativo com a análise do *patteggiamento* e da negociação para céleres procedimentos na Itália. Finalmente, examina-se mais pontualmente a negociação em países da América Latina, Alemanha e França. A verificação da negociação no ocidente serve de modelo, de comparativo e para a crítica evolutiva em nosso país.

Segue o segundo capítulo com a identificação dos caracteres da colaboração premiada, através do exame de sua evolução jurídica no Brasil. É interessante avaliar a sequência legal no país da colaboração do acusado, prevendo minorações de pena com regramentos dos quais é possível inferir um conteúdo harmônico e estável de critérios normativos – fonte de interpretação e suprimento até para a legislação atual. Assim é que serão examinadas a Lei dos Crimes Hediondos, do

---

3 BECCARIA,1990, p. 121.

4 As vantagens consistem na prevenção dos delitos relevantes, que, por terem efeitos evidentes e autores ocultos, atemorizam o povo. Além disso, contribui para mostrar que quem não tem fé nas leis, isto é, no poder público, é provável que também não confie no particular. Parece-me que lei geral, que prometesse impunidade ao cúmplice delator de qualquer delito, seria preferível a uma declaração especial em caso particular, porque assim preveniria as uniões pelo temor recíproco que cada cúmplice teria de expor-se e o tribunal não tornaria audaciosos os criminosos chamados a prestar socorro num caso particular.

5 IHERING, 2004, p. 73.

Crime Organizado, dos Crimes Tributários e Econômicos, da Lavagem de Capitais, de Proteção das Vítimas e Testemunhas, a revogada Lei de Tóxicos (nº 10.409/2002) e a atual Lei de Drogas (nº 11.343/2006).

Dessa evolução legal surgem critérios estáveis, princípios orientadores da interpretação do instituto e cuja incidência ainda hoje se faz necessária. Será examinada a proporcionalidade na concessão dos favores em colaboração premiada, em regra na redução de pena e assim um favor judicial, por adesão voluntária do colaborador (e então o tema da negociação por acusado preso), sobre crimes e agentes limitados ao processo. Vários desses critérios têm na prática atual sido esquecidos ou minorados.

Já o terceiro capítulo analisa os principais temas de controvérsia atual da colaboração na Lei da Criminalidade Organizada. Será abordado o uso, talvez exagerado, desse instrumento, as previsões legais de renúncia ao silêncio e de corroboração da prova, além de iniciar-se o debate sobre o que pode ser negociado nesse ajuste estatal.

O quarto capítulo enfrenta os limites da colaboração premiada, na prática brasileira comumente violando barreiras legais e principiológicas. Se negócio jurídico é, precisa a colaboração seguir os regramentos pertinentes a qualquer contrato, especialmente considerando darem-se as negociações por agente público. Enfrentam-se especialmente os polêmicos temas da pena concretizada e da execução penal imediata, presentes nos mais recentes acordos de colaboração premiada.

O quinto capítulo trata dos controles necessários à colaboração premiada. Inicia-se com o exame da independência funcional do Ministério Público e de seu confundido uso atual como legitimação para decidir isolada e definitivamente sobre temas, sem controles ou revisões... Finaliza o capítulo com a proposição de controles à colaboração premiada, dentro do Ministério Público e pelo poder Judiciário, sem invasão do critério negocial mas observando os limites legais em sentido amplo.

O capítulo final vê o estado da arte contemporâneo da colaboração, com os detalhamentos e alterações surgidos na Lei Anticrime, que mais claramente definiram a colaboração como negócio jurídico judicialmente controlado e com limites legais.

O momento brasileiro de preocupação social com a chaga espraiada da corrupção clama pela eficiência penal e a colaboração tem-se revelado poderoso mecanismo de reforço ao ônus estatal de demonstração da culpa. De outro lado, é justamente nos momentos de pressão por eficiência que precisa a democracia manter firmes os limites das garantias, impedindo que por excepcionamentos casuísticos e desejos sociais momentâneos sejam reduzidas as proteções do devido processo legal.

Serve a discussão dos limites da colaboração premiada e de seus controles como foco do mais amplo debate dos caminhos da persecução penal, com a eficiência possível em um sistema sem retrocesso de garantias.

COLABORAÇÃO PREMIADA EM SISTEMAS JURÍDICOS

A admissão de culpa para redução de pena, para modelos abreviados de persecução criminal, ou mesmo para obtenção de favores processuais, tem sido espraiada pelos sistemas criminais do ocidente.

Seja através de uma negociação formal entre acusação e defesa, por vezes até mesmo com a participação da vítima, seja como uma condição para um processo simplificado de penas limitadas, seja finalmente como uma atenuante legal de pena a ser judicialmente fixada, a disposição do processo pelo desejo das partes é realidade presente na maioria dos países.

A construção da *plea bargaining* é modelo fundamental para essas inovações, tendo servido como modelo ou como confronto para os variados países. O estudo da barganha americana, nesse sistema representativo e político de acusação estatal, ao par das críticas pela redução de garantias processuais, é destaque no mundo por sua grande eficiência e celeridade.

De outro lado, o *patteggiamento* e a figura do colaborador de justiça, trouxeram na Itália uma mudança para o processo mais acusatório e adversarial, em um quase enfrentamento da magistratura e Congresso. Surgem os processos abreviado, diretíssimo, por decreto e imediato como mais simples respostas estatais ao crime e como favorecimento à negociação no processo.

A América Latina construiu modelos similares baseados na oportunidade, na negociação processual da culpa e em procedimentos simplificados. Mesmo em países outros de influência para o Brasil, como Alemanha e França, a negociação se faz presente.

A prevalência da vontade das partes implica em redução das funções clássicas do processo e do juiz, na obtenção da verdade e defesa das garantias ao devido processo legal, para privilegiar um modelo adversarial de processo acusatório, onde se destacam as posições e interesses das partes. O resultado é de maior risco ao justo, mas com impressionante celeridade e eficiência processual e isto tem sido característica comum em mudanças processuais do continente.

É de todo interessante, pois, o exame de sistemas criminais que influenciaram e seguem influenciando nosso país, para que melhor se possa pensar no modelo mais útil a ser desenvolvido no Brasil.

1. *PLEA BARGAINING* NORTE-AMERICANO

No modelo americano, mais do que propriamente na *commom law*, a persecução criminal tem utilizado histórica e crescentemente a barganha pela *plea bargaining*.

Com grande variação de regramentos locais, a barganha americana possui de todo modo alguns caracteres mais estáveis e precisa respeitar aos limites da Constituição Federal de 1789, bem como à livre e consciente negociação de partes.

Pelo acordo vem o Estado acusador a obter a admissão de culpa (*guilty plea*) e submissão a imediata condenação (*plea bargaining*), o que chega a ocorrer em aproximadamente 90% dos casos criminais do país.

O Ministério Público, eleito seu chefe em regra na jurisdição estadual, atua com critérios políticos na escolha dos casos criminais a perseguir e na formulação de acordos ao acusado, com benefícios processuais que vão de uma acusação menor à sugestão de penas menos gravosas, em troca da confissão de culpa e da aceitação em não ser submetido a julgamento.

A celeridade e redução do número de julgamentos criminais têm mais que comprovada eficiência, mas permitem discussões de supressão ao direito de defesa, de seu impedimento por dificuldades econômicas e de seletividade penal mais intensa.

1.1. A CONSTRUÇÃO DA PLEA BARGAINING

1.1.1. INFLUÊNCIA INGLESA

Embora usada a declaração de culpa inicialmente em processos de heresia "e outras formas de pensamento perigosos", mesmo sem culpa formal imputada,[6] o direito inglês possui grandes ressalvas à aceitação da confissão no processo penal, pela admissão da grande fragilidade em que se encontra o acusado no processo, que então abre mão da defesa, testemunhas e provas.

Apesar de permitida a confissão, ela de fato seguiu tradicionalmente desencorajada pelos tribunais, até porque as sanções mais comuns inicialmente eram de mutilação ou pena capital.

Durante a Idade Média, confessar o crime não poderia trazer vantagens ao acusado; ao contrário, isto apenas agravaria sua pena, pois não poderia o júri então reconhecer nenhuma forma de atenuante. Dessa forma, quando recebia o tribunal uma declaração de culpa, geralmente aconselhava o prisioneiro a retirá-la, conforme já traziam os comentários de Blackstone,[7] já que o rigoroso exame e a relutância em aceitar a confissão derivavam da ideia de proteger ao réu de sua própria ignorância, imbecilidade e imprudência.

Notório é o caso de Stephen Wright, em 1743, descrito por Ismael, Ribeiro e Aguiar:

> No século XVIII (em 1743), o caso concreto de Stephen Wright ilustra a resistência judicial da época em aceitar a guilty plea na mesma Inglaterra. Wright assumiu a culpa pela prática de um crime de roubo, com o objetivo de facilitar o trabalho do tribunal. Afirmou que esperava, em troca, que tanto o tribunal quanto os jurados recomendassem a comutação da pena obrigatória de morte prevista para o delito patrimonial. Em reposta, Wright foi informado de que sua confissão impedia tanto a corte quanto os jurados de conhecerem qualquer circunstância que lhe fosse favorável. Ele, então, deveria retirar a declaração de culpa para ser submetido a julgamento formal e, a partir daí, se avaliar a possibilidade de comutação de sua pena, o que foi obedecido por Wright.[8]

---

6 HENDLER; TEDESCO, 1999.

7 BLACKSTONE *apud* ALSCHULER, 1979, p.7.

8 ISMAEL; RIBEIRO; AGUIAR, 2017, p. 5

Sem defesa, os processos não eram longos e em um só dia o colegiado de jurados poderia decidir entre 15 a 20 casos diferentes. Esta celeridade afastava qualquer pressão administrativa para o uso de métodos alternativos ao tradicional Tribunal de Júri.

A ausência de dificuldades com o tempo do julgamento e o desejo de maior proteção ao acusado conduziram a uma tendência onde a confissão não era procurada, e até era objeto de resistência nos tribunais. Ademais, a mera suspeita de que o acusado poderia ter sido influenciado por supostas vantagens, seria suficiente para a nulidade da confissão, como lecionado por Medina:

> Ademais, a confissão, ou seja, a declaração de culpa realizada pelo próprio acusado, não era considerada uma manifestação livre de vontade porque tinha como vícios o medo e interesse em uma sanção mais branda.[9]

A ressalva dos tribunais em condenarem com fundamentação na confissão é demonstrada contemporaneamente por William Auckland,[10] quando alerta para a impossibilidade de submeter-se ao risco de colocar um inocente na prisão pelas falhas que ocorrem no processo, como na situação de assassinos confessos de crimes por eles nunca cometidos.

Não nasce a *plea bargaining* como inerente ao *commow law*, tampouco era considerada no sistema inglês uma necessidade de eficiência, embora possível legalmente de uso a figura do consenso. O temor do erro das nulidades, ao contrário, rejeitavam a colaboração do acusado para a definição de sua culpa criminal.

1.1.2. PLEA BARGAINING AMERICANA

Os Estados Unidos, como colônia, seguiram o modelo inglês da acusação privada até a revolução industrial, no século XVIII, quando o aumento da criminalidade e o liberalismo iluminista europeu fizeram admitir como necessária a intervenção estatal na persecução por crimes.

---

[9] MEDINA, 2015, p. 46.

[10] "[W]e have known instances of murder avowed, which never were committed; of things confessed to have been stolen, which never had quitted the possession of the owner.... It is both ungenerous therefore, and unjust, to suffer the distractions of fear, or the' misdirected hopes of mercy to preclude that negative evidence of disproof, which may possibly, on recollection, be in the power of the party; we should never admit, when it may be avoided, even the possibility of driving the innocent to destruction." Cf.: AUCKLAND *apud* ALSCHULER, 1979, p. 11.

Começa a *plea bargaining* a se tornar comum após a Guerra Civil nos Estados Unidos, em razão da mudança na sociedade americana, que passou a recorrer ao Estado para resolução de conflitos, não mais seguindo a tradição de soluções na própria esfera privada. Também o aumento da criminalidade, influenciado por relevante boom populacional, trouxe incentivo à busca por uma solução estatal eficiente e célere.

Apesar dessa popularidade da negociação desde a Guerra Civil, estudos realizados por George Fisher,[11] no estado de Massachusetts, indicam a realização da barganha com certa frequência nos crimes relacionados ao comércio ilegal de bebidas e posteriormente nos crimes de homicídio – nestes já existia uma pena pré-determinada, que limitava o poder de dosimetria do juiz, restando a negociação com o parquet como melhor opção. Com a negociação e adotando o princípio *nolle persegui*, poderia então o membro do Ministério Público não apresentar a denúncia, reduzindo o custo do processo e constituindo-se em vantagem mesmo para o autor dos fatos incriminados.

Durante a década de 20, em virtude da proibição de comerciar bebidas pela lei seca americana, muitos foram os presos e muito se criou em negociação processual, chegando o Supremo Tribunal de Wisconsin, em 1877, a afirmar que a situação gerava dificuldade no reconhecimento da justiça ou no que parecia assumir a feição "de uma venda direta de justiça", como demonstra Lopes Junior ao traduzir Dylan Walsh:[12]

> A prática, no entanto, continuou e, na virada do século, um pequeno balcão de negócios havia se instalado nessa órbita. "Intermediadores" poderiam ser contratados para providenciar alternativas a uma sentença de prisão. A polícia regularmente visitava as cadeias para "negociar" com os presos. Um advogado de defesa da cidade de Nova York e amigo de magistrados locais perambulou na frente do plantão noturno vendendo 10 dias de prisão por US$ 300, 20 dias por US$ 200 e 30 dias por US$ 150. Na década de 1920, quando os crimes federais de violação da "lei seca" inundaram os fóruns criminais, 88% dos casos na cidade de Nova York e 85% em Chicago foram resolvidos por meio de "plea bargaining". Quando a Suprema Corte, em 1969, finalmente se manifestou sobre a legalidade da

---

[11] FISHER *apud* ISMAEL; RIBEIRO; AGUIAR, 2017, p. 6.
[12] WALSH, 2017.

questão, decidiu por unanimidade que as negociações e acordos são constitucionalmente aceitáveis. Eles são "inerentes à administração da Justiça criminal", declarou a corte.[13]

Dessa época também surgiram ideias de negociações da acusação (*charge*), da quantidade (*count*) de crimes e da descrição dos fatos (*fact bargaining*), pois comum era uma só pessoa ser flagrada na posse da bebida, armazenamento e auxiliando no transporte do produto.

Também influenciou a adesão à barganha a própria estrutura funcional no processo, com acusadores sem salários fixos e poucos advogados.

A variação de pena, finalmente, para um só crime indo de penas menores à pena capital, atemorizava com o risco de altas penas e influenciava fortemente a aceitação da certeza dos acordos e a recusa à sorte no julgamento.

Com o final da II Guerra Mundial e aumento da população juvenil, os anos sessenta trouxeram grande aumento da criminalidade, especialmente no crime de drogas, favorecendo procedimentos persecutórios mais simples para a condenação.[14]

Em Los Angeles, no ano de 1968, o prazo médio de um julgamento de júri era de 7.2 dias,[15] justamente pelo forte uso da *plea bargaining*, responsável por praticamente 90% (noventa por cento) dos resultados dos processos criminais americanos. Conforme Rapoza:

> A par desta ofensiva, os legisladores de todo o país expandiram enormemente o alcance da lei, criminalizando condutas que não eram anteriormente alvo de perseguição criminal 24. Ao mesmo tempo, endureceram as penas para uma variedade de crimes relacionados com drogas e álcool, bem como aqueles que envolviam armas de fogo, violência doméstica e criminosos sexuais perigosos, só para mencionar alguns 25. Muitos destes crimes tornaram-se objeto das chama-das "penas mínimas obrigatórias",

---

13 LOPES JÚNIOR, Aury; ROSA, Alexandre Morais da. Entenda o impacto do Juiz das Garantias no Processo Penal. Consultor Jurídico, 27 dez. 2019. Disponível em: https://www.conjur.com.br/2019-dez-27/limite-penal-entenda-impacto-juiz-garantias-processo-penal. Acesso em: 10 ago. 2020.

14 PASTRANA, 2001.

15 LANGBEIN, 1978.

cuja imposição é obrigatória em caso de condenação 26. De igual modo, criminosos reincidentes foram sujeitos apenas substancialmente aumentadas para os crimes subsequentes.[16]

A própria eleição da maioria dos agentes acusatórios, nos estados americanos, transformando a promotoria em cargo político, tende a uma prestação social de contas voltada à eficiência, onde taxas de condenações são importantes para a reeleição – e a certeza da condenação pelo acordo isto propicia. Há uma forte necessidade de demonstração de eficiente combate ao crime.

Até a classe dos advogados possuía economicamente interesse na negociação, pelo modelo de honorários ao início do processo, com risco no julgamento de muito trabalho e altas penas ao cliente.

Para a defensoria pública, a *plea bargaining* era forma de desafogar o órgão, diante do elevado número de processos em que atuava. A ordinária situação de prisão durante o processo, até pela dificuldade econômica do acusado pagar altas fianças, influenciou também a proliferação de acordos: a informação de longa espera na prisão para o julgamento já se tornava argumento suficientemente forte para a aceitação da negociação.

Foi um caminhar de confirmação da *plea bargaining* como mecanismo absolutamente preferencial da justiça criminal americana, negociando culpa e penas para a eficiência em uma demanda de muitos crimes e poucos juízes.

O tratamento formal e as limitações judiciais da barganha surgem muito após o início real de sua aplicação, com tendente aproximação dos modelos estaduais e federais americanos.

1.1.3. MODELO ADVERSARIAL E SUA SUBSTITUIÇÃO PELO PROCESSO BUROCRÁTICO COOPERATIVO

Parcialmente divergindo da ideia de uma sucessão de sistemas persecutórios, Feeley[17] não considera a *plea bargaining* como responsável pela decadência do antigo modelo processual americano. Em seu

---

16 RAPOZA, 2012, p. 211.

17 FEELEY, 1982.

ponto de vista, o sistema *adversary process* nunca teve em verdade um período de auge, mesmo antes da proliferação da *plea bargaining* – não houve crepúsculo do que jamais grande fora [18].

Como geralmente não havia advogados no julgamento perante o Júri e, mesmo quando existiam, estes se limitavam a fazer defesas simples, normalmente limitando-se a pedir perdão pelas atitudes do réu ou apenas as esclarecendo. Do outro lado, não havia promotores especializados, ocorrendo de muitas vezes serem policiais que pouco conheciam as leis. O juiz, finalmente, era também em regra um membro leigo da sociedade.[19] Era um acusatório adversarial não concretizado e sem especialistas.

O *adversary process*, que tecnicamente exige o duelo de partes nas regras do jogo processual, onde o direito o justo se constrói por meio de grandes debates, apenas existiria no dicionário dos juristas americanos. Na verdade, o *adversary* apenas se aprimorou graças justamente à *plea bargaining*, com a redução do número de julgamentos e profissionalização das partes processuais, quando então foi possível a este modelo adquirir as formas tecnicamente conhecidas.

Realmente, o modelo de julgamentos é complexo pelas fases e participação popular, além de formalismos probatórios e alto custo pelas prisões processuais. Com a barganha e redução do número de processos, seus agentes tenderam a uma maior especialização e as garantias constitucionais passaram a ser ainda mais detalhadamente consideradas.

A *plea bargaining* trouxe aparência de maior paridade de armas no processo penal, antes tão precária na falta de advogados, permitindo a direta negociação das partes com vista integral das provas e exame dos riscos do julgamento por júri. Pode de aí o acusado diretamente negociar e dispor de maneira autônoma sobre seu direito constitucional de julgamento, mesmo não possua ou não deseje uma defesa técnica eficiente.

---

18 "O que podemos fazer de tudo isso? Certamente esses números apóiam o argumento de Raymond Moley de 1928, lamentando 'nosso desaparecido júri'. E eles parecem apoiar a afirmação mais recente de que estamos testemunhando o 'crepúsculo do processo adversarial', que está sendo substituído por um processo cooperativo burocrático que se baseia na confissão de culpa." Cf.: FEELEY, 1982, p. 344.

19 FEELEY, 1982.

Não se pode deixar de relevar, porém, que realmente passa o processo criminal a ser mais burocratizado com a barganha, menos produtivo na discussão da verdade das provas e mais voltado a pressionar para uma confissão com pena imediata.

O consenso, mesmo pressionado, é a mola condutora da persecução criminal: é o processo burocrático cooperativo, a forma de imposição da pena como prevalente, por uma sobrelevação da vontade das partes do processo.

1.2. TRATAMENTO DA PLEA BARGAINING

No modelo da *common law* as normas e princípios são constatadas, admitidas e publicizadas pelo reconhecimento judicial de sua vigência e limites, através dos precedentes, especialmente das cortes excepcionais, sendo menor a influência e existência de codificações.[20]

Pela admissão judicial do que é o direito na sociedade, e pela histórica formação federativa, relevantes distinções ocorrem nas jurisdições locais. Assim é que a competência legislativa é em regra estadual, atuando excepcionalmente a regulação federal, limitadamente.

A diversidade de regulações estaduais dificulta a identificação de um padrão para a negociação da culpa criminal, mas sempre exigem os tribunais a voluntariedade e a plena ciência dos termos do acordo para a aceitação pelo acusado.

Assim é que se seguirá agora com o exame de procedimentos, requisitos e princípios da barganha criminal americana.

1.2.1. PROCEDIMENTO DA PLEA BARGAINING

É a *plea bargaining* uma negociação penal ofertada por promotor público a um imputado de crime que, aceitando, assume a culpa e renuncia ao direito de ser julgado por um juiz ou tribunal de júri, em troca de benefícios de redução da pena ou livramento de acusações.

A estrutura mais eficientista e pragmática da persecução criminal americana restou concretizada pelos acordos da *plea bargaining*, privilegiando a rápida resposta criminal ao par de uma instaurada maior autonomia da vontade do imputado.[21]

---

20 ETLEY, 2000.
21 COSTA, 2017.

Gabriel Silveira de Queirós Campos esclarece que, inobstante as distinções de ritos estaduais, o procedimento criminal mais comum do procedimento de *plea bargaining* ou, em contrário, do julgamento da causa nos Estados Unidos. Ocorrendo a prisão do infrator, o promotor público oferece a acusação, onde deve a justa causa ser submetida à apreciação de um magistrado. Após é designada uma data para que o acusado compareça perante esse juiz para que ele seja informado das acusações e advertido de seus direitos. Em seguida, a acusação devidamente formalizada será submetida à análise do Grande Júri, que ouvirá, durante uma audiência, as provas apresentadas e decidirá se há justa causa para que o réu seja levado a julgamento. Se for aceita a acusação, o Grande Júri fará o "indiciamento", fixando as acusações que serão levadas a julgamento. Superada essa fase, o réu é chamado a comparecer a uma nova audiência, onde será perguntado como se declara: culpado ou inocente, novamente sendo alertado sobre as suas acusações imputadas. A Corte, então, agendará uma data rápida para o julgamento.[22]

É o que resume Leonardo Dantas Costa:

> Após a aprovação da acusação pelo Gand Jury, acontece uma audiência prévia cujo objetivo é questionar o imputado acerca de sua culpa ("plea of guilty" or "non guilty"). Se ocorre a confissão, o processo encerra-se com a condenação automática do acusado, que renuncia ao devido processo legal e ao julgamento pelo júri popular.
> A confissão, por outro lado, pode estar acompanhada da "plea bargaining", ou seja, do acordo entre imputado e acusação, com finalidade de abreviar o processo e, em última análise, reduzir a sanção penal que lhe seria imposta.[23]

A Regra de Procedimento Criminal Federal nº 11 (Federal Rules of Criminal Procedure, Rule 11 - Pleas) indica os três caminhos que pode o réu adotar perante a acusação penal: a *plea of guilty*, onde se declara culpado; *plea of non contendere*, onde não contesta a acusação, mas também não assume a culpa, e exclui efeitos civis; e a *plea of not guilty*, onde o acusado se declara inocente expressamente, deste modo não se admitindo o silêncio para esse fim.[24]

---

[22] CAMPOS, 2012, p. 3-4.
[23] COSTA, 2017, p. 49.
[24] SANTOS, 2017.

Em verdade, destaca Campos que para o feito criminal, pouca distinção se dá entre a *plea of guilty* (ou *guilty plea*) e o *nolo contendere*:

> Se o acusado decide confessar a culpa (guilty plea), é agendada uma audiência para que ele manifeste sua decisão perante um magistrado. A guilty plea é, ao mesmo tempo, uma admissão de cometimento do delito e uma renúncia aos direitos que o réu teria caso decidisse ir a julgamento.
> [...] Por sua vez, o nolo contendere possui o mesmo efeito da confissão de culpa, ou seja, o réu será imediatamente sentenciado no âmbito criminal. A única distinção é que, enquanto a guilty plea serve igualmente de confissão no campo da responsabilidade civil, o nolo contendere não produz qualquer efeito sobre eventual ação civil de reparação dos danos causados pelo crime.[25]

As declarações de não contestar (*nolo contendere*) ou de assumir a culpa (*guilty plea*) não se vinculam ao acordo de redução de pena (*plea bargaining*), mas este é o caminho normal para que venha o réu a confessar e renunciar ao direito de julgamento da sua culpa criminal.

Estima-se que a *plea bargaining* representa 90% das condenações em causas estaduais ou federais.[26] Pautada principalmente na economia e celeridade processual, gera enorme redução de causas nos fóruns criminais e estimula os agentes judiciais a promoverem mais rápida tramitação dos processos criminais, economizando tempo, recursos humanos e financeiros.[27]

Nas prisões, há garantia de mão de obra para o trabalho prisional, mas são reduzidas as prisões processuais (pela rápida negociação e condenação) e destaca Melo[28] que as penas aplicadas são efetivamente menores do que aquelas que poderiam provir de julgamentos no júri.

1.2.2. REQUISITOS DA *PLEA BARGAINING*

A negociação pela *plea bargaining* exige observância de requisitos de proteção aos seus direitos constitucionais do acusado, mas não possui condições prévias além da ciência clara às opções e voluntária aceitação.

---

25 CAMPOS, 2017, p. 4.
26 BITTAR, 2011.
27 MELO, 2019.
28 MELO, 2019.

Como negociação da vontade, a voluntariedade é imprescindível e está prevista na Regra Federal n° 11. A declaração de culpa deve partir de uma manifestação livre da vontade do acusado, não podendo haver ameaça, violência ou falsa promessa de acordo, e o juiz somente poderá aceitar a declaração de culpa se estiver ela dentro dessas circunstâncias.

Rejeições aos acordos de barganha somente se basearão na falta de voluntária e consciente participação do acusado, situações raras, como já resolveu a Suprema Corte americana no caso "Bordenkircher v. Hayes", de 1978, afirmando que o réu, representado por advogado e protegido pelas salvaguardas processuais, é capaz de "fazer uma escolha inteligente em resposta à persuasão da promotoria."

Além da voluntariedade, a negociação também deve observar o requisito da inteligência, a indicar que a vontade não deve apenas ser livre, mas também consciente, ou seja, que o réu deve estar plenamente ciente do acordo que está celebrando e de suas consequências, sendo imprescindível que saiba também das garantias processuais que abdica.

> Ínsita ao requisito da inteligência – knowing and intelligent factor – é a higidez mental do acusado, de modo que possa, racionalmente, compreender o significado e os desdobramentos da declaração de culpa. Trata-se do que a doutrina e a jurisprudência norte-americanas chamam de competency to plead guilty. A Suprema Corte norte-americana, em Godinez v. Moran (1993), entendeu, por maioria, que o grau de discernimento exigível para validar uma declaração de culpa é o mesmo necessário para que o réu seja submetido a julgamento, nunca menor, pois o plea of guilty deságua em uma sentença penal condenatória.[29]

Desde o precedente "Brady vs. United States", a Suprema Corte americana estabeleceu a necessidade da voluntariedade, e a necessidade de o acusado ter conhecimento das consequências do acordo, para que o *plea bargaining* produza efeitos.

A barganha pode se dar diretamente com a negociação ministerial daquilo que acusa, e indiretamente com a barganha na pena a ser pelo magistrado fixada, é a *sentence bargaining*, onde não há vinculação judicial legal, mas tende o magistrado a aceitar esse limite de pena negociada.[30]

---

[29] SANTOS, 2017, p. 44-45.
[30] PASCHOAL, 2001.

O acusador "prosecutor" possui grande discricionariedade na atuação, isto já reconhecido inclusive pela Suprema Corte[31] e com previsão expressa no artigo II da Seção 3 U.S.C., onde indica que essa função acusatória

> [...] está atribuída ao Executivo (o qual é inderrogável pelo Legislativo), e o exercício do 'ius puniendi' pela sanção penal, não se considera como no 'Civil Law' a 'ultima ratio'.
> É, portanto, como se a ação penal seja exercida como uma atividade política, mas do Executivo, ou atividade administrativa que pode depender de critérios de oportunidade política.[32]

A negociação direta pode se dar primeiramente pela *charge bargaining*, com minimização da acusação, como trocando a imputação de violação de domicílio por uma de invasão de bem imóvel, de menor gravidade. Pode ainda negociar o acusador pela *count bargaining*, quando reduz a quantidade de crimes imputados, como de agressão e ofensas passando pela negociação a acusar apenas pela agressão. A barganha direta ainda pode dar-se pela *fact bargaining*, a negociação de fatos, onde se modifica o próprio fato criminoso, como dizendo que o homicídio no trânsito havia sido praticado quando estava o acusado a 80km/h em via urbana, quando em verdade encontrava-se a 130km/h.

Realmente, o acusador possui grande poder no sistema criminal americano, especialmente na barganha direta, e pode vir a adotar práticas fortemente condutoras à captação do acusado para a negociação.

Exemplo disso é o uso da *overcharging*, quando a promotoria ameaça pesadas acusações contra o acusado, por muitos crimes – que provavelmente nem denunciaria – a fim de pressioná-lo a celebrar o acordo.

Outra ferramenta ministerial de pressão é o *package deals*, onde ante ação de corréus o promotor, ao invés de analisar as penas individualmente, oferece uma proposta de negociação que englobe a todos, desde que todos aceitem, assim também provocando pressão – dos que querem o acordo aos demais.

---

[31] Definiu que a decisão acusar ou não e qual o conteúdo acusatório cabe inteiramente à discrição ministerial - casos "United States v. Goodwin", em 1982, e "Wayne v. United States", em 1985.

[32] PASTRANA, 2001, p. 148. (tradução minha)

Pode ainda o acusador negociar a liberdade e persecução de outras pessoas, por exemplo deixando de acusar um familiar do imputado, e ainda pode postergar a revelação das provas para momento mais oportuno da negociação.

A ampla discricionariedade ministerial é tradição já incorporada ao sistema criminal americano e serve o controle das eleições para alterar rumos de má condução em acordos, que exigem tão somente adesão voluntária e bem informada do acusado.

O "Federal Sentencing Guidelines" veio a limitar a discricionariedade judicial na fixação de penas, especialmente pela fixação de penas mínimas obrigatórias. Isto não interferiu, porém, na grande liberdade de negociação ministerial, pois a quantidade e tipificação dos crimes altera a pena previsível.

É relevante ainda apontar a possibilidade de um acordo de cooperação (*cooperation agrément*), onde ao par da culpa, há admissão de colaborar com a persecução de corréus:

> Este tipo de negociação costuma incluir a contínua prestação de informações verdadeiras, a participação em reuniões designadas pela promotoria, o testemunho perante o Grande Júri ou qualquer ato judicial (se necessário), e a proibição da prática de novos ilícitos.[33]

Trata-se de negociação mais similar ao modelo brasileiro da colaboração premiada, que mais do que a culpa, deseja a colaboração de criminoso para a revelação da organização criminosa.

1.2.3. PRINCÍPIOS DA *PLEA BARGAINING*

As constitucionais garantias para a condenação, são justamente abdicadas pelo acusado que não contesta ou assume a culpa. Ao ser realizada a barganha criminal, o imputado abre mão do direito a provas, perícias e qualquer outro meio de defesa. Sua self-incrimination não é comprovada, não é posta a dúvida, sendo – tal qual na Idade Média – a "guitly plea" admitida como a rainha das provas, suficiente por si para a condenação.[34]

Construiu a jurisprudência americana ao longo dos anos alguns princípios e garantias à "plea bargaining".

---

33 CASTRO, 2019, p. 94. (tradução minha)

34 PASCHOAL, 2001

A publicidade da barganha é exigida a partir do caso Santobello v. New York, como mudança de modelo – antes a negociação era realizada às escondidas, até suspeitando o juiz que houvera prévio acordo entre o promotor e a defesa, mas nada era dito durante a audiência. No caso Santobello o acusado confessou o crime com a condição de não indicação de pena pelo promotor, mas com a posterior substituição do promotor público, veio e o novo a sugerir uma alta pena. A corte, julgando o recurso, entendeu que a negociação deveria ser pública para que não perdesse o acusado a garantia do acordo feito mesmo ante mudança na promotoria ou em virtude de novos fatos, assim garantindo segurança jurídica ao acordo. Passou a ser da tradição forense que quando o acusado assume a culpa, questiona o juiz, em audiência, se houve acordo e se foi realizado de forma espontânea, sem influências, tornar público esse registro.

Em julgado posterior, George Beall[35] cita ter o tribunal entendido que quando uma testemunha depõe em virtude de uma negociação realizada com o Ministério Público, essa condição de negociante deve ser levada ao conhecimento do acusado e dos jurados:

> Nos Estados Unidos prevaleceu durante longo período o posicionamento que entendia não ser função do juiz instruir o jurado acerca do valor das provas, inexistindo a figura do warning.A partir da segunda metade do século XX, a maioria dos estados passou a editar estatutos (accomplíce evidence statute) incluindo a necessidade de o magistrado instruir o júri dos perigos da condenação com base em informação de co-autor não corroborada. Esses estatutos consignam a impossibilidade de condenar com base somente em testemunho de cúmplice. No entanto a legislação federal americana carece de regulação e a jurisprudência federal, ainda que em diversas oportunidades tenha se orientado no sentido de exigir a corroboratíon, há recentes decisões admitindo que o testemunho de colaborador pode constitucionalmente fornecer fundamento exclusivo para a condenação.[36]

---

35 "A year later, in Giglio v. United States, 405 U.S. 150 (1972), the other side of the coin was examined. The Court held that whenever there is an agreement between a witness and the prosecutor concerning the disposition of charges against him, due process requires that this fact be revealed to those against whom the witness testifies. Failure to do so is reversible error." Cf.: BEALL, 1977, p. 7.

36 BEALL *apud* PEREIRA, 2009, p. 479.

A publicidade do acordo, pois, se dá não apenas na admissão de culpa, mas também no testemunhar crimes de terceiros. Como decorrência, surge a incidência do princípio do contraditório, ao ser assegurado que poderá o acusado questionar a testemunha que aceitou a *plea bargaining*. diretamente, no modelo do *cross-examination*.

Ademais, a ciência da negociação de quem delata é cientificada aos jurados porque embora não seja regra a condenação fundamentada apenas no depoimento da testemunha delatora, pode ser ele aceito nos tribunais.

Finalmente, a ação negociadora ministerial deve dar-se nos limites da lei e da sua competência. Se o promotor de justiça promete que indicará uma pena ao juiz, fica ele vinculado a essa sugestão, mas se vai além e convence o acusado a fazer o acordo com a promessa de que o juiz aceitará a pena sugerida, o acordo não é válido, por ser promessa que não poderá cumprir – fora de sua competência.

Não é aceito na *plea bargaining* o ilícito, o ato fora da competência, a coação e o erro.

1.3. CRÍTICAS À *PLEA BARGAINING*

As grandes vantagens de eficiência acusatória, com a condenação ágil de quem se assume culpado – e muito grande é o número de resultados assim obtidos – encontra de outro lado a redução de oportunidades de defesa a quem se considera inocente, mas encontra dificuldades disto demonstrar.

Já começam as críticas na operacionalização da barganha, onde o promotor de justiça possui discricionário poder de oferta e limites do acordo para que o réu confesse sua culpa. A oferta de acordo ministerial se dá diretamente ao acusado, podendo consistir em redução da quantidade de imputações de crimes, ou pela forma de recomendação para redução de pena, com a concordância do juiz.[37]

A ampla discricionariedade de ofertar ou não o acordo, de oferecer maiores ou menores favores, sem controle além do referendo popular pelas eleições da maioria desses chefes do serviço estatal de acusação criminal, traz preocupação com favorecimentos, perseguições ou erros.

---

[37] AGUIAR, 2018

A falta de paridade de armas nesse jogo processual da barganha também preocupa. O promotor de justiça possui provas de uma polícia voltada a assessorar a imputação criminal, o acusado não raras vezes sequer possui recursos para contratar advogados, muito menos obter provas; o promotor de justiça possui a força e o tempo do estado, enquanto o acusado está muitas vezes preso e tem medo das altas penas possíveis em um julgamento. A balança do poder nessa negociação claramente favorece a acusação.

Mesmo para o prisma da sociedade e da vítima, os acordos constituem-se em negação de justiça, pois a mais branda condenação não supre a justiça prevista pelas mais altas penas cominadas:

> Em certa medida, as críticas ao instituto gravitariam em torno justamente da incompreensão quanto à redução da pena. Diante de uma concepção retributivista do sistema penal, ainda muito em voga nos Estados Unidos, a redução da pena deveria retratar uma redução efetiva na culpabilidade, com demonstração de contrição, arrependimento e condutas pós-delitivas realmente ensejadoras de recuperação de danos.[38]

A ação da mídia também tem provocado críticas ao processo da barganha, pois pode interferir na opção do promotor de justiça de negociar com alguém mal-afamado, ou constituir-se em pressão ao acusado para mais rapidamente aceitar a culpa e o acordo ministerial:

> Outro mal-estar identificado no "plea bargaining" repousa na interferência da mídia ao longo da persecução, divulgando informações vazadas da polícia ou do Ministério Público, aparentemente comprometedoras em relação à determinada pessoa, mesmo sem suporte probatório formado, para criar uma superexposição negativa junto á opinião pública, pressionando-o a cooperar.[39]

Nessa complexidade de poderes e influências, torna-se difícil admitir negociação onde uma das partes sofre grande pressão – econômica, social e cultural.

Exemplificativamente, no caso Brady v. United States, 1970 se discutiu a voluntariedade da confissão de um acusado por crime de sequestro, onde se alegou que a confissão só ocorrera pelo medo da condenação à pena de morte, tendo a Suprema Corte americana compreendido que a ameaça da pena de morte não é suficiente para constatar coação indevida do indivíduo.

---

[38] CRUZ, 2016, p. 20.
[39] SANTOS, 2017, p. 35.

Já em Arthur M. Flores v. States of Texas foi a deficiência da defesa técnica invocada como razão para a confissão e daí o questionamento a sua voluntariedade, novamente sendo negada a violação, pois deveria a voluntariedade da confissão ser aferida no exame de ter o acusado, por conhecimento próprio, confessado ou não o crime.[40]

A falta de paridade de armas, a pressão para o acordo de quem muitas vezes preso se encontra e sem dinheiro para advogado, a liberdade ministerial de pressionar com altas penas e muitos crimes, tem realmente gerado grande crítica – no estrangeiro – ao modelo da livre e plena negociação:

> Quando a Justiça Criminal se socorre corriqueiramente de tais expedientes, estimulando a barganha e a delação, isso sinaliza que o sistema já se desnaturou em mera técnica, em mero algoritmo, como se fosse uma arapuca para se apreender suspeitos e acusados, sem o compromisso ético que deve estar na base do processamento criminal em uma democracia: a tutela de todo e qualquer inocente, quando confrontado com a violência do poder punitivo estatal, mesmo que ao custo da eventual impunidade de algum culpado.[41]

Como consequência, as prisões americanas permanecem repletas por constantes condenados criminais, que assumem a culpa pelo medo e pela pressão, como mão-de-obra barata e disponível para o trabalho.

1.4. CONCLUSÕES

O surgimento da *plea bargaining* não deriva do direito inglês, do maior pragmatismo da *common law*, mas de uma realidade americana com inesperado número muito alto de processos e da necessidade de rápida e eficiente resposta criminal estatal.

O resultado efetivamente foi de enorme eficiência: em dias se obtém a condenação do autor de fatos criminosos, que pode escolher a barganha como forma de reduzir acusações e penas – é excelente ferramenta de gerenciamento do sistema criminalizador.

A negociação e simplificação processual é tendência ocidental, como mostra o Relatório do Conselho dos Ministros de 1987, com incentivos aos países europeus para o consenso e acolhimento da culpa.

---

[40] COSTA, 2017.
[41] CRUZ, 2016, p. 65.

A discricionariedade ministerial na oferta do acordo e seu enorme poder no condicionamento das opções, gera o risco de abusos, mas permite pela pressão ao acusado realizar a justiça criminal por negociação em mais de 90% (noventa por cento) dos feitos criminais.

Pode inclusive ser utilizada a barganha para esconder dificuldades investigatórias estatais e melhorar uma alta *conviction rate*, a taxa de condenações da promotoria.

Atua o magistrado na conferência da existência de justa causa, da voluntariedade, conhecimento e publicidade nos acordos, ao final podendo fixar a pena pela sugestão negociada.

De outro lado, há inconteste disparidade de poderes dos agentes nessa negociação, onde o Estado atua recebendo no máximo a pressão midiatizada enquanto o acusado barganha preso, sem dinheiro e sem provas.

Avishalom Tor, Oren Gazal-Ayal e Stephen M. Garcia divulgaram estudo onde indicam que o "custo de inocência" leva não culpados a acordos piores do que as barganhas realizadas por quem realmente culpado fosse.[42] O medo dos inocentes é a causa do "custo de inocência", o que piora pela prática judicial de realmente sucederem altas penas aos acusados que rejeitam acordos de culpa.

Comparativamente com o Brasil, não há aqui acordo para a redução de pena pela confissão, salvo como atenuante penal,[43] não se admitindo tampouco a imputação propositalmente excessiva (*overcharging*), ou a exigência de aceitação conjunta (*package deals*). Não serve a comparação com a recém-criada negociação de crimes, pois esta legalmente se aplica apenas em delitos leves[44] e não gera condenação ou pena.

---

42 TOR; GAZAL-AYAL; GARCIA, 2010.

43 Código Penal, "Art. 65 - São circunstâncias que sempre atenuam a pena: [...] III - ter o agente: [...]

d) confessado espontaneamente, perante a autoridade, a autoria do crime; [...]."

44 Código de Processo Penal, "Art. 28-A. Não sendo caso de arquivamento e tendo o investigado confessado formal e circunstancialmente a prática de infração penal sem violência ou grave ameaça e com pena mínima inferior a 4 (quatro) anos, o Ministério Público poderá propor acordo de não persecução penal, desde que necessário e suficiente para reprovação e prevenção do crime, mediante as seguintes condições ajustadas [...]

cumulativa e alternativamente:

Finalmente, a colaboração premiada brasileira não tem doutrinariamente o caráter de generalidade a acusados, devendo ser aplicada a criminosos menos importantes do grupo, para crimes específicos e menor é a competência de negociação do agente ministerial.

É a *plea bargaining* modelo de influência e comparativo interessante, que precisa não obstante ser cuidadosamente examinado não apenas em seu resultado de eficiente gerenciamento da capacidade persecutória estatal, como também em seus efeitos de maior seletividade penal e de redução de garantias constitucionais ao processado.

2.   O *PATTEGGIAMENTO* ITALIANO

O favorecimento ao criminoso que colabora com a acusação estatal surge na Itália pelo arrependido (*pentito*) em terrorismo e, após, para o combate às organizações mafiosas. Era a redução de pena a criminosos extremamente perigosos, mas pela opção estatal de assim conseguir descobrir as ações de muito mais agentes das organizações subversivas e mafiosas.

Do *pentito* caminhou-se para a redução de pena em alguns específicos crimes, como espécie de atenuante e se chega à negociação ministerial no *patteggiamento*.

A evolução do sistema processual mostra clara aproximação com um modelo mais acusatório, privilegiando a vontade do imputado e resultando benefícios de eficiência persecutória e celeridade processual.

É barganha processual, inserida como "aplicação de pena a pedido das partes", podendo ser provocada pelo acusado ou pelo Ministério Público, com pena sugerida em redução até um terço e com final valoração judicial de justa causa probatória (pois sempre possível a absolvição), do correto enquadramento legal dos fatos e da adequada definição da pena nos limites legais.

[...]§ 10. Descumpridas quaisquer das condições estipuladas no acordo de não persecução penal, o Ministério Público deverá comunicar ao juízo, para fins de sua rescisão e posterior oferecimento de denúncia. (Incluído pela Lei nº 13.964, de 2019)

[...]§ 12. A celebração e o cumprimento do acordo de não persecução penal não constarão de certidão de antecedentes criminais, exceto para os fins previstos no inciso III do § 2º deste artigo."

As vantagens e críticas ao *patteggiamento* e ao *collaboratore di giustizia* permanecem, na doutrina e na legislação, inclusive com criação de legislação mais restritiva e controladora da negociação, ao par de movimento contrário da magistratura, em favor da ampliação desses instrumentos de negociação.

O próprio sistema processual italiano segue por importantes modificações nas últimas décadas, de um modelo mais inquisitório no "Código Rocco" a uma pretensão constitucional, e depois legal, de modelo mais acusatório, buscando separar o julgador da investigação e da colheita de provas, como será tratado no tópico inicial.

Segue o artigo com o exame da barganha no novo "Codice di Procedura Penale" de 1988, assumidamente acusatório. Serão examinados os momentos de propositura, requisitos e limites estabelecidos nessa lei processual à negociação da culpa e da pena.

Embora limitado o *patteggiamento* a crimes negociados com pena até cinco anos, há previsão legal de favores às colaborações em crimes graves, que permitam a colheita eficiente de provas e produto do crime, como será então detalhado.

Assim é que será então examinada a figura do colaborador de justiça, que em graves crimes de terrorismo, máfia e corrupção recebem redução de pena, controlada e limitada, pela atuação em favor da persecução criminal.

Finalmente, são examinadas sinteticamente as consequências do *patteggiamento* nas garantias processuais, na eficiência da persecução e no resultado de prisões na Itália.

É instituto de conhecimento necessário ao exame da negociação criminal e mais especialmente nesta fase processual brasileira de incorporação legal da colaboração premiada e da negociação em crimes leves.

2.1. A BUSCA DO SISTEMA ACUSATÓRIO

Embora seja hoje difícil a isolada distinção dos modelos de *civil law* e *common law*, pela tendente adoção de precedentes judiciais impositivos nos primeiros (ainda que subsidiariamente à lei) e pela crescente regulação normativa nos segundos (ainda que seguindo os precedentes), a Itália pode ainda ser classificada como um sistema criminal com a predominância do *civil law*.

O processo penal italiano tinha a marca do histórico "Código Rocco", modelo e matriz ideológica de nosso Código de Processo Penal brasileiro de 1941, que enfatizava uma busca do controle penal da criminalidade e previa um processo dividido em duas fases, uma investigativa e outra de julgamento, com tênue separação entre ambas, o que tornava a última mera reprodução da primeira fase.

Em 1988 foi promulgado o Código de Processo Penal italiano, que entrou em vigor no seguinte ano de 1989, e produziu reforma com grandes mudanças, introduzindo no ordenamento jurídico local mais caracteres do *adversarial system* e do modelo acusatório. Foram neste novo código consolidadas características de oralidade, contraditório, limitação das provas à fase judicial, publicidade dos julgamentos e estrita separação entre as fases investigatória e de julgamento, a partir da formação de distintos autos processuais – o expediente do Ministério Público e o expediente dos debates probatórios.

Segundo William Pizzi e Mariangela Montagna, a reforma processual italiana buscou transferir poderes dos juízes para as partes e acabou por permitir a barganha processual.[45]

Buscava a Itália celeridade processual nos feitos criminais, condenada que chegou a ser pela Corte Europeia de Direitos Humanos em razão da lenta tramitação de seus processos. Paralelamente, a separação do magistrado da colheita de provas permitiria sua maior imparcialidade e independência.

Com isso, por meio de reforma processual, a Itália buscou reconstruir o papel do juiz no processo, tornando sua atuação mais inerte, mais imparcial e independente.

Surgem no novo modelo processual três fases, cada uma delas composta por juízes diferentes. Na primeira fase, um juiz é responsável pela investigação preliminar do caso; na segunda etapa, outro juiz atuará na audiência preliminar, decidindo se o caso deve ou não ir a julgamento e, por fim, outro magistrado realizará o julgamento do acusado em primeira instância.

Houve a supressão do juiz instrutor, que desempenhava atividades investigatórias, as quais passaram por completo ao encargo do Ministério Público e da polícia. Assume o juiz a função de garantidor da legalidade e da ordem jurídica nas investigações e na colheita de provas:

---

[45] PIZZI; MONTAGNA, 2017.

Em verdade, o papel desses magistrados é zelar pelos direitos fundamentais do investigado, apreciando os pedidos cautelares articulados pelo *Parquet*, v.g, produção antecipada de provas, prisões cautelares, além de fiscalizar o exercício da ação penal pública.[46]

Além do longo processo comum, foram criados quatro mais céleres ritos alternativos, com simplificação processual: *abbreviato*, *direttissimo*, *per decreto* e *immediato*, com a minoração de formalismos e garantias para mais célere resultado da persecução criminal.[47]

Intensificou-se na reforma processual a barganha, pelo *patteggiamento*, com redução da pena até um terço em crimes negociados no limite de até dois – e após cinco – anos,[48] além de outras disposições legais prevendo redução de penas ante colaboração do réu, inclusive para graves crimes.[49]

Tantas mudanças geraram resistência. A magistratura italiana não admitiu este novo modelo de juiz inerte, com redução de funções no processo e com exclusão das provas investigatórias. Criticou-se essa aproximação repentina a muitos elementos do *common law*, chegando a ser afirmado que "[...] os reformadores italianos negligenciaram valores culturais embutidos, impenetráveis a mudanças."[50]

As críticas acabaram por ser acolhidas pela Corte Constitucional italiana, que desde o início da década de 1990 prolatou seguidas decisões pela inconstitucionalidade de princípios básicos acusatórios previstos no novo Código de Processo Penal, vindo assim a restabelecer a inter-

---

46 SANTOS, 2017, p. 57.

47 Sem dúvida, um desejo de adesão ao "modelo acusatório", é evidente em diversos níveis, na gênese e na estrutura do Código. No entanto, a meu ver, esse desejo deve ser lido sobretudo como uma reação aos desequilíbrios "inquisitoriais" do passado, mal escondidos sob as fachadas de um "processo misto". Mas o espírito da reforma não é aquele de uma recepção automática de um "modelo" concebido de forma acrítica, muito menos de uma adesão às interpretações extremas desse modelo à luz das versões mais excessivas da sporting theory of proceeding. Cf.: MARTY, 2004, p. 45.

48 Parâmetro de redução de pena muito menor do que o admissível em nossa colaboração premiada brasileira ou na *plea bargaining* americana, ambos admitindo até mesmo o perdão judicial ou não persecução criminal.

49 Isto se detalhará na subseção a seguir.

50 OGG, 2012, p. 229. (tradução minha)

venção do juiz em todas as fases e na colheita de provas, bem como a permitir maior admissão das provas investigatórias – o controle das provas e do processo sai das partes e volta ao juiz do julgamento.

Resistiu o sistema judicial italiano a um maior abandono do compromisso judicial com a busca da verdade, para o qual é conveniente a admissão das provas investigatórias e a intervenção judicial na sua realização.

Como reação, o parlamento italiano alterou em 1999 a Constituição para inserir em seu artigo 111 cláusulas do *adversarial system* e do processo acusatório,[51] que restaram após inseridas no Código de Processo Penal, especialmente a partir de revisões de 2001 até hoje.

Se já antes das propostas acusatórias do novo Código de Processo Penal e Constituição era admitida a negociação de culpa e de penas (desde a *legge di depenalizzazione* de 1981), desde então restou a barganha expressa e indicada como critério orientador da persecução criminal italiana.

---

[51] Secção II – Normas sobre a jurisdição. Art. 111. A jurisdição atua-se mediante o justo processo regulado pela lei. Cada processo desenvolve-se no contraditório entre as partes, em condições de igualdade perante juiz terceiro e imparcial. A lei assegura a razoável duração. No processo penal a lei assegura que a pessoa acusada de um crime seja, no mais breve tempo possível, informada reservadamente sobre a natureza e os motivos da acusação dirigida ao seu cargo, disponha de tempo e das condições necessárias para preparar a sua defesa; tenha faculdade, perante o juiz, de interrogar ou de fazer interrogar as pessoas que fazem declarações sobre ele, obter a convocação e o interrogatório de pessoas para sua defesa nas mesmas condições da acusação e adquirir qualquer outro meio de prova a seu favor; seja assistido por um intérprete, se não compreender ou não falar a língua utilizada num processo. O processo penal é regulado pelo princípio do contraditório na formação da prova. A culpabilidade do arguido não pode ser provada com base em declarações dadas por quem, por livre escolha sempre se subtraiu voluntariamente ao interrogatório por parte do arguido ou do seu defensor. A lei regula os casos em que a formação da prova não tem lugar em contraditório por consenso do arguido ou por impossibilidade comprovada de natureza objetiva ou por efeito de conduta ilícita provada.

Todas as providências jurisdicionais devem ser motivadas.

Contra as sentenças e contra as providências sobre a liberdade pessoal, emitidos pelos órgãos jurisdicionais ordinários ou especiais, é sempre admitido o recurso no Tribunal de Cassação por violação de lei. Pode-se derrogar essa norma somente para as sentenças dos tribunais militares em tempo de guerra.

Contra as decisões do Conselho de Estado e do Tribunal de Contas, o recuso no Tribunal de Cassação só é admitido por motivos inerentes à jurisdição.

2.2. O *PATTEGGIAMENTO* E A REFORMA PROCESSUAL ITALIANA

Surge o favorecimento penal ao colaborador, na Itália, a partir de preocupação já nos anos 70 com a crescente taxa de criminalidade, com a demora dos processos e com o temor aos crimes graves, como o terrorismo e a extorsão mediante sequestro.

Assim é que além da cominação de penas maiores aos crimes graves, acabou por ser na lei também inserida a possibilidade de redução da pena do criminoso colaborador:

> Algumas importantes consequências foram percebidas; no entanto, ficou claro para os operadores do setor que o ataque às organizações só seria eficaz com o rompimento do vínculo associativo através de normas especiais que, por um lado, agravassem as sanções dos autores dos crimes e, por outro, possibilitassem a concessão de atenuante a quem, dissociando-se dos cúmplices, ajudasse as autoridades a evitarem consequências do crime, ou colaborasse na elucidação dos fatos, ou na identificação dos demais agentes.[52]

Nesse sentido é que surgiu a redução de pena a quem ajudasse a liberar o sequestrado,[53] ou para aquele criminoso que impedisse a consumação de crimes com finalidade de terrorismo ou de subversão da ordem democrática.[54]

---

[52] D'AMBROSIO *apud* BITTAR, 2011, p. 14.

[53] Legge 14 ottobre 1974, n. 497. Novas regras de controle da criminalidade.
Art. 6.
No artigo 630 do código penal, é incluído o seguinte parágrafo:
"No caso de extorsão mediante sequestro para conseguir benefício de natureza patrimonial, se o agente ou o coautor atua para que o sujeito passivo recupere sua liberdade, sem que esse resultado seja consequência do pagamento do resgate, aplicam-se as sanções previstas no artigo 605".

[54] Legge 6 febbraio 1980, n. 15.
Conversão em lei, com modificações, do decreto-lei de 15 de dezembro de 1979, n. 625, relativo a medidas urgentes de tutela da ordem democrática e da segurança pública.
Art. 4, o primeiro parágrafo passa a ter a seguinte redação: "Para os crimes cometidos com a finalidade de terrorismo ou subversão da ordem democrática, salvo quanto ao disposto no artigo 289-bis do código penal, no caso do colaborador que, dissociando-se dos demais, atua para evitar que a atividade criminosa atinja consequências ulteriores ou ajuda concretamente as autoridades policiais e judiciais a

Começaram a ser concedidos benefícios a agentes que colaboravam com as autoridades para a solução dos crimes, para a diminuição de suas consequências ou para a identificação de coautores.

Era uma legislação de cunho emergencial, com relevantes alterações, elogios e críticas. Para Luigi Ferrajoli,[55] por exemplo, o processo penal passou a ter um caráter combativo, exigindo dos magistrados maior intervenção no processo, com maior atuação inquisitorial e riscos à imparcialidade.

A redução de penas por negociação das partes é prevista no sistema italiano apenas a partir da *legge di depenalizzazione*, em 1981, que surge com o objetivo expresso de aproximar o sistema processual do caminho acusatório, na forma da Constituição e de tratados internacionais pelo país ratificados.

Foi então previsto como um dos critérios a uma maior intervenção e disponibilidade das partes, com a barganha criminal. Estabeleceu-se que o imputado poderia, antes do começo da audiência de provas, pedir ao juiz a aplicação de pena pecuniária, ou de pena privativa de liberdade, reduzida (até um terço), caso fosse essa pena negociada até o limite de dois anos de prisão. Se o Ministério Público concordasse e também o magistrado, o juiz encerraria o processo aplicando a penalidade mais branda:

> Art. 2. [...] 45) prever que o Ministério Público, com o consentimento do acusado, ou o acusado, com o consentimento do Ministério Público, possam pedir ao juiz, até a abertura da audiência de provas, a aplicação de sanções substitutivas nos casos consentidos, ou da pena privativa de liberdade irrecorrível quando essa, tendo em conta as circunstâncias e reduzindo até um terço, não exceder dois anos de reclusão ou restrição da liberdade, isolada ou cumuladamente a uma pena pecuniária; previsão de

---

reunir provas decisivas para a identificação ou captura de coautores, a sentença de prisão perpétua é substituída pela de prisão por doze a vinte anos e as outras penas são reduzidas de um terço até a metade; [...]."

O art. 5 é substituído pelo seguinte: "Fora do caso previsto no último parágrafo do art. 56 do código penal, não é punível o culpado de crime cometido com finalidade de terrorismo ou subversão da ordem democrática que voluntariamente impede o fato e fornece elementos de prova decisivos para a exata reconstrução do fato e para a identificação dos outros eventuais coautores [...]."

55 FERRAJOLI, 2002.

que o juiz, em audiência, aplique a pena na medida requerida, provendo a uma sentença inapelável; disciplina, em relação aos diferentes tipos de sanções aplicadas, dos outros efeitos da pronúncia; [...].[56]

Veio ainda a Lei nº 304/1982 a criar três figuras relacionadas à colaboração com a justiça no direito italiano: o *pentito*, o *dissociato* e o *collaboratore*. O arrependido (*pentito*) dissolve ou deixa a organização criminosa, oferecendo todas as informações sobre a sua estrutura, a ponto de impedir a prática de novos delitos. Por sua vez, o desassociado (*dissociato*) é quem confessa os crimes com o propósito de reduzir as consequências destes, recebendo o benefício de substituição da pena perpétua por reclusão de quinze a vinte anos ou a diminuição das demais penas no patamar de 1/3. Por fim, o colaborador (*collaboratore*) não somente confessa os crimes que praticou, mas, também, auxilia as autoridades policiais na investigação dos crimes.[57]

Em 1982 o combate ao crime organizado na Itália ganhou nova roupagem, com a Lei nº 646/1982, conhecida como "Rognoni-La Torre", que tipificou especificamente o delito de associação criminosa e pela primeira vez expressou na legislação a expressão "máfia". Com essa previsão legal tiveram forte incremento as investigações a organizações mafiosas italianas de alto escalão, como a Máfia Siciliana.

Mesmo aumentado o tratamento legal para o combate à criminalidade, ainda faltava uma maior proteção àqueles que pretendiam colaborar contra essas organizações criminosas, com relevante risco à vida, como restou infelizmente demonstrado no assassinato do juiz Rosário

---

[56] LEGGE 16 febbraio 1987, n. 81. ART. 2.

1. Il codice di procedura penale deve attuare i principi dela Costituzione e adeguarsi alle norme delle convenzioni internazionali ratificate dall'Italia e relative ai diritti della persona e al processo penale. Esso inoltre deve attuare nel processo penale i caratteri del sistema accusatorio, secondo i principi ed i critério che seguono:

45) previsione che il pubblico ministero, con il consenso dell'imputato, ovvero l'imputato, con il consenso del pubblico ministero, possano chiedere al giudice, fino all'apertura del dibattimento, l'applicazione delle sanzioni sostitutive nei casi consentiti, o della pena detentiva irrogabile per il reato quando essa, tenuto conto delle circostanze e diminuita fino a un terzo, non superi due anni di reclusione o di arresto, soli o congiunti a pena pecuniaria; previsione che il giudice, in udienza, applichi la sanzione nella misura richiesta, provvedendo con sentenza inappellabile; disciplina, in rapporto ai diversi tipi di sanzioni applicate, degli altri effetti della pronuncia; [...]."

[57] COSTA, 2017.

Livatino, sem escolta, realizado por assassinos contratados da Stidda Agrigentina, uma organização da máfia Cosa Nostra.[58] Criou-se então o Decreto-Lei nº 8/1991, que concedeu maior proteção aos colaboradores e testemunhas que integrassem o corpo probatório de processos contra o crime organizado. Ressalta Cibele Fonseca que a "Referida lei, pela primeira vez utilizou a expressão collaboratore di Giustizia (colaborador de Justiça), enquanto que as normas anteriores falavam apenas em collaboratore."[59]

Finalmente, veio o novo Código de Processo Penal italiano, de 1988, dentre as mudanças tendentes ao acusatório, a tornar expressas variadas hipóteses de favorecimento ao colaborador e de negociação.

O *patteggiamento* surge no novo modelo processual como chance de negociação da culpa e da pena criminais. É negociação entre as partes do acusatório, o Ministério Público (Pubblico Ministero), e o acusado, cabendo ao juiz realizar a homologação do que foi acordado quando lícito. Objetivou-se a eficiência persecutória e a diminuição do crescente volume de processos penais, especialmente em delitos de baixa intensidade, seguindo a tendência americana de negociação pelo *plea bargaining*.

A previsão de negociação é inserta a partir do artigo 444 do Código de Processo Penal Italiano, com a "aplicação da pena a pedido das partes" (*applicazione della pena su richiesta*). Busca o legislador o propósito de eficiência e de predominância da atuação do acusado no processo criminal, tornando-o maior em destaque e favorecendo a preservação da melhor estratégia para sua defesa.

Esta negociação surge limitada às contravenções e crimes punidos com pena negociada em no máximo 2 anos de prisão, já considerada a redução pela negociação de até um terço. Em 2003, a Lei nº 134 veio a

---

[58] "Venne ucciso il 21 settembre del 1990 sulla SS 640 mentre si recava, senza scorta, in tribunale, per mano di quattro sicari assoldati dalla Stidda agrigentina, organizzazione mafiosa in contrasto con Cosa nostra[1]. Era a bordo della sua vettura, una vecchia Ford Fiesta color amaranto, quando fu speronato dall'auto dei killer. Tentò disperatamente una fuga a piedi attraverso i campi limitrofi ma, già ferito da un colpo ad una spalla, fu raggiunto dopo poche decine di metri e freddato a colpi di pistola. Del delitto fu testimone oculare Pietro Nava, sulla base delle cui dichiarazioni furono individuati gli esecutori dell'omicidio." (Wikipedia)

[59] FONSECA, 2017, p. 71.

alargar a barganha para crimes mais graves, punidos com penas negociadas de prisão, isoladamente ou cumulada com multa, de até cinco anos, desde que seja o acusado primário – é o chamado *patteggiamento allargato*.

Houve, em verdade a criação de duas formas de negociação: o *patteggiamento tradizionale*, onde a negociação se dá por uma sanção substitutiva ou pecuniária, ou com uma suspensão da pena desde que, considerando a redução negociada de até um terço, não exceda o apenamento a dois anos; e o *patteggiamento allargato*, que permite o acordo com uma pena de dois anos e um dia de até cinco penas de prisão, sempre considerada a redução negociada de até um terço, isoladamente ou em combinação com uma pena monetária:

> Art. 444. Aplicação da pena a pedido.
> 1. O acusado e o promotor público podem solicitar ao juiz que aplique, nas espécies e na medida indicada, uma sanção substitutiva ou uma pena pecuniária, reduzida em até um terço, ou uma pena privativa de liberdade quando, levando em consideração as circunstâncias e a diminuição de um terço, não exceda cinco anos isolada ou cumulativamente a uma pena pecuniária.[60]

A ação do magistrado é de espécie de julgamento antecipado e imediato da causa, com as provas presentes naquele momento do processo – normalmente com base no inquérito policial e na *investigazioni difensive*, se está realizada. É que em qualquer fase do processo poderá o juiz absolver ao acusado:

> Art. 129. Obrigação de imediata declaração de determinadas certas causas de não punibilidade.

---

[60] No original: Art. 444. Applicazione della pena su richiesta.
1. L'imputato e il pubblico ministero possono chiedere al giudice l'applicazione, nella specie e nella misura indicata, di una sanzione sostitutiva o di una pena pecuniaria, diminuita fino a un terzo, ovvero di una pena detentiva quando questa, tenuto conto delle circostanze e diminuita fino a un terzo, non supera cinque anni soli o congiunti a pena pecuniaria. Cf.: Codice di Procedura Penale. (tradução minha)

> 1. Em qualquer fase e grau do processo, o juiz que reconhece que o fato não existiu, ou que o acusado não o cometeu, ou que o fato não constitui crime, ou não está previsto por lei como crime, ou que o crime se encontra extinto ou sem condição processual, o declarará de ofício por sentença.[61]

Assim, nada impede que absolvição aconteça mesmo ante pedido de "aplicação da pena a pedido das partes".

A pena negociada não pode ser alterada pelo magistrado, que verifica a livre vontade do imputado, a adequada qualificação jurídica dos fatos e se a pena estipulada atende ao limite legal de redução até um terço.

O pedido de acordo é ao juiz submetido por uma (a outra deverá se manifestar após) ou por ambas as partes, que elabora *sentenza* ou rejeita totalmente a negociação, por meio da *ordinanza*, mas não poderá modificar o conteúdo negocial do que foi proposto no acordo – não altera a pena.

Com efeito, não concordando com as condições acordadas no *patteggiamento*, o magistrado deverá devolver os autos ao Ministério Público, fundamentando a sua decisão. Nesse caso, as partes poderão realizar nova negociação, a qual deverá ser submetida novamente à apreciação do juiz, que continua livre para decidir acerca da homologação ou não do acordo proposto.

Roberto Angelini esclarece acerca dos limites de benefícios na negociação do *patteggiamento tradizionale*, para crimes negociados até dois anos de prisão:

> [...] a pena negociada sofre uma redução substancial, que a lei diz que pode ir 'até 1/3', mas que na verdade é sempre de 1/3 (na prática dos tribunais);
> se a pena acordada pelas partes não exceder dois anos de prisão, o arguido obtém:

---

61 No original: Art. Art. 129. Obbligo della immediata declaratoria di determinate cause di non punibilità.

1. In ogni stato e grado del processo, il giudice, il quale riconosce che il fatto non sussiste o che l'imputato non lo ha commesso o che il fatto non costituisce reato o non è previsto dalla legge come reato ovvero che il reato è estinto o che manca una condizione di procedibilità, lo dichiara di ufficio con sentenza.

2. Quando ricorre una causa di estinzione del reato ma dagli atti risulta evidente che il fatto non sussiste o che l'imputato non lo ha commesso o che il fatto non costituisce reato o non è previsto dalla legge come reato, il giudice pronuncia sentenza di assoluzione o di non luogo a procedere con la formula prescritta. Cf.: Codice di Procedura Penale. (tradução minha)

a) a suspensão *condizionale* da pena, que para além de suspender a prisão, também extinguirá a própria condenação se o acusado não cometer outros crimes da mesma natureza nos cinco anos seguintes; tratando-se de uma contravenção, aquele prazo é de apenas dois anos;
b) dispensa de pagamento das custas do processo;
c) não lhe são aplicadas quaisquer penas acessórias (que muitas vezes são bem mais aflitivas do que as principais, como acontece por exemplo com a interdição do exercício de uma profissão, arte ou ofício);
d) não lhe são também aplicadas as medidas de segurança que seriam aplicáveis (com exceção do confisco).[62]

No *patteggiamento allargato*, para penas negociadas acima de dois anos, até cinco anos, o único benefício previsto é a redução até um terço da pena – que na prática tem a ordinária fixação fica fixada neste limite de redução.

A celebração do acordo se dá em regra na audiência preliminar, quando o acusado toma conhecimento dos autos do inquérito. Entretanto, o Código de Processo Penal italiano permite o *patteggiamento* durante todo o curso do inquérito, evitando-se, assim, a audiência de julgamento e a própria audiência preliminar, sendo então o pedido apresentado ao juiz das investigações preliminares (*giudice per le indagini preliminar* - G.I.P).

O magistrado das investigações, conhecido como juízo do abreviado ou monitório, é o responsável por decidir de forma exclusiva acerca de todos os incidentes e pedidos no curso da investigação – salvo específica urgência –, como a liberdade durante a fase preliminar e as audiências com antecipação de provas (*incidenti probatori*), assim como determinar o encerramento desta fase.

Havendo interesse no acordo, o próprio acusado a pleiteia ao *giudice per le indagini preliminar*, abdicando das garantias processuais para permitir o imediato julgamento da pretensão acusatória, exclusivamente utilizando os elementos já colhidos nessa fase investigatória.[63]

A proposta de acordo se dá com anuência escrita de ambas as partes, ou apenas de uma, hipótese em que será fixado prazo para que a outra se manifeste em juízo, por meio de audiência designada para esse fim. Pode ser no acordo apresentado um *interpello*, um "projeto de

---

[62] ANGELINI, 2013, p. 224 -225.
[63] SANTOS, 2017, p. 59.

sentença" que, se aceito pela outra parte, seguirá para uma audiência de oitiva do imputado, seu defensor e Ministério Público, com final decisão judicial.

Como antes expressado, o magistrado examina o pedido de *patteggiamento* sem vinculação, embora não lhe altere o mérito negociado, para examinar se o crime está entre aqueles admissíveis à barganha, confirma se a qualificação legal proposta pelas partes está correta e, finalmente, se a penalidade é justa (com até um terço de redução).

O Ministério Público e o acusado só podem recorrer da sentença por questões relacionadas à livre e consciente vontade do réu, à falta de correlação entre o pedido e a sentença, à errônea classificação legal do fato e ante ilegalidade da pena.

Além dos acordos de *patteggiamento* na audiência preliminar ou durante a investigação do processo comum, pode dar-se a barganha também em procedimentos especiais.

No *giudizio diretíssimo* se tem situação de prisão em flagrante ou confissão, onde é o imputado levado ao juiz para convalidação da prisão e – acordes promotor e imputado – realização direta do julgamento do caso, dispensando-se a audiência preliminar e a fase pré-audiência de julgamento do processo penal ordinário.[64] Nesse julgamento de modo direto, o *patteggiamento* será apresentado até a declaração de abertura da audiência de julgamento.

---

64 Código de Processo Penal italiano, art. 449. Casos e modos de julgamento de modo direto.

1. Quando uma pessoa for presa em flagrante por um crime, o promotor público, se julgar necessário, poderá apresentar diretamente o imputado preso ao juiz da audiência de provas, para convalidação da prisão e julgamento no estado do processo, dentro de quarenta e oito horas da prisão. O disposto no artigo 391 aplica-se a este juízo, no que compatível.

2. Se a prisão não for convalidada, o juiz devolve os autos ao Ministério Público. No entanto, o juiz procederá ao julgamento de modo direto quando estejam de acordo o acusado e o promotor público.

3. Se a prisão for convalidada, se procede de imediato ao julgamento.

4. O promotor público, quando a prisão em flagrante já tiver sido convalidada, segue para o julgamento de modo direto apresentando o acusado em audiência o mais tardar no trigésimo dia da prisão, a menos que isso prejudique seriamente a investigação.

Igual momento de abertura da audiência é o definido para o *patteggiamento* no processo com *citazione diretta a giudizio*, onde o Ministério Público exerce a ação penal já com a citação do imputado para comparecer diretamente para julgamento pelo juiz, em crimes leves elencados, especialmente punidos com multas e prisão até quatro anos.[65]

Outro procedimento especial é *giudizio immediato*, em que se admite serem as provas do crime "evidentes" e já tenha sido interrogado o agente, se possível.[66] Nesse procedimento, o *patteggiamento* pode ser pedido até 15 (quinze) dias da notificação do despacho (*decreto*) que

---

5. O promotor público também procede ao julgamento de modo direto, a menos que isso prejudique gravemente as investigações, contra a pessoa que no curso do interrogatório tenha confessado. O imputado livre é citado para comparecer a uma audiência o mais tardar no trigésimo dia a partir da realização do registro de ocorrências de crimes. O imputado em prisão processual pelo fato perseguido é apresentado na audiência dentro do mesmo prazo. Quando uma pessoa é removida com urgência da casa da família, de acordo com o artigo 384-bis, a polícia judiciária pode, sob controle do promotor público, citá-la para o julgamento de modo direto e para simultaneamente convalidar sua prisão, dentro das 48 horas subsequentes, a menos que isso prejudique gravemente a investigação. Nesse caso, a polícia judiciária pode, dentro do mesmo prazo, citar para a audiência de convalidação indicada pelo Ministério Público. (tradução minha)

65 Código de Processo Penal italiano, art. Art. 550. Casos de citação direta para julgamento.

1. O promotor público exerce a ação criminal com citação direta para julgamento quando se trata de contravenções ou crimes punidos com pena de reclusão não superior ao máximo de quatro anos ou multa, isoladamente ou cumulativamente à pena privativa de liberdade. Aplicam-se as disposições do artigo 415-bis, na medida em que sejam compatíveis. Para a determinação da pena são observadas as disposições do artigo 4°. (tradução minha)

66 Código de Processo Penal italiano, art. 453.Casos e métodos de julgamento imediato:

1. Quando a prova transparece como evidente, salvo se isso afetar seriamente a investigação, o promotor público requer o julgamento imediato se a pessoa sob investigação tiver sido questionada sobre os fatos dos quais emerge a evidência da prova descoberta ou, após o chamamento para comparecer, emitido com a observância dos formulários indicados no segundo período do artigo 375 § 3, a mesmo não comparecer, desde que não tenha ocorrido um legítimo impedimento e que não se trate de pessoa em local ignorado. (tradução minha)

designar a audiência de julgamento.[67] Por fim, no caso do *decreto penale di condanna*, para crimes com pena exclusivamente pecuniária, cominada ou fixada a pedido ministerial,[68] a proposta de negociação deve ser apresentada juntamente com o requerimento de emissão do decreto penal de condenação,

Além do momento, necessário é se observar a admissão das partes para o *patteggiamento*. Quando é o acusado quem solicita o *patteggiamento* e não há concordância do Ministério Público, poderá ele reiterar seu pedido antes da abertura da audiência de julgamento em primeira instância. Nesse caso, se houver concordância do Ministério Público, será proferida de imediato a sentença, porém, se não houver acordo, serão produzidas as provas requeridas pela defesa e ao final o juiz avaliará se é ou não o caso de aplicação do *patteggiamento*, nos termos propostos pelo acusado. Ante a admissão judicial, poderá então o Ministério Público, que não tinha com ela concordado, interpor recurso de apelação à Corte di Cassazione, como único caminho de impugnação ao *patteggiamento* realizado contra sua compreensão.

É em regra irrecorrível a sentença de *patteggiamento*, mas poderá a Corte di Cassazione ser instada na discussão de questões relacionadas a legitimidade e extensão da sentença – aspectos de legalidade.

---

67 Código de Processo Penal italiano, art. 458. Pedido de julgamento abreviado:

1. O acusado, sob pena de decadência, pode solicitar o julgamento abreviado, protocolizando o pedido na secretaria do juiz para investigações preliminares, com prova de prévia notificação ao Ministério Público, no prazo de quinze dias a contar da notificação do decreto de julgamento imediato. É aplicável o disposto no artigo 438, parágrafo 6-bis. Com o pedido, o acusado pode alegar incompetência no território do juiz. (tradução minha)

68 Código de Processo Penal italiano, art. 459. Casos processuais por decreto.

1. Nos processos por crimes processáveis de ofício e naqueles processáveis onde se tenha provocação validamente apresentada e se o demandante não tiver declarado opor-se, o promotor público, quando compreenda que se deva aplicar uma pena somente pecuniária, ainda que imposta substitutivamente a uma pena privativa de liberdade, pode apresentar ao juiz para investigações preliminares, dentro de seis meses da data em que o nome da pessoa a quem for o crime atribuído tenha sido inscrita no registro de ocorrências criminais e, mediante a transmissão do arquivo, formular pedido fundamentado de emissão do decreto penal de condenação, indicando a medida da pena.

2. O Ministério Público pode solicitar a aplicação de uma penalidade reduzida até a metade do mínimo cominado. (tradução minha)

Também pode o juiz rejeitar o pedido de *patteggiamento* por meio de despacho (*ordinanza*), mas se condenar o acusado ao final, este poderá interpor recurso de apelação.

É necessário esclarecer que se rejeita o magistrado a proposta de acordo, o feito criminal "[...] prossegue segundo o rito ordinário, não se podendo emprestar ao pleito do imputado o valor de uma confissão."[69] É garantia de não aproveitamento indevido: a busca de acordo pelo réu não pode servir de prova contra ele.

Assim, a negociação das partes admitida pelo juiz por sentença, não é atacável por recurso, mas aspectos formais de vícios da vontade e legalidade – porque justamente fora do mérito negocial do acordo – poderão ser solvidos em apelo à Corte di Cassazione.

Aspecto final do momento do *patteggiamento* é a previsão pela Lei nº 103/2017 da negociação em segundo grau, por um acordo onde se dá a renúncia aos fundamentos da apelação e fixação de nova (mais reduzida) pena.[70]

O ordenamento jurídico italiano dispõe que a sentença do *patteggiamento* se equipara em efeitos à decisão judicial de condenação, embora tecnicamente não se constitua em julgamento no sentido próprio, pelas especificidades da sentença negociada, onde há renúncia à defesa, mas permanece a necessidade de valoração das provas do crime, apenas descartada a necessidade de maiores indagações quanto à autoria do acusado.

---

69 SANTOS, 2017, p. 64.

70 Código de Processo Penal italiano, art. Art. 599-bis. Concordância com renúncia às razões de apelação.

1. O tribunal também tratará em câmara de conselho [menos forma] quando as partes, nas formas previstas no artigo 589, façam o pedido declarando concordar com o acolhimento, no todo ou em parte, dos fundamentos do recurso, com a renúncia a quaisquer outras razões. Se as razões pelas quais a aceitação é solicitada comportam uma nova fixação de pena, o Ministério Público, o acusado e a pessoa civilmente obrigada pela penalidade pecuniária indicam ao juízo a penalidade com a qual se encontram de acordo.

[...]

3. Se o juiz considerar que não pode aceitar o pedido, ordena a convocação para a audiência. Nesse caso, a solicitação e a renúncia perdem efeito, mas podem ser propostas novamente nessa audiência. (tradução minha)

O decreto aplicado com base no *patteggiamento* é irrevogável e irrecorrível em seu mérito, salvo questões de autonomia da vontade e de ilegalidade, servindo como título executivo para os fins penais, mas não produzindo efeitos civis – assim não podendo abarcar questões relacionadas à indenização civil, que deverão ser tratadas no competente juízo:

> Art. 445. Efeitos da aplicação da penalidade a pedido.
> 1. A sentença prevista no artigo 444, parágrafo 2º, quando a sentença imposta não exceder dois anos de pena privativa de liberdade isoladamente ou cumulativamente a uma pena pecuniária, não implica a sentença no pagamento das custas do procedimento ou na aplicação de multas acessórias e medidas de segurança, exceto confisco nos casos previstos no artigo 240 do código penal. Nos casos previstos neste parágrafo, é reservada a aplicação do parágrafo 1-ter.
> Código de Processo Penal italiano.[71]

Não resulta do *patteggiamento* culpa civil automática ou em título executivo na esfera administrativa. O pedido indenizatório pode em regra ocorrer como incidental na ação penal, mas havendo *patteggiamento* o magistrado, em regra, não conhecerá do pleito indenizatório, extinguindo a pretensão sem o julgamento do mérito.

Já no cível, arcará o colaborador com as despesas processuais, como indica o art. 444, parágrafo 2º, do Código de Processo Penal italiano:

> [...] Se houver constituição da parte civil, o juiz não decidirá sobre o pedido; no entanto, o acusado será condenado ao pagamento das custas adimplidas pela parte civil, a não ser que existam justos motivos para a compensação total ou parcial.[72]

Assim se evita dificultar o acordo criminal por demandas de natureza cível, ou prolongar a solução criminal do feito.

---

[71] No original: Art. 445. Effetti dell'applicazione della pena su richiesta.
1. La sentenza prevista dall'articolo 444, comma 2, quando la pena irrogata non superi i due anni di pena detentiva soli o congiunti a pena pecuniaria, non comporta la condanna al pagamento delle spese del procedimento né l'applicazione di pene accessorie e di misure di sicurezza, fatta eccezione della confisca nei casi previsti dall'articolo 240 del codice penale. Nei casi previsti dal presente comma è fatta salva l'applicazione del comma 1-ter."
Codice di Procedura Penale. (tradução minha)

[72] Tradução minha.

2.3. COLABORAÇÃO EM DELITOS GRAVES

Surge na Itália a redução de penas pela colaboração justamente pela figura do *collaboratore di giustizia*, o inicialmente chamado apenas como *collaboratore* ou arrependido (*pentito*). Foi o inicial modelo de favorecimento ao criminoso que pretendia colaborar com a acusação.

A redução de pena surge aplicável apenas ao terrorismo pela alteração ao artigo 630 do Código Penal, trazida pela Lei nº 497, 1974, que previu a redução de pena ao agente que se dissociasse do grupo criminoso e se esforçasse para permitir que a vítima recuperasse sua liberdade sem pagar o resgate.

O terrorismo ou subversão vieram a ser tratados por legislação especial, tendo a Lei nº 15/1980, que converteu com modificações o Decreto-Lei nº 625/1979, estabelecido favores aos autores de graves crimes que se afastassem do crime desenvolvido, ajudando as autoridades nas investigações e, consequentemente, na elucidação dos fatos. Embora tenha essa lei adotada respostas penais mais severas ao terrorismo, paralelamente criou, para os agentes que viessem a contribuir para a acusação do Estado, benefícios de menor pena, revogação ou substituição da prisão cautelar e concessão de benefícios penitenciários.

Nesses favores aos arrependidos do terrorismo, foram beneficiados conhecidos integrantes de organizações terroristas, como Patrizio Peci, Antonio Savasta – das Brigadas Vermelhas (Brigate Rosse) –, Roberto Sandalo e Michele Viscardi (Prima Linea).

Sucessos relevantes foram alcançados com a cooperação dos *pentiti* na luta contra o terrorismo, especialmente contra as Brigadas Vermelhas, pelo general dos Carabinieri Carlo Alberto dalla Chiesa (mais tarde morto pela Máfia).

Na sequência, foi previsto que se o colaborador foi efetivo na elucidação da prática delitiva, levando ao rompimento dos diversos setores da organização, a Lei nº 304, de 28 de maio de 1982, criou maior rol de atenuantes, beneficiando condutas não somente colaborativas, mas também, ações que contribuíram para a dissolução do grupo criminoso, ou seja, "[...] condutas baseadas na admissão dos fatos cometidos e declaração do afastamento da violência como forma de luta política."[73]

---

[73] BITTAR, 2011, p. 16.

Além do terrorismo e subversão, a máfia era causa de grande preocupação. Na década de 1980 a delação de Tommaso Buscetta se destacou, permitindo ao juiz Giovanni Falcone identificar a "Cupola" da Máfia Siciliana e seu modo de atuação. Seguiram-se mais de mil colaborações por mafiosos, como Salvatore Contorno e Antonino Calderone.

Por influência dos magistrados italianos Antonino Scopelliti e Giovanni Falcone, o decreto-lei n. 8, convertido, com modificações, pela Lei nº 82/1991, veio a normatizar a figura do "colaborador da justiça", fazendo-o alcançar também a extorsão mediante sequestro.

Finalmente, em 2001 a Lei nº n. 45, modificou a Lei de 1991 para introduzir a figura da testemunha da justiça e regular também as condições para o colaborador de justiça. Embora a lei seja única, tecnicamente se distingue a figura da testemunha de justiça porque não se trata de criminoso, como se dá no colaborador de justiça.

As mais relevantes mudanças na nova Lei nº 45/2001 foram o prazo máximo de seis meses para que o arrependido revele todos os fatos, o aproveitamento dos benefícios somente após avaliação das declarações como importantes e inéditas, exigência de cumprimento de pelo menos um quarto da condenação pelo arrependido e provisoriedade da proteção estatal à testemunha, até cessação do perigo.

A magistratura italiana criticou a alteração, porque acaba prejudicando a amplitude de colheita das informações, já que o prazo impede aproveitamento de informes só após cogitados, a exigência de novidade é subjetiva ou prejudicial, e a postergação dos benefícios desestimula os colaboradores. Exemplo é a manifestação de Armando Spataro:

> Agora, a conotação da novidade parece difícil avaliar especialmente em termos de crimes de associação e também parece limitar a possibilidade de colaborações particularmente significativas [...] Ainda mais quando você pensa sobre a importância que uma pluralidade de contribuições pode assumir na presença do quadro constitucional alterado [...] Por outro lado, a lei prevê a exigência da "importância considerável" da colaboração apenas em relação a atividades de investigação sobre as conotações estruturais de organizações criminosas <u>do tipo máfia</u> ou terrorista-subversivo, com exclusão injustificada de associações destinadas ao tráfico de drogas (art. 74 DPR 309/ '90), que também se enquadram na competência da DDA.
> Também a limitação prevista (nos termos do art. 9 parágrafo 2 da Lei) das medidas especiais de proteção àqueles que praticam conduta colaborativa em relação apenas a crimes cometidos para fins de terrorismo ou subversão ou incluídos entre os referidos no art. 51 O parágrafo 3 bis do Código de Processo Penal parece não ter uma justificativa real, uma vez

que uma colaboração muito útil também pode encontrar uma oportunidade em crimes não relacionados à máfia: a título de exemplo, a regra exclui de qualquer medida especial de proteção o sujeito que colaborou pluralidade de assassinatos cometidos em uma área do crime organizado, mas não do tipo máfia (por exemplo, grupos criminosos emergentes), ou o traficante de drogas para grandes quantidades que não está incluído na organização correspondente ao disposto no art. 74 DPR 309/90 ou o suspeito que se reporta a uma organização não-máfia dedicada à extorsão e usura, geralmente a antecâmara da prática da máfia no sentido apropriado. Em resumo, como ensina a experiência, o surgimento da realidade da máfia é frequentemente a consequência de colaborações que inicialmente não possuem esse objeto específico.

[...] Também é difícil ler e avaliar a referência específica à *força de intimidação de que o grupo é capaz localmente,* como requisito na determinação das situações perigosas relevantes (art . 9, c. 5 da Lei) :de fato, não parece lógico limitar a possibilidade de admitir um colaborador em medidas de proteção se a organização da máfia cuja estrutura e crimes que ele revelou estiver operando no território em que reside. Alguém pode argumentar seriamente que o colaborador que revelou o que sabe sobre a Cosa Nostra ou a 'Ndrangheta ou a Camorra não está sujeito a perigo apenas porque não reside em uma área "em risco"?[74]

A legislação especial citada regula o colaborador de justiça e a testemunha de justiça em sua atuação no processo.

O *patteggiamento* após criado no modelo processual penal italiano, não se direcionava a tão graves crimes – inicialmente previsto até dois anos e, após, até cinco anos de prisão negociada.

Do *patteggiamento* foram excluídos crimes socialmente mais gravosos, como é o caso da associação criminosa, do crime organizado, do terrorismo, do sequestro, de certos crimes relacionados à violência sexual ou ligados à prostituição e à pornografia infantil,[75] além de prever

---

74 SPATARO, 2015.

75 É previsão do já citado art. 444 do Código de Processo Penal italiano, no seu parágrafo 1-bis:

"1-bis. São excluídos primeiro da aplicação do parágrafo 1º os procedimentos para crimes referidos no artigo 51, parágrafos 3 - bis e 3 - quarto, os procedimentos para crimes referidos nos artigos 600 - bis, 600 - ter, segundo, terceiro e quinto parágrafos, 600 - quarto, segundo parágrafo, 600 - quarto.1, relativos à condução da produção ou do comércio de material pornográfico, 600 - quinquies, bem como 609-bis, 609-ter, 609-quater e 609-octies do Código Penal, bem como contra aqueo ressarcimento do dano em crimes específicos.[76] Ainda assim, como o rol de vedação é taxativo, remanesce como possível hoje a aplicação do *patteggiamento* a crimes graves outros, como a tentativa de homicídio, o roubo, o peculato e a extorsão.[77]

Permanecem disposições no Código Penal italiano, porém, que favorecem ao colaborador, como é o tratamento mais benéfico do Art. 270-bis.1 do Código Penal italiano:

> Por crimes cometidos para fins de terrorismo ou subversão da ordem democrática, salvo quanto ao disposto no artigo 289-bis, contra o agente que, dissociando-se dos demais, atua para impedir que a atividade criminosa seja levada a consequências adicionais, ou seja, ajuda concretamente as autoridades policiais e judiciais na coleta de provas decisivas para a identificação ou captura de coautores, a sentença de prisão perpétua é substituída pela de prisão por doze a vinte anos e as outras penas são reduzidas de um terço à metade.[78]

Igual critério de benefício veio a ser previsto no art. 289-bis do Código Penal italiano, com a redução da pena no crime de sequestro para fins de terrorismo ou subversão, dos previstos 25 a 30 anos para dois a oito anos quando o agente, dissociando-se dos demais, atua para que o sujeito passivo recupere sua liberdade – ou seja a pena fixada de oito a dezoito anos se a vítima morre.[79]

---

les que foram declarados infratores habituais, profissionais e de tendência, ou reincidentes nos termos do artigo 99, quarto parágrafo, do Código Penal, se a sentença exceder dois anos isolada ou cumulativamente a uma pena pecuniária."

76 Art. 444 do Código de Processo Penal italiano:

1-ter. Nos processos pelos crimes previstos nos artigos 314, 317, 318, 319, 319-ter, 319-quater e 322-bis do Código Penal, a admissibilidade do pedido referido no parágrafo 1º está sujeita ao reembolso total do preço ou produto do crime.

77 ANGELINI, 2013.

78 No original: "Per i delitti commessi per finalità di terrorismo o di eversione dell'ordine democratico, salvo quanto disposto nell'articolo 289-bis, nei confronti del concorrente che, dissociandosi dagli altri, si adopera per evitare che l'attività delittuosa sia portata a conseguenze ulteriori, ovvero aiuta concretamente l'autorità di polizia e l'autorità giudiziaria nella raccolta di prove decisive per l'individuazione o la cattura dei concorrenti, la pena dell'ergastolo è sostituita da quella della reclusione da dodici a venti anni e le altre pene sono diminuite da un terzo alla metà."

79 "Il concorrente che, dissociandosi dagli altri, si adopera in modo che il soggetto passivo riacquisti la libertà è punito con la reclusione da due a otto anni; se il soggetto passivo muore, in conseguenza del sequestro, dopo la liberazione, la pena è della reclusione da otto a diciotto anni."

Finalmente, com a Lei nº 3/2019, a Lei Anticorrupção, é inserida expressamente a incidência da figura do colaborador nos crimes de corrupção, como indica entre outros o artigo 323-ter:

> Arte. 323-ter (causa de não punibiçodade). - Não é punível quem tenha cometido qualquer dos fatos previstos nos artigos 318, 319, 319-ter, 319-quater, 320, 321, 322-bis, limitado a delitos de corrupção e indução indevida indicada, 353, 353-bis e 354 se, antes da notícia de que foram realizadas investigações contra ele
> em relação a esses fatos e, em qualquer caso, dentro de quatro meses da comissão do fato, denuncia-o voluntariamente e fornece
> indicações úteis e concretas para garantir a prova do crime e para identificar os outros responsáveis.
> A não punibilidade do reclamante está sujeita à mesma disposição de restituição do produto ou, no caso de impossibilidade, de uma quantia em dinheiro de valor equivalente, ou à indicação de elementos úteis e concretos para identificar o beneficiário efetivo, no mesmo prazo do primeiro parágrafo [...].

Assim, seja em legislação especial, seja até mesmo no Código Penal, são admitidos favores aos agentes de crimes graves que passam a colaborar com a justiça, mas com benefícios de concessão de liberdade durante o processo, na execução final da pena, ou reduções menores de pena, em condições mais restritas (especialmente após a Lei nº 45/2001) e para crimes especificamente escolhidos.

É a demonstração de que, mesmo em graves crimes, a sociedade pode admitir a redução de pena a propósito de favorecimento da eficácia persecutória.

2.4. CONSEQUÊNCIAS DO *PATTEGIAMENTO* E DA COLABORAÇÃO

A negociação surge em onda garantista de um processo acusatório na Itália, mas como acaba o acusado por abdicar de direitos para uma sentença imediata, dividem-se as opiniões entre as vantagens de eficiência e de prevalência da estratégia da defesa, frente às manifestações de inconformismo pela relativização de direitos.

É lícita estratégia da defesa, que pode considerar melhor a redução da pena ante os riscos do processo, de altas penas e custos. Aliás, é ordinária a possibilidade em qualquer processo de optar o réu por colaborar para sua condenação, inclusive pela confissão – deseje ou não a redução da pena.

A Corte de Cassação italiana inclusive já confirmou reiteradamente que o *patteggiamento* constitui forma de admissão da responsabilidade penal, com abdicação das garantias processuais e, inclusive, da presunção de inocência.

A eficiência persecutória e a crescente criminalidade levaram não apenas à criação do *patteggiamento*, como a sua já tratada ampliação. De crimes negociados até dois anos de prisão, passou-se ao limite de cinco anos; do *patteggiamento*, passou-se ao favorecimento amplo ao criminoso colaborador, inclusive em crimes graves:

> Quanto à luta contra o terrorismo, certamente o estabelecimento de um direito premial, favorecendo os 'arrependidos', os 'dissociados' e os 'colaboradores' foi extremamente útil para debelar o gravíssimo fenômeno da atividade terrorista e subversiva, que tantas vítimas fez na Itália. Houve, é certo, muitas críticas ao sistema que instituiu a delação premiada, mas acabou estabelecendo-se o consenso em torno da necessidade de medidas extremas, que representavam a resposta a um estado de verdadeira guerra contra as instituições democráticas e à segurança dos cidadãos.[80]

O prisma da negociação difere: em crimes mais leves prevalece o interesse da rápida e desburocratizada solução do caso; em crimes mais graves a pretensão é de facilitar mesmo a investigação e a produção probatória.

De outro lado, a admissão de culpa a quem está preso, com medo de penas altas ou de dificuldades da defesa – até econômicas –, tende a transformar o processo em meio de condenação cega e abusiva.

Ao colaborar, o imputado admite a confissão do crime e passa a contribuir com as investigações e para a instrução processual. Como se dá em toda negociação penal, a colaboração ocorre com renúncia a garantias de julgamento, gerando anômalos poderes de disposição da culpa dentro do processo, onde é abandonada sua função cognitiva. Isto, conforme Paolo Tonini, contraria o princípio de que a decisão deve ser, o quanto mais possível, livre de erro.[81]

---

[80] GRINOVER, 1995, p. 84.
[81] TONINI, 2002.

No resultado, a maior celeridade do processo criminal e o maior número de autorias confessas resultam em aumento das condenações, com prevalente caráter retributivo da resposta penal.[82] Embora não se compare com o patamar americano, onde a negociação pela *plea bargain* igualmente resulta em discutida elevação da população carcerária,[83] para os padrões europeus preocupa o acúmulo de presos, como indica o relatório "Espaço", de janeiro de 2018, do Conselho da Europa:

> A Itália, de acordo com o que emerge do relatório, está entre os oito países do Conselho da Europa que "indicaram que têm um sério problema de superlotação no sistema penitenciário". Dados do relatório 'Space' mostram que entre 2016 e 2018 a população carcerária italiana aumentou 7,5%. Dos oito países com prisões superlotadas, a Itália ocupa o quarto lugar, depois da França, que tem 116,3 prisioneiros para cada 100 lugares, Romênia (120,3) e Macedônia do Norte (122,3). Os outros quatro países que têm mais de 105 prisioneiros por 100 lugares disponíveis - dado o limite além do qual a superlotação das prisões é considerada um problema grave - são Moldávia (113,4), Sérvia (109,2), Portugal (105,9) e a República Checa (105,5).[84]

---

82 É interessante observar que relatório do Conselho da Europa de 2019 indica que ainda há mora no julgamento dos feitos criminais:

"Na Itália, há muitos presos aguardando uma primeira sentença ou uma sentença final (34,5% contra uma média europeia de 22,4%): as prisões italianas estão entre as mais superlotadas do continente e nosso país está entre aqueles com o maior percentual de pessoas condenadas por crimes relacionados a drogas." Cf.: FIORENTINO, 2019.

83 "Duas tendências importantes chamam a atenção de todos os observadores da cena penal americana contemporânea. De um lado, a porcentagem dos detentos encarcerados por infração à legislação sobre entorpecentes elevou-se de 5% em 1960 a 9% em 1980, para alcançar o terço em 1995. Ao mesmo tempo, a parte dos afro-americanos entre os novos admitidos nas prisões federais e estaduais quase dobrou, de maneira que, pela primeira vez no século, os prisioneiros de cor ali são majoritários (55%), enquanto os homens negros somam apenas 7% na população do país. O cruzamento dessas tendências aponta para a terceira causa da quadruplicação em vinte anos dos efetivos aprisionados nos Estados Unidos: "o sistema penal em parte substituiu e em parte juntou-se ao gueto como mecanismo de controle racial", depois que este último revelou-se inapto para conter o proletariado negro urbano no lugar que lhe cabe no novo espaço social norte-americano. Cf.: WACQUANT, 1999.

84 No original: "L'Italia, secondo quanto emerge dal rapporto, è tra gli otto Paesi del Consiglio d'Europa che "hanno indicato di avere un serio problema di sovraffollamento nel loro sistema penitenziario". Dai dati del rapporto 'Space' risulta che tra il 2016 e il 2018 la popolazione carceraria italiana è aumentata del 7,5%. Tra

Também a quantidade de prisões durante o processo é aumentada, passando a ser inclusive instrumento de pressão para os acordos.[85] Se não aceita negociar, tende o imputado a permanecer preso.

As críticas ao *patteggiamento* e ao colaborador de justiça, ou testemunha de justiça, são em verdade críticas comuns à negociação penal. O favorecimento por redução de penas a quem delínque é contraposto ao interesse social na sua integral responsabilização e ao interesse na descoberta e condenação dos autores de crimes, especialmente em crimes mais socialmente gravosos.

É a permanente ponderação entre eficiência e garantias.

2.5. CONCLUSÕES

Os diferentes direcionamentos e oscilações na confrontação de garantias e eficiência ficam muito claros na Itália, e isto se verifica inclusive neste tema do *pentito* e do *patteggiamento*.

O "Código Rocco" inquisitório, centrado na ação judicial dentro do processo, que busca a todo custo a verdade, mesmo com provas colhidas ainda na investigação e mesmo com riscos de parcialidade, é substituído em 1988 pelo novo "Codice di Procedura Penale", adversarial e acusatório. Parece ser a vitória naquele momento de um modelo de persecução criminal mais acusatório.

A reação vem da magistratura e em suas decisões. Juízes não se conformam com a drástica alteração, com a inércia ante possíveis mentiras instauradas no processo e o movimento resulta em decisões da Corte Constitucional que restauram a ação judicial e de provas centradas no magistrado. Parece ser a vitória no momento do modelo mais inquisitório.

O parlamento italiano restaura premissas e objetivos garantistas na Constituição e em sucessivas alterações no código processual. O confronto de caminhos e modelos processuais permanece.

---

gli otto Paesi con carceri sovraffollate l'Italia è al quarto posto, dopo la Francia che ha 116,3 detenuti per ogni 100 posti, la Romania (120,3) e la Macedonia del Nord (122,3). Gli altri 4 paesi che hanno più di 105 detenuti per 100 posti disponibili - considerato il limite oltre cui il sovraffollamento carcerario è ritenuto un problema serio - sono la Moldavia (113,4), la Serbia (109,2), il Portogallo (105,9) e la Repubblica Ceca (105,5)." Cf.: FIORENTINO, 2019.

85 COSTA, 2017.

Embora não se tenham maiores indagações judiciais sobre a legitimidade da negociação, sendo aplicados os institutos legalmente criados de favorecimento de pena aos criminosos, mesmo nesse tema é interessante notar que não se faz a inserção integral e pontual do modelo. Aos poucos é que vão lei e sociedade admitindo a negociação pelas partes no processo, inicialmente para barganhas até dois anos, depois até cinco anos e, hoje, com favorecimentos até para colaboradores em crimes extremamente graves e organizados, como terrorismo e subversão da ordem democrática, ou como extorsão mediante sequestro.

A crítica, em verdade, permanece é no questionamento da plenitude e liberdade de opções do imputado, especialmente quando pobre, com dificuldades probatórias e quando ameaçado por prisões processuais ou por altas respostas criminais. A crítica é quanto à ainda maior seletividade dos atingidos, em regra desfavorecidos sociais.

O *patteggiamento* exige livre e informada deliberação das partes, agora com o *patteggiamento allargato* atingindo a maioria dos crimes, pois com as atenuantes negociados até cinco anos. Além da vontade das partes, é exigida vinculação à lei na classificação penal do crime e na proporção da pena reduzida.

Menores são as limitações de momento, pelas insistentes e reiteradas possibilidades legais de nova submissão do acordo durante o processo, e até mesmo em fase apelação, assim como minoradas são as restrições de forma, pois admitida a proposta até unilateralmente pelo imputado, com consentimento posterior do acusador ou com suprimento por admissão judicial em sentença.

Embora definidora plena da culpa penal, a sentença lançada em acolhimento à barganha não gera efeitos civis.

Nos mais graves crimes de terrorismo e organização criminosa também são criados favores pela figura do *collaboratore di giustizia* ou arrependido (*pentito*). Especialmente por legislação especial, são admitidos favores de concessão de liberdade durante o processo, na execução final da pena, ou reduções de pena, com condições claras e mais restritivas (especialmente após a Lei nº 45/2001).

Vêm o *patteggiamento* e a colaboração dentro de um sistema italiano de favorecimento pela atuação do criminoso em favor da acusação estatal: à barganha do *patteggiamento* e ao *collaboratore di giustizia*, somam-se as reduções de pena por atitudes outras de colaboração – mesmo em crimes graves – e em admissões de culpa por modelos processuais simplificados: *abbreviato, direttissimo, per decreto* e *immediato*.

É caminho privilegiador da eficiência, com redução de garantias admitida pelo imputado.

3. COLABORAÇÃO PREMIADA NA AMÉRICA LATINA: ARGENTINA, CHILE, COLÔMBIA E COSTA RICA

A colaboração de criminosos para a revelação e prova do crime, seja na faceta da simplificação do processo pela admissão de culpa, seja para reduzir o ônus investigatório estatal pelo auxílio de um dos coautores, tem sido crescentemente implantada no ocidente.

A América Latina sentiu o aumento da criminalidade e dos processos como drama social, caminhando gradualmente para modelos mais acusatórios e aceitando a eficiência da negociação para admissão da culpa e fundamento condenatório, ao menos parcial.

Variam os países na realização de acordos formais entre as partes, na participação da vítima, no limite de favores a criminosos e no grau de intervenção dos magistrados. A negociação processual penal, porém, já é realidade do direito latino.

Pela proximidade com o Brasil e pela relevância internacional, optou-se pelo exame da negociação na Argentina, Chile, Colômbia e Costa Rica. Serão descritas as mais relevantes normas, assim como indicados o apoio e as críticas ofertadas à negociação da verdade e da culpa no processo, como opção estatal pela prevalência da posição de partes e da eficiência persecutória.

É oportunidade de confrontação dos sistemas jurídicos latinos, até para um repensar da negociação no Brasil, que mesmo em vanguarda na América Latina é no comparativo global ainda recente e em evolução.

3.1. ARGENTINA: "IMPUTADO ARREPENTIDO"

A Argentina há décadas trazia benefícios esparsos de redução de pena a criminosos colaboradores de específicos crimes, mas apenas com a preocupação surgida na América Latina pela corrupção revelada em vários países, especialmente no Brasil, pela lava jato, veio a ser aprovada a Lei nº 27.304, de 2016, com o disciplinamento da figura do imputado arrependido (*imputado arrepentido*).

O favorecimento legal (Lei nº 27.304/2016) ao colaborador se fez pela redução da penalidade, não sendo admitida sua exclusão por completo. Quanto ao processamento do acordo, a previsão legal é de negociação entre o acusado, com seu advogado, e o Ministério Público, seguindo para a homologação do juiz de origem, que se limita ao exame da voluntariedade e legalidade.

3.1.1. A LEI DO ARREPENDIDO

O instituto da colaboração premiada, ou "testemunha da coroa" do direito alemão, teve na Argentina a denominação de "imputado arrependido", seguindo o modelo de nomenclatura do *pentitismo* italiano, embora lá mais limitado o instituto – ao terrorismo e crime organizado.[86]

Vem o arrependido na Argentina a colaborar reduzindo ou reparando os danos de diversos crimes, como um "arrependimento" no crime e pelo favor de redução da pena. É o tênue limite da estratégia de defesa e eficiência frente à redução das garantias processuais, especialmente de não autoincriminação e presunção de inocência.

A lógica deste instituto é de que o investigado por crime pode livremente cooperar com a acusação estatal, seja por razões morais, seja mais provavelmente por interesse em favores processuais e de pena.

Por tratados internacionais ratificados pela Argentina, já havia a previsão da colaboração premiada na Convenção Interamericana contra a Corrupção, de 1997, aprovada pela Lei 24.759/97, e na Convenção das Nações Unidas contra a Corrupção, ratificada pela Argentina, em 2006, por meio da Lei nº 26.097. Neste sentido, o artigo 37 do último mencionado tratado, intitulado "Cooperação com as autoridades policiais", explana que o Estado Parte irá aderir às medidas para incentivar as pessoas que estão envolvidas ou já se envolveram em crimes acima citados para:

> [...] fornecer às autoridades competentes informações úteis para fins investigativos e probatórios e fornecer-lhes uma ajuda eficaz e concreta que possa contribuir para privar os criminosos do produto do crime, bem como recuperar esse produto.

---

[86] Itália, "LEGGE 29 maggio 1982, n. 304", que criou "casos de não punição" aos que, "depois de terem cometido, com a finalidade de terrorismo ou subversão da ordem constitucional" viessem a se retirar, dissolver ou impedir crimes da quadrilha, ou dela fornecessem informações completas (art. 1º).

No plano interno, inicialmente foi o arrependido tratado na Argentina apenas para os crimes de terrorismo,[87] lavagem de dinheiro, sequestro mediante extorsão, privação de liberdade e tráfico de drogas,[88] conforme previsões específicas em lei.

Surgiu no país, porém, preocupação com as revelações da relevante corrupção política em países vizinhos, especialmente no Brasil, com a operação lava jato.

Durante congresso em Buenos Aires, na Universidade de Direito, o atual presidente do Supremo Tribunal Federal brasileiro, Dias Toffoli, chamou a atenção para a necessidade de lei específica e ampla sobre o tema, inclusive para a cooperação investigatória e de provas:

> O crime organizado é hoje transnacional seja no que diz respeito à corrupção, ao narcotráfico ou o tráfico de armas. É necessário que os países tenham uma integração maior entre as polícias, os Ministérios Públicos e os poderes judiciários. É extremamente importante essa integração no combate ao crime transnacional que cada vez aumenta mais. O intercâmbio entre as máximas cortes de Justiça dos dois países serve também para

---

87 Ley 25.241.

ARTICULO 1º — A los efectos de la presente ley, se consideran hechos de terrorismo las acciones delictivas cometidas por integrantes de asociaciones ilícitas u organizaciones constituidas con el fin de causar alarma o temor, y que se realicen empleando sustancias explosivas, inflamables, armas o en general elementos de elevado poder ofensivo, siempre que sean idóneos para poner en peligro la vida o integridad de un número indeterminado de personas.

ARTICULO 2º — En los supuestos establecidos en el artículo anterior, podrá excepcionalmente reducirse la escala penal aplicando la de la tentativa o limitándola a la mitad, al imputado que, antes del dictado de la sentencia definitiva, colabore eficazmente con la investigación. Para obtener el beneficio se deberá brindar información esencial para evitar la consumación o continuación del delito o la perpetración de otro, o que ayude a esclarecer el hecho objeto de investigación u otros conexos, o suministre datos de manifiesta utilidad para acreditar la intervención de otras personas, siempre que el delito en que se encuentre involucrado el beneficiario sea más leve que aquél respecto del cual hubiere brindado o aportado su colaboración.

88 A Lei 26.538 de 2009 adotou recompensas econômicas para quem fornecer informações com viés criminal nos casos referentes à Lei nº 23.737 da Argentina (narcóticos), bem como o roubo de entidades bancárias ou encobrimento (art. 277 do código penal argentino), assim como em todos os crimes que, devido à sua seriedade ou complexidade justificam a recompensa pelo fornecimento de informações. (artigo 1º da Lei 26.538/13).

explicar aos argentinos a importância de o país contar com uma lei mais completa de delação premiada, a exemplo da brasileira. Esses intercâmbios são importantes para dar esses exemplos concretos no sentido de alimentar uma nova lei na Argentina e dizer olhem, vocês têm que fazer uma nova lei aqui. Vocês têm que aprimorar a legislação. A ausência de uma lei de colaboração premiada na Argentina, na dimensão da brasileira, impede que a Procuradoria-Geral da República envie as delações da Odebrecht que envolvem autoridades e empresários argentinos.[89]

Na falta de lei, formulou então a Procuradoria Geral da Argentina acordo com o Ministério Público Federal do Brasil para viabilizar a obtenção de provas envolvendo as delações premiadas de executivos da empreiteira Odebrecht e de outros investigados na operação lava jato. Isto permitiu estabelecer um modelo da ferramenta de colaboração processual para que as investigações pudessem transitar entre os dois países, passando a usar a Argentina de informações e provas reveladas no Brasil por acordos de leniências ou delações premiadas.

Após escândalos envolvendo corrupção de empreiteiras de obras públicas e o Kirchnerismo, a lei do arrependido foi promulgada em 2016, Lei nº 27.304, sendo considerada pela Casa Rosada, por congressistas e juristas locais como um passo essencial para que a justiça pudesse avançar nos processos, especialmente de corrupção e associação criminosa.

Com a Lei nº 27.304/2016, houve a ampliação dos crimes passíveis de arrependimento, prevendo sua incidência para extorsão mediante sequestro, associação criminosa, crimes alfandegários como contrabando, corrupção de menores, promoção ou exploração da prostituição, produção ou posse de pornografia infantil, tráfico de seres humanos e associação ilícita, privação da liberdade, prevaricação, crimes contra a ordem financeira ou econômica e crimes relacionados à Administração Pública e corrupção crimes contra a administração pública (em relação a suborno, tráfico de influência, taxas ilegais, enriquecimento ilícito, desvio de fluxos públicos, prevaricação e negociações incompatíveis

---

[89] RESENDE, 2019, n.p.

com o serviço público).[90] São excluídos do arrependimento os imputados por crimes contra a humanidade e funcionários públicos passíveis de *impeachment*.[91]

---

[90] Ley n° 27.304/2016

ARTÍCULO 1° — Sustitúyase el artículo 41 ter del Código Penal por el siguiente:

Artículo 41 ter: Las escalas penales podrán reducirse a las de la tentativa respecto de los partícipes o autores por algún delito de los detallados a continuación en este artículo, cuando durante la sustanciación del proceso del que sean parte, brinden información o datos precisos, comprobables y verosímiles.

El proceso sobre el cual se aporten datos o información deberá estar vinculado con alguno de los siguientes delitos:

a) Delitos de producción, tráfico, transporte, siembra, almacenamiento y comercialización de estupefacientes, precursores químicos o cualquier otra materia prima para su producción o fabricación previstos en la ley 23.737 o la que en el futuro la reemplace, y la organización y financiación de dichos delitos;

b) Delitos previstos en la sección XII, título I del Código Aduanero;

c) Todos los casos en los que sea aplicable el artículo 41 quinquies del Código Penal;

d) Delitos previstos en los artículos 125, 125 bis, 126, 127 y 128 del Código Penal;

e) Delitos previstos en los artículos 142 bis, 142 ter y 170 del Código Penal;

f) Delitos previstos en los artículos 145 bis y 145 ter del Código Penal;

g) Delitos cometidos en los términos de los artículos 210 y 210 bis del Código Penal;

h) Delitos previstos en los capítulos VI, VII, VIII, IX, IX bis y X del título XI y en el inciso 5 del artículo 174, del Código Penal;

i) Delitos previstos en el título XIII, del libro segundo, del Código Penal.

Para la procedencia de este beneficio será necesario que los datos o información aportada contribuyan a evitar o impedir el comienzo, la permanencia o consumación de un delito; esclarecer el hecho objeto de investigación u otros conexos; revelar la identidad o el paradero de autores, coautores, instigadores o partícipes de estos hechos investigados o de otros conexos; proporcionar datos suficientes que permitan un significativo avance de la investigación o el paradero de víctimas privadas de su libertad; averiguar el destino de los instrumentos, bienes, efectos, productos o ganancias del delito; o indicar las fuentes de financiamiento de organizaciones criminales involucradas en la comisión de los delitos previstos en el presente artículo.

Cuando el delito atribuido al imputado estuviere reprimido con prisión y/o reclusión perpetua, la pena sólo podrá reducirse hasta los quince (15) años de prisión

La reducción de pena no procederá respecto de las penas de inhabilitación o multa.

[91] Ley n° 27.304/2016

ARTÍCULO 3° […] Los acuerdos previstos en esta ley y sus beneficios no serán aplicables en procesos en los que se investiguen delitos de lesa humanidad.

Tornou certa a lei que para obter os benefícios do arrependimento, as informações fornecidas devem envolver pessoas com uma penalidade igual ou superior à do arrependido e que a colaboração se dá por informações e provas específicas, plausíveis e verificáveis, para evitar ou sustar o crime, revelar o crime, seu financiamento e seus agentes, assim como suas localizações, gerando um significativo avanço na investigação e recuperação do produto ilícito.

Como benefício pela ação do arrependido, a pena é aplicada como crime tentado (art. 43 ter do CP), fixada de um terço do mínimo até a metade do máximo cominado ao delito.[92]

Previu a Lei do Arrependido o procedimento do acordo, desde a negociação pelas partes do processo à homologação judicial pela legalidade, com confirmação das informações em um ano e final condenação com a pena no limite acordado, como será detalhado no próximo tópico.

Se o arrependido fornece informações falsas, não apenas perde o benefício de redução da pena, como também é condenado por novo crime, com pena de 4 a 10 anos de prisão (art. 2º, criando o art. 276 bis do CP).

A admissão e extensão do instituto do arrependimento serão regidas, controladas e orientadas por uma série de princípios, expressos no art. 5º:

> a) O tipo e alcance das informações fornecidas;
> b) A utilidade das informações fornecidas para alcançar os objetivos pretendidos;
> c) O momento processual em que o acusado oferece a colaboração;
> d) A gravidade dos crimes que o acusado contribuiu para esclarecer ou prevenir;
> e) A gravidade dos fatos que lhe são atribuídos e sua responsabilidade correspondente por eles. Se beneficiará especialmente quem se arrepender primeiro.

Trouxe a Lei do Arrependido, assim, ampliação para graves crimes do benefício, que deve ser direcionado a criminosos menores do grupo, com benefício de redução de pena limitado na lei e proporcional à utilidade de suas informações no processo.

---

[92] CP, ARTICULO 44.- La pena que correspondería al agente, si hubiere consumado el delito, se disminuirá de un tercio a la mitad.

Disposições penais outras, dentro e fora do Código Penal, tratam de hipóteses similares sem acordo, mas com redução ou isenção de pena ao criminoso que passe a colaborar para a persecução criminal.

Apesar das mais de 900 modificações e emendas, com a criação de leis especiais, o Código Penal da Argentina, promulgado em 1921, também mantém esse instituto no seu Título IX, Capítulo I - Traição, artigo 217,[93] onde prevê isenção de pena àquele que revela às autoridades competentes uma conspiração de crimes contra a segurança nacional antes de se iniciar o procedimento penal.

Outra previsão na mesma proteção é a antiga Lei 13.985, que trata dos crimes contra a segurança nacional, a qual prevê isenção de pena ao agente que revelar os crimes e autores à autoridade (art. 14).[94] Também o Código Penal argentino dispõe da isenção de pena "[...] aquele que revelar a conspiração à autoridade, antes de iniciada a execução" (art. 217).[95]

Foram também estendidos favores de colaboração nos crimes de sequestro coativo (art. 142, bis e ter, do CP), e sequestro extorsivo (art. 170 do CP) – nesse crime há dissenso doutrinário se representa uma conduta de delação premiada, ou se estaria mais afeta ao arrependimento posterior.

Finalmente, adotaram-se medidas de proteção aos colaboradores, as quais estão previstas na Lei nº 25.764, especificamente em seu artigo 5º e incisos:

---

93 "Quedará eximido de pena el que revelare la conspiración a la autoridad, antes de haberse comenzado el procedimiento."

94 LEY Nº 13.985/50.

ARTICULO 14- Quedará exento de sanción penal el que habiendo incurrido en los actos calificados como delito por esta ley, los denuncie ante las autoridades civiles o militares antes de haberlos consumado.

Podrá ser declarado exento de sanción penal todo aquel que luego de haber consumado el delito lo denuncie a las autoridades civiles o militares y procure el arresto de los coautores o cómplices.

95 Interessante é destacar que esta norma foi modificada temporariamente na reforma do Código Penal Argentino de 1967, por meio da Lei 17.567/1968, em plena ditadura civil-militar de Juan Carlos Ongania. A isenção de pena foi substituída pelo art. 218, § 2°, que previu a exclusão de pena para aqueles que desistissem voluntariamente, antes do início da execução do crime ou antes do início do processo por conspiração e para quem que impedisse o crime espontaneamente.

Artigo 5º [...]
a) Custódia pessoal ou domiciliar:
b) alojamento temporário em locais reservados;
c) A mudança de endereço;
d) A provisão de meios econômicos para acomodação, transporte, alimentação, comunicação, assistência médica, mudança, reintegração, procedimentos, sistemas de segurança, condicionamento de moradias e outras despesas essenciais, dentro ou fora do país, enquanto o beneficiário estiver você é incapaz de obtê-los por seus próprios meios. Em nenhum caso a assistência econômica será concedida por mais de seis (6) meses;
e) Assistência na gestão de procedimentos;
f) Assistência à reintegração trabalhista;
g) Fornecimento de documentação comprovativa da identidade sob o nome falso, com o objetivo de manter a localização da pessoa protegida e de seu grupo familiar em reserva.

É uma evolução legal claramente acolhedora da negociação pela admissão da culpa e, mais fortemente ainda, como favor legal pela colaboração com a persecução criminal estatal.

3.1.2. ASPECTOS PROCEDIMENTAIS

A mesma Lei do arrependido (Lei nº 27.304/2016) previu o procedimento do acordo até o encerramento da investigação,[96] por escrito (art. 6º) entre promotor e imputado, com seu advogado (art. 8º), relando os crimes e sua participação, provas de culpa sua e de coautores, detalhar a espécie de informação que será fornecida e o benefício a ser concedido (art. 7º).

---

[96] CP, ARTÍCULO 3º — Oportunidad. El acuerdo con el imputado arrepentido sobre lo previsto por el artículo 41 ter del Código Penal deberá realizarse antes del auto de elevación a juicio, cierre de la investigación preparatoria o acto procesal equivalente.

La información que se aporte deberá referirse únicamente a los hechos ilícitos de los que haya sido partícipe y a sujetos cuya responsabilidad penal sea igual o mayor a la del imputado arrepentido.

No podrán celebrar acuerdos de colaboración los funcionarios que hayan ejercido o estén ejerciendo cargos susceptibles del proceso de juicio político de acuerdo a lo establecido por la Constitución Nacional.

Los acuerdos previstos en esta ley y sus beneficios no serán aplicables en procesos en los que se investiguen delitos de lesa humanidad.

O acordo exige a participação livre e consciente das partes, estando o acusado tecnicamente amparado por seu advogado e se submente à confirmação judicial

A natureza voluntária da figura do arrependido, entretanto, é independente do exercício de sua defesa material. As declarações não incidirão como fundamento de uma sentença condenatória, que não pode se fundar apenas em tais alegações, precisando o Tribunal analisar com precisão outras provas e indícios a fim de proferir um julgamento à luz de princípios constitucionais que assegurem todos os meios de defesa ao acusado, como bem aponta Carlos E. Llhera:

> O tipo penal do artigo 276 bis do Código Penal não pode ser entendido como uma "coerção ou ameaça" em relação ao imputado, destinada a obter sua declaração. A contribuição que ele formula - executada livremente -, com assessoramento técnico (defesa profissional), homologada por um terceiro imparcial, não é obrigatória ou complusória e não inclui nenhum dos elementos das estruturas típicas dessas figuras.
> A declaração não tem os mesmos objetivos que a manifestação durante o processo do imputado (possibilidade de exercer defesa material); é opcional, voluntária, não coercitiva; ela se realiza cumprindo as disposições legais necessárias (o acusado é informado das possíveis consequências dessa má conduta); e a assistência técnica é requisito de validade do ato (artigos 8 e 10).[97]

Assim, a colaboração deve ser recebida como auxílio probatório à acusação, onde a confissão possui valor indiciário, com eficácia *obter dictum* (argumento de reforço). A lei discrimina a colaboração como meio de obtenção de prova e não como prova em si, como caminham os precedentes judiciais, inclusive por isso assegurando a confidencialidade.

A tradição é de iniciar-se a negociação por provocação da defesa que, examinando a melhor estratégia para o imputado, solicita sua formalização.

Três critérios são examinados pelo texto da Lei. No que diz respeito ao nível hierárquico, para poder fazer uso do benefício o acusado deve fornecer informações sobre agentes que estavam no mesmo nível na organização criminosa ou acima, não abaixo dele – a colaboração é para os criminosos menos relevantes.

---

[97] LLHERA, 2017, n.p. (tradução minha)

Quanto à forma, detalha o artigo 7º que o acordo será escrito e conterá os fatos atribuídos, o grau de participação que será atribuído ao arrependido, as evidências nas quais a denúncia se baseia, o tipo de informação a ser fornecida pelo arrependido, a qualificação dos outros coautores ou participantes, além do benefício a ser concedido pela colaboração proporcionada pelo acusado arrependido.

Após a fase de negociação, o referido acordo será levado ao juízo da causa para aprovação, e este convocará a presença do acusado, de seu advogado e do promotor do caso, a fim de que o arrependido demonstre estar plenamente informado do acordo e de suas consequências, além de conferir se o colaborador agiu voluntariamente e que os outros requisitos haviam sido cumpridos. Somente após o juiz homologará ou rejeitará a barganha entre o acusado e o Ministério Público.

Se o acordo estiver fundamentado em cláusula ilegal ou controvertida, ou ainda na possibilidade de o juiz da causa verificar vício ou abuso na voluntariedade, poderá recusar à homologação do acordo ou adequá-lo ao caso concreto.

Homologado o acordo de arrependimento, suspende-se a ação penal em um ano, até que o juiz ou promotor confirmem o cumprimento integral ou parcial, bem como a verossimilhança e utilidade das informações ,[98] momento em que se retoma o processo contra o colaborador, com a final sentença condenatória – não baseada exclusivamente nas declarações do arrependido[99] –, seguindo a pena acordada.

De outro lado, se o magistrado não homologa o acordo, cabe apelo das partes. Se o arrependido fornece informações falsas, não apenas perde o benefício de redução da pena, como também é condenado por novo crime, com pena de 4 a 10 anos de prisão .[100]

A incidência do benefício do arrependimento encontra limite legal nos crimes aonde incide, como ressaltado no tópico anterior. Assim, a lei não alcançará funcionários e ex-funcionários públicos suscetíveis de julgamento político, isto é, presidente, vice-presidente, chefe de gabinete, ministros de gabinete nacionais e juízes do Supremo Tribunal de Justiça da Nação – justamente pela importância de seus cargos e não beneficiamento pela liderança.

---

[98] Art. 11.
[99] Art. 15.
[100] Art. 2º, criando o art. 276 bis do CP.

Mesmo não sendo detalhista o procedimento, é inadmissível a violação a regras legais e princípios, devendo o acordo ser redigido com cláusulas claras, livres de obscuridade e servindo como garantia ao cumprimento de seu teor, tanto para a defesa como para a acusação. Isto garante, inclusive, o reclamo junto ao poder judiciário, pela via recursal, quando o procedimento não for respeitado ou suas cláusulas não forem cumpridas.

Segue o acordo para a aprovação judicial, em audiência para constatação da plena ciência ,[101] com a final sentença condenatória – não baseada exclusivamente nas declarações do arrependido[102] –, seguindo a pena acordada. Em um ano, juiz ou promotor confirmam o cumprimento integral ou parcial, bem como a verossimilhança e utilidade das informações.[103]

De outro lado, se o magistrado não homologa o acordo, cabe apelo das partes. Se o arrependido fornece informações falsas, não apenas perde o benefício de redução da pena, como também é condenado por novo crime, com pena de 4 a 10 anos de prisão .[104]

3.1.3. EFICIÊNCIA DA LEI DO ARREPENDIDO NA ARGENTINA

A Lei do arrependido trouxe descobertas relevantes de corrupção na Argentina.

A investigação mais noticiada é de um empresário da empreiteira espanhola Isolux Corsán, que trouxe um caderno com dados de 10 anos de uma rede de corrupção, com subornos milionários pagos por empreiteiras durante o Kirchnerismo. Acabou sendo na sequência descoberto que o secretário de obras do governo de Cristina Kirchner (2003-2015) tentou esconder uma quantia de aproximadamente R$ 30 milhões no terreno de um convento em Buenos Aires.[105]

---

101 Art. 10.
102 Art. 15.
103 Art. 11.
104 Art. 2º, criando o art. 276 bis do CP.
105 MOLINA, 2018.

As investigações prosseguem. Fabián Gutiérrez, ex-secretário particular de Cristina, viúva de Néstor Kirchner, "[...] era o arrependido que se gabava de ter mais provas dos atos de corrupção de Cristina",[106] mas foi neste mês encontrado morto.

Embora discuta alteração, a Argentina garante a liberdade de acusados até sentença da Corte Suprema, de modo que não há riscos de colaborações pressionadas pelo desejo de liberdade. Outro ponto discutido é que a quebra de sigilo por quem confessa, de acordo com a lei argentina, não evita a persecução penal, o que inibe a admissão de crimes.

Ademais, ainda faltam instrumentos legais para a responsabilização em corrupção, como uma lei de responsabilidade criminal corporativa. Esta omissão dificulta a quebra da *omertà* (pacto de silêncio da máfia) e auxilia na explicação de empresários não revelarem tudo o que sabem.

Mesmo sem estatísticas oficiais, estudos dirigidos registraram uma taxa de 3% de condenação por crimes de corrupção na Argentina. Além da natural cifra negra, porque nem todos crimes são revelados, a complexidade das investigações para identificação e prova da autoria e da materialidade desse crime faz compreender como necessário um mais eficiente tratamento persecutório criminal.

Daí a proposição do Projeto de Lei nº INLEG-2019-19522714-APN-PTE, para incorporar no Regimento Penal da Argentina a possibilidade reduzir ou até isentar a pena daquele que optar pela colaboração que forneça informações precisas, verificáveis e úteis para evitar a consumação do crime ou a perpetração de outro, inclusive com benefícios na execução da pena.

Do arrazoado encaminhado, vale destacar:

> [...] Finalmente, los procesos por corrupción tienen una duración entre DIEZ (10) y (14) años. Las investigaciones no prosperan, generalmente porque finalizan mediante declaración de nulidad de prueba o por prescripción de la acción penal. Una de las principales causas de la situación descripta en los párrafos que anteceden se debe a ciertas características propias de los hechos de corrupción, que dificultan su detección e investigación; y es aquí donde reside la utilidad del colaborador que este proyecto pone a Vuestra consideración.

---

[106] CARLOS, 2020.

Também reconhecendo a validade do instituto e sua necessidade, Ragués I Vallès, Ramon justifica que "[...] atenuações punitivas ao arrependido parecem ser um custo perfeitamente aceitável, se a contrapartida for o esclarecimento e a punição efetiva de certos crimes."[107]

De outro lado, Eugênio Raúl Zaffaroni destaca que, ao par da eficiência, na colaboração premiada todas as garantias do réu precisam ser respeitadas, pois a quebra dessas garantias em um processo pode colocar em risco todo o procedimento, mesmo com os riscos decorrentes, pois "[...] talvez respeitando as garantias, algum corrupto possa fugir ou ficar impune. Mas, quebrando as garantias, suja-se todo o procedimento."[108]

O sistema persecutório na Argentina cria na figura do arrependido um pacto entre o criminoso e a acusação estatal, que deve ser direcionado a criminosos menores do grupo, com benefício de redução de pena limitado na lei e proporcional à utilidade de suas informações constatadas previamente no processo, para crimes em geral, salvo exceções raras de crimes graves ou frente a funções públicas especialmente relevantes.

3.2. CHILE: "PROCEDIMIENTO ABREVIADO, ACUERDOS Y PREACUERDOS"

O processo criminal no Chile tem relevantes aspectos do modelo acusatório, para a negociação valendo destacar do "Código Procesal Penal" (CPP) chileno a distinta figura do juiz das garantias, na fase investigatória, o julgamento oral e público, além da oportunidade ministerial em crimes médios e leves.[109]

---

[107] RAMON, 2013, p. 69.

[108] GELLI, 2005.

[109] CPP, Artículo 170. Principio de oportunidad. Los fiscales del ministerio público podrán no iniciar la persecución penal o abandonar la ya iniciada cuando se tratare de un hecho que no comprometiere gravemente el interés público, a menos que la pena mínima asignada al delito excediere la de presidio o reclusión menores en su grado mínimo o que se tratare de un delito cometido por un funcionario público en el ejercicio de sus funciones.

El ejercicio de esta facultad se regulará mediante instrucciones generales dictadas por el Ministerio Público, con el objetivo de establecer un uso racional de la misma.

Para estos efectos, el fiscal deberá emitir una decisión motivada, la que comunicará al juez de garantía. Éste, a su vez, la notificará a los intervinientes, si los hubiere.

Outra distinção relevante para o sistema brasileiro é a classificação das infrações penais em crimes (como homicídio e estupro), delitos simples (como furto e violação de correspondência) e faltas (lesão leve e posse de arma branca). Como categoria mais gravosa, os crimes recebem penas principalmente de grau maior[110] e perpétuas, enquanto os

---

Dentro de los diez días siguientes a la comunicación de la decisión del fiscal, el juez, de oficio o a petición de cualquiera de los intervinientes, podrá dejarla sin efecto cuando considerare que aquél ha excedido sus atribuciones en cuanto la pena mínima prevista para el hecho de que se tratare excediere la de presidio o reclusión menores en su grado mínimo, o se tratare de un delito cometido por un funcionario público en el ejercicio de sus funciones. También la dejará sin efecto cuando, dentro del mismo plazo, la víctima manifestare de cualquier modo su interés en el inicio o en la continuación de la persecución penal.

La decisión que el juez emitiere en conformidad al inciso anterior obligará al fiscal a continuar con la persecución penal.

Una vez vencido el plazo señalado en el inciso tercero o rechazada por el juez la reclamación respectiva, los intervinientes contarán con un plazo de diez días para reclamar de la decisión del fiscal ante las autoridades del ministerio público.

Conociendo de esta reclamación, las autoridades del ministerio público deberán verificar si la decisión del fiscal se ajusta a las políticas generales del servicio y a las normas que hubieren sido dictadas al respecto.

Transcurrido el plazo previsto en el inciso precedente sin que se hubiere formulado reclamación o rechazada ésta por parte de las autoridades del ministerio público, se entenderá extinguida la acción penal respecto del hecho de que se tratare.

La extinción de la acción penal de acuerdo a lo previsto en este artículo no perjudicará en modo alguno el derecho a perseguir por la vía civil las responsabilidades pecuniarias derivadas del mismo hecho.

110 Penas no Chile:

- Presidio, reclusión, confinamiento, extrañamiento y relegación MAYOR: en su grado mínimo, 5 años y 1 día a 10 años; en su grado medio, 10 años y 1 día a 15 años; en su grado máximo, 15 años y 1 día a 20 años.

- Inhabilitación absoluta y especial temporal: en su grado mínimo, 3 años y 1 día a 5 años; en su grado medio, 5 años y 1 día a 7 años; en su grado máximo, 7 años y 1 día a 10 años.

- Presidio, reclusión, confinamiento, extrañamiento y relegación MENOR: en su grado mínimo, 61 días a 540 días; en su grado medio, 541 días a 3 años; en su grado máximo, 3 años y 1 día a 5 años.

- Suspensión de cargo y oficio público y profesión titular: en su grado mínimo, 61 días a 1 año; en su grado medio, 1 año y 1 día a 2 años; en su grado máximo, 2 años y 1 día a 3 años.

- Prisión: en su grado mínimo, 1 a 20 días; en su grado medio, 21 a 40 días; en su grado máximo, 41 a 60 días.

delitos simples são apenados com grau menor e suspensões, e as faltas com a multa.[111]

---

[111] Código Penal: 2. De la clasificación de las penas

Art. 21. Las penas que pueden imponerse con arreglo a este Código y sus diferentes clases, son las que

comprende la siguiente:

ESCALA GENERAL

Penas de crímenes

Presidio perpetuo calificado. Presidio perpetuo. LEY 19734

Reclusión perpetua. Art. 1° N° 1

Presidio mayor. D.O. 05.06.2001

Reclusión mayor.

Relegación perpetua.

Confinamiento mayor.

Extrañamiento mayor.

Relegación mayor.

Inhabilitación absoluta perpetua para cargos y oficios públicos, derechos políticos y profesiones

titulares.

Inhabilitación especial perpetua para algún cargo u oficio público o profesión titular.

Inhabilitación absoluta temporal para cargos, LEY 19927 empleos, oficios o profesiones ejercidos en ámbitos Art. 1° N° 1 a) educacionales o que involucren una relación directa y D.O. 14.01.2004 habitual con personas menores de edad. Inhabilitación absoluta temporal para cargos y oficios públicos y profesiones titulares. Inhabilitación especial temporal para algún cargo u oficio público o profesión titular.

Penas de simples delitos

Presidio menor.

Reclusión menor.

Confinamiento menor.

Extrañamiento menor.

Delegación menor.

Destierro.

Inhabilitación absoluta temporal para cargos, LEY 19927 empleos, oficios o profesiones ejercidos en ámbitos Art. 1° N° 1 b) educacionales o que involucren una relación directa y D.O. 14.01.2004 habitual con personas menores de edad.

Suspensión de cargo u oficio público o profesión titular.

A negociação se dá especialmente no rito abreviado, que se baseia na negociação para aceitação da culpa e redução das penas. A admissão dessa negociação como vantajosa ao sistema é francamente[112] aceita pela doutrina chilena:

> Un sector reducido de la doctrina nacional, especialmente en los albores de la Reforma Procesal Penal del año 2000, manifestó sus temores de que las críticas formuladas por la doctrina extranjera contra los sistemas de justicia penal negociada, en general, y contra el plea bargaining norteamericano, en particular, resultaran también aplicables a los mecanismos de negociación penal que se incorporarían en el nuevo modelo procesal penal chileno43.
> Transcurridos ya casi veinte años desde la modificación del proceso penal en el país, no parece que sea posible efectuar una única valoración crítica de los mecanismos de justicia penal negociada.[113]

Inhabilidad perpetua para conducir vehículos a LEY 15123 tracción mecánica o animal. Art. 13 Suspensión para conducir vehículos a tracción D.O. 17.03.1963 mecánica o animal.

Penas de las faltas

Prisión.

Inhabilidad perpetua para conducir vehículos a LEY 15123 tracción mecánica o animal. Art. 13 Suspensión para conducir vehículos a tracción D.O. 17.03.1963 mecánica o animal.

Penas comunes a las tres clases anteriores

Multa.

Pérdida o comiso de los instrumentos o efectos del delito.

112 Em contrário, vale citar Enrique Letelier Loyola (2018, n.p.): "Es paradojal que los modelos normativos, colocando al juicio penal como una gran garantía del imputado, generalmente reconocida en las primeras normas generales de los cuerpos legales, a poco andar regulen en estas figuras e instituciones que con mayor o menor potencia evitan el juicio. No solo las negociaciones de culpabilidad y de pena que siguen más o menos de cerca las fórmulas negociadoras plea baigaining y guilty plea del modelo angloamericano (ARMENTA DEU, 2012, p. 128 y sig.) evitan el juicio, sino también la ocurrencia de una serie de actos administrativos y procesales, como decisiones de no investigar, archivos provisorios, inadmisiones de querellas, aplicación del principio de oportunidad (reglados o libres), suspensión del proceso a prueba, mediaciones y sobreseimientos, institutos todos que, ya sea evitando la investigación o limitando el ejercicio de la acción, trasuntan finalmente la omisión de un juicio penal."

113 CALDERÓN, 2019, n.p.

Além do rito abreviado acabam ocorrendo admissões de culpa e redução de pena por outros caminhos, especialmente pela via da simplificação processual. Assim é que o CPP previu também o procedimento simplificado com admissão de culpa e a não reclamação do imputado contra a decisão que acolhe requerimento de procedimento monitório e sua proposta de imposição de multa.[114]

Em todos esses procedimentos há admissão da responsabilidade penal pelo imputado em troca da redução de penas por um julgamento imediato, com menores garantias probatórias. É assim privilegiada a disposição pelas partes, em aproximação teórica com o sistema adversarial, para o resultado de eficiência com o descongestionamento do sistema processual criminal.[115]

O procedimento abreviado é previsto no artigo 406 para os crimes onde é requerida pelo acusador pena até cinco anos ou de reclusão menor (para delitos simples – menos graves que crimes), exigindo-se que o imputado tenha conhecimento dos fatos investigados, confesse e concorde com o procedimento. O acordo pelo procedimento abreviado poderá dar-se em qualquer fase do processo, desde a investigação até a audiência de preparação do juízo oral, alterando o limite dos

---

114 No original: "[...] procedimiento simplificado con admisión de responsabilidade y la no reclamación del imputado contra la resolución que acoge el requerimiento de procedimiento monitório e a y la proposición allí contenida de imposición de una multa."

115 Já na mensagem do Presidente da República para a Ley N° 19.696, que estabeleceu o Código de Processo Penal, constou:
"El examen de los problemas del sistema vigente, así como la experiencia comparada muestran que uno de los mayores obstáculos al éxito de la justicia criminal lo constituye el manejo de volúmenes muy grandes de casos, cuyos requerimientos suelen exceder con mucho las posibilidades de respuesta de los órganos del sistema con sus siempre limitados recursos [...]. [S]e propone la creación de algunos procedimientos simplificados en que por la vía de acuerdos entre todos los intervinientes o de algunos de ellos, se supriman etapas del curso ordinario del procedimiento de modo que se permita alcanzar una solución rápida del caso por medio de una sentencia definitiva, siempre que ello resulte posible sin vulnerar los valores que el sistema busca proteger".

fatos acusatórios e fixando a pena requerida até um grau abaixo do mínimo legalmente cominado.[116] É efetivamente o rito para a negociação processual.

O juiz das garantias confirma com o imputado a livre vontade e compreensão do acordo, bem como suas consequências:

---

116 Título III Procedimiento abreviado.

Artículo 406.[...] ara ello, será necesario que el imputado, en conocimiento de los hechos materia de la acusación y de los antecedentes de la investigación que la fundaren, los acepte expresamente y manifieste su conformidad con la aplicación de este procedimiento.

La existencia de varios acusados o la atribución de varios delitos a un mismo acusado no impedirá la aplicación de las reglas del procedimiento abreviado a aquellos acusados o delitos respecto de los cuales concurrieren los presupuestos señalados en este artículo.

Artículo 407. Oportunidad para solicitar el procedimiento abreviado. Una vez formalizada la investigación, la tramitación de la causa conforme a las reglas del procedimiento abreviado podrá ser acordada en cualquier etapa del procedimiento, hasta la audiencia de preparación del juicio oral.

Si no se hubiere deducido aún acusación, el fiscal y el querellante, en su caso, las formularán verbalmente en la audiencia que el tribunal convocare para resolver la solicitud de procedimiento abreviado, a la que deberá citar a todos los intervinientes. Deducidas verbalmente las acusaciones, se procederá en lo demás en conformidad a las reglas de este Título.

Si se hubiere deducido acusación, el fiscal y el acusador particular podrán modificarla según las reglas generales, así como la pena requerida, con el fin de permitir la tramitación del caso conforme a las reglas de este Título. Para estos efectos, la aceptación de los hechos a que se refiere el inciso segundo del artículo 406 podrá ser considerada por el fiscal como suficiente para estimar que concurre la circunstancia atenuante del artículo 11, N° 9, del Código Penal, sin perjuicio de las demás reglas que fueren aplicables para la determinación de la pena.

Sin perjuicio de lo establecido en los incisos anteriores, respecto de los delitos señalados en el artículo 449 del Código Penal, si el imputado acepta expresamente los hechos y los antecedentes de la investigación en que se fundare un procedimiento abreviado, el fiscal o el querellante, según sea el caso, podrá solicitar una pena inferior en un grado al mínimo de los señalados por la ley, debiendo considerar previamente lo establecido en las reglas 1a o 2a de ese artículo.

Si el procedimiento abreviado no fuere admitido por el juez de garantía, se tendrán por no formuladas las acusaciones verbales realizadas por el fiscal y el querellante, lo mismo que las modificaciones que, en su caso, éstos hubieren realizado a sus respectivos libelos, y se continuará de acuerdo a las disposiciones del Libro Segundo de este Código.

> CPP, Artículo 409.
> Intervenção prévia do juiz de garantias.
> Antes de resolver o pedido do promotor, o juiz de garantias consultará o acusado para garantir que tenha concordado livre e voluntariamente com o procedimento abreviado, que conhece seu direito de exigir um julgamento oral, que entenda os termos do acordo e as consequências que dele podem surgir e, especialmente, que não foi submetido a coerção ou pressão indevida pelo promotor ou terceiros.

Verifica ainda o juiz a existência de provas mínimas na investigação, para admitir o processo abreviado, que segue com alegações finais pelas partes e sentença. Pode o magistrado inclusive absolver o acusado e não poderá fundar a condenação "[...] exclusivamente com base na aceitação dos fatos pelo acusado [...]",[117] a qual terá como limite a pena acordada.

Caberá apelação à Corte, que examinará os mesmos requisitos de livre adesão informada dos já mencionados artigos 406 e 409 do CPP. Nesse modelo criado de negociação, que se dá basicamente no Chile pelo processo abreviado, Cristián Riego não vê deficiências à defesa:

> Em geral, parece-nos possível sustentar que o sistema do Código de Processo Penal não visava incentivar a aceitação da renúncia ao julgamento por meio de uma negociação baseada em diferenças entre a sanção que pode ser estabelecida no julgamento e a estabelecida pelo promotor como máximo no procedimento abreviado [...]. Na prática, as diferenças de penalidades que os promotores podem oferecer, nesse contexto, para incentivar a renúncia ao julgamento, limitam-se a estabelecer as penalidades máximas que se enquadram nos limites mais baixos dos quadros estabelecidos por lei.[118]

O procedimento monitório não possui propriamente um acordo processual, mas permite que o imputado aceite a acusação e a reduzida pena de multa apontadas pelo agente acusador. É o rito monitório previsto nos artigos 392 e seguintes do CPP, aplicando-se às mais leves infrações penais, as faltas, quando requerida pelo promotor somente a pena de multa – o que é o normal. Deve o acusador já especificar o valor da multa, que será acolhida por decisão do juiz, podendo o imputado em quinze dias reclamar do rito ou da pena, pagar a multa com 25% (vinte e cinco por cento) de desconto. Não interposta reclamação

---

[117] Artigo 412 do CPP.
[118] RIEGO, 2017.

pelo réu, "[...] se entenderá que aceita sua imposição. Nesse caso, a decisão será tida, para todos efeitos legais, como sentença aplicada."[119] É a negociação pela aceitação, embora sem formalização de acordos.

Reclamando o imputado ou considerando o juiz não ser suficientemente fundamentado o requerimento de multa pelo Ministério Público, será o réu citado para audiência de provas no rito simplificado – examinado a seguir.

Finalmente, o procedimento simplificado admite a aceitação de culpa em audiência, com possibilidade de pedido ministerial de redução de penas para permitir o julgamento imediato do processo. É previsto nos artigos 388 e seguintes do CPP, para faltas e crimes onde é requerida pelo acusador pena de "presidio" (cabível para crimes e delitos simples) ou de reclusão menor em grau mínimo (para delitos simples – menos graves que crimes). Nesse rito, havendo provas mínimas e não se exercendo a oportunidade para não perseguir,[120] o Promotor pede ao juiz de garantias a designação de audiência de provas.

Também se aplica o rito simplificado em caso de flagrante delito,[121] sendo na audiência de custódia (*control de la detención*) comunicado o acusado do requerimento ministerial pelo rito simplificado.

Na audiência de provas, para a qual é citado o acusado, inicia-se com o questionamento ao acusado se admite a culpa, para isso podendo o promotor alterar a pena, pena que não poderá ser majorada pelo juiz. Essa é a negociação do rito simplificado, a aceitação de culpa com redução de pena proposta pelo acusador.

Não havendo acordo de admissão de culpa, segue a audiência com a leitura da acusação, colheita de provas e julgamento. Sendo prolatada sentença condenatória pela falta, mas considerando o juiz que as provas e circunstâncias não recomendam a execução da pena, poderá suspender seus efeitos por seis meses, tornando-a sem efeito se nesse prazo não ocorrer a formalização de nova investigação criminal.[122] A extinção do processo não afeta a responsabilidade civil do condenado.

---

[119] Art. 392 do CPP.
[120] Art. 170 CPP.
[121] Artigo 393 do CPP.
[122] Artigo 398 do CPP.

Acabam solvendo esses mais céleres ritos, com acordo de culpa ou não, a maioria dos processos criminais: o rito abreviado ocorre em 16,34%, o simplificado em 44,13%, o monitório em 34,47% e o juízo oral (para crimes mais graves) apenas em 5,04%.[123] O rito abreviado, só realizado com o acordo, tem pequena incidência ainda no Chile.

Além desses ritos mais céleres, que exigem acordo (rito abreviado) ou mera admissão de culpa (rito monitório e na audiência do rito simplificado), pode a persecução penal ser encerrada pela negociação entre o imputado e a vítima, assim como pelo cumprimento das condições em uma admitida suspensão do processo, que podem se verificar em qualquer momento do processo com investigação já instaurada.

O acusado e a vítima poderão negociar acordos reparatórios em crimes que afetem "bens jurídicos disponíveis de natureza patrimonial", sejam infrações leves ou culposas – salvo interesse público pela reiteração delitiva do acusado. O acordo é admitido pelo juiz das garantias em audiência, onde verifica a plena consciência e liberdade dos negociadores.[124] Cumprido o acordo, é extinto o processo, sem responsabilidade penal.

Já a suspensão condicional do processo se dá com a concordância do promotor e o acusado, acompanhado de seu advogado, em crimes com pena cominada no máximo em três anos de privação da liberdade.[125] O juiz fixa o prazo e as condições da suspensão, suspenso também o curso da prescrição, sendo que após esse prazo, sem causa de revogação, será extinta a ação penal.

Para os mais graves crimes elencados,[126] a decisão ministerial de suspensão condicional do processo precisa ser referendada pelo Procurador Regional – uma garantia de proteção social.

---

123 CALDERÓN, 2019.

124 Artigo 241 do CPP.

125 Artigo 237 do CPP.

126 Artículo 237 [...] Tratándose de imputados por delitos de homicidio, secuestro, robo con violencia o intimidación en las personas o fuerza en las cosas, sustracción de menores, aborto; por los contemplados en los artículos 361 a 366 bis y 367 del Código Penal; por los delitos señalados en los artículos 8º, 9º, 10, 13, 14 y 14 D de la ley Nº17.798; por los delitos o cuasidelitos contemplados en otros cuerpos legales que se cometan empleando alguna de las armas o elementos mencionados en las letras a), b), c), d) y e) del artículo 2º y en el artículo 3º de la citada ley

Embora sem negociação, leis penais preveem favores outros a acusados que colaborem com a persecução criminal.

Em seu artigo oitavo, o Código Penal (CP) chileno prevê a isenção de pena a quem desista de crimes antes de seu início, revelando os fatos à autoridade:

> A conspiração e a proposição de cometer um crime ou um delito simples, somente são puníveis nos casos em que a lei os penalize diretamente.
> A conspiração existe quando duas ou mais pessoas concordam com a execução do crime ou do delito simples.
> A proposição é verificada quando quem decide cometer um crime ou um delito simples propõe sua execução a uma ou mais pessoas.
> Exime de todas as penas por conspiração ou proposição de cometer um crime ou um delito simples, a desistência da execução deles antes de começar a colocá-los em ação e de iniciar-se um procedimento judicial contra o culpado, desde que ele revele à autoridade pública o plano e suas circunstâncias.[127]

Isto se dá diretamente para crime tipificados como conspiração ou proposição, que não demandariam em verdade execução, de modo que se tem hipótese de crimes já consumados, mas com desistência eficaz, para a qual é exigida a revelação à autoridade dos fatos e a inexistência ainda de procedimentos criminais persecutórios contra o delator. É espécie de favor por colaboração do agente.

Também se verifica favor de isenção de pena e até da própria responsabilização penal, quando em crimes de funcionários aos direitos garantidos pela Constituição vier o servidor a "alegar que a ordem foi

---

Nº17.798, y por conducción en estado de ebriedad causando la muerte o lesiones graves o gravísimas, el fiscal deberá someter su decisión de solicitar la suspensión condicional del procedimiento al Fiscal Regional.

127 ART. 8.
La conspiración y proposición para cometer un crimen o un simple delito, sólo son punibles en los casos en que la ley las pena especialmente.
La conspiración existe cuando dos o más personas se conciertan para la ejecución del crimen o simple delito.
La proposición se verifica cuando el que ha resuelto cometer un crimen o un simple delito, propone su ejecución a otra u otras personas.
Exime de toda pena por la conspiración o proposición para cometer un crimen o un simple delito, el desistimiento de la ejecución de éstos antes de principiar a ponerlos por obra y de iniciarse procedimiento judicial contra el culpable, con tal que denuncie a la autoridad pública el plan y sus circunstancias.

tomada de surpresa" e "revogar essa ordem para interromper o ato, denunciando o culpado".[128] Neste caso, o favor legal não se dá como favorecimento do servidor, mas com o intento de apuração do verdadeiro responsável pela violação de direitos constitucionais.

Já nos artigos 192 e 295, o código penal chileno deixa clara a sua abertura à possibilidade do autor de receber vantagens, ou até a isenção total das penalidades, quando delator com intuito de contribuir com a resolução ou prevenção do crime, desde que isso ocorra de modo espontânea e anterior à abertura do processo:

> Os culpados dos crimes punidos pelos artigos: 162, 163, 165, 167, 172, 173, 174, 175, 180, 181 e 182, estão isentos de penalidade, desde que, antes de fazer uso dos objetos falsificados, sem ser descoberto e sem iniciar um processo, qualquer contra ele, se denunciar à autoridade, revelando as circunstâncias do crime.[129]
>
> Os culpados que, antes de executar qualquer um dos crimes ou crimes simples que constituem o objeto da associação e antes de serem processados, tenham revelado à autoridade a existência de tais associações, ficarão isentos das penalidades indicadas nos artigos anteriores. Seus planos e propósitos. No entanto, eles podem ser colocados sob a supervisão da autoridade.[130]

Finalmente, na área econômica, o Chile previu a delação premiada[131] para evitar a constituição de cartéis e danos à livre concorrência. Isto ocorreu através da Lei nº 20.361/2005, favorecendo ao primeiro que delatasse ao Ministério Público Econômico (Fiscalia Nacional Económica - FNE) provas que permitissem comprovar a conduta ilícita e seus responsáveis. O Decreto-Lei nº 211 previu no artigo 39 os requisitos[132] para a isenção ou redução da multa aplicada.

---

128 Artigo 160 do CP.

129 Artigo 192 do CP.

130 Artigo 295 do CP.

131 "Delação compensada", no original.

132 1. Proporcionar antecedentes precisos, veraces y comprobables que representen un aporte efectivo a la constitución de elementos de prueba suficientes para fundar un requerimiento ante el Tribunal;

2. Abstenerse de divulgar la solicitud de estos beneficios hasta que la Fiscalía haya formulado el requerimiento u ordene archivar los antecedentes de la solicitud, y

3. Poner fin a su participación en la conducta inmediatamente después de presentar su solicitud.

Ao que se acrescenta principalmente:

Assim, o Chile criou ritos com julgamento imediato pela negociação ou admissão de culpa, onde o magistrado faz controle da justa causa probatória (pois sempre poderá absolver), e especialmente da voluntariedade, da plena informação e do limite legal das penas negociadas

A vítima é de modo interessante lembrada para a participação na reparação dos danos, e crimes até três anos permitem a suspensão condicional do processo. Crimes outros admitem atenuação ou isenção da pena pela colaboração do criminoso.

3.3. COLÔMBIA: "ACUERDOS DE CULPABILIDADE, 'BENEFICIO PARA LA COLABORACIÓN', Y DISPONIBILIDAD MINISTERIAL PARA LA COLABORACIÓN CRIMINAL"

A persecução criminal na Colômbia se dá na estrutura do Judiciário, sob a acusação ministerial. É o Ministério Público um órgão de técnico de controle social, sob a chefia do Procurador Geral da Nação e posicionado na hierarquia do Ministério da Justiça da Colômbia, com objetivo de "[...] defesa da sociedade, a defesa e representação do Estado no âmbito designado por lei e para o Poder Executivo e à Justiça quando requeridos."[133]

Atua o Ministério Público no processo criminal através da "Fiscalia", como ramo judicial representante da sociedade.[134] Na acusação penal atua como o representante estatal para a negociação em processos criminais.

---

1. Para acceder a la exención de la multa, además de cumplir los requisitos señalados en el inciso anterior, el ejecutor de la conducta deberá ser el primero que aporte los antecedentes a la Fiscalía, dentro del grupo de responsables de la conducta imputada.

2. Para acceder a una reducción de la multa, además de cumplir los requisitos señalados en el inciso segundo, el ejecutor de la conducta deberá aportar antecedentes adicionales a los presentados por quien primero acompañó antecedentes a la Fiscalía en virtud de este artículo.

133 Cf.: Art, 1º da Lei al: Orgânica do Ministério Público – Ley nº 15.365/82.

134 Código de Procedimiental: oal: Penal - LEY 906 DE 2004

Artículo 111. Funcional: es del Ministerio Público. Son funciones del Ministerio Público en la indagación, la investigación y el juzgal: amiento:

1. Como garante de los derechos humanos y de los derechos fundamentales:

a) Ejercer vigilancia sobre las actuaciones de la policía judicial que puedan afectar garantías fundamentales;

O "Código de Procedimiento Penal" (CPP), Lei nº 906/2004 prevê no artigo 348 o sistema de pré-acordos e negociações como um dos objetivos fundamentais do sistema penal acusatório, favorecendo não apenas o acusado, mas também a administração da justiça:

> Com o fim de humanizar a atuação processual e a pena; obter justiça rápida e integralmente; permitir a resolução dos conflitos sociais causados pelo crime; promover a reparação integral dos prejuízos causados pelo injusto e possibilitar ao acusado a definição de seu caso, o Ministério Público e o imputado poderão chegar a pré-acordos que impliquem no término do processo.[135]

---

b) Participar en aquellas diligencias o actuaciones realizadas por la Fiscalía General de la Nación y los jueces de la República que impliquen afectación o menoscabo de un derecho fundamental;

c) Procurar que las decisiones judiciales cumplan con los cometidos de lograr la verdad y la justicia;

d) Procurar que las condiciones de privación de la libertad como medida cautelar y como pena o medida de seguridad se cumplan de conformidad con los Tratados Internacionales, la Carta Política y la ley;

e) Procurar que de manera temprana y definitiva se defina la competencia entre diferentes jurisdicciones en procesos por graves violaciones a los Derechos Humanos y al Derecho Internacional Humanitario;

f) Procurar el cumplimiento del debido proceso y el derecho de defensa.

g) Participar cuando lo considere necesario, en las audiencias conforme a lo previsto en este código.

2. Como representante de la sociedad:

a) Solicitar condena o absolución de los acusados e intervenir en la audiencia de control judicial de la preclusión;

b) Procurar la indemnización de perjuicios, el restablecimiento y la restauración del derecho en los eventos de agravio a los intereses colectivos, solicitar las pruebas que a ello conduzcan y las medidas cautelares que procedan;

c) Velar porque se respeten los derechos de las víctimas, testigos, jurados y demás intervinientes en el proceso, así como verificar su efectiva protección por el Estado;

d) Participar en aquellas diligencias o actuaciones donde proceda la disponibilidad del derecho por parte de la víctima individual o colectiva y en las que exista disponibilidad oficial de la acción penal, procurando que la voluntad otorgada sea real y que no se afecten los derechos de los perjudicados, así como los principios de verdad y justicia, en los eventos de aplicación del principio de oportunidad;

e) Denunciar los fraudes y colusiones procesales.

135 Tradução minha.

A negociação se dá entre o imputado e o Ministério Público "[...] desde a audiência sobre a formulação da acusação e até a apresentação do sumário da acusação [...]", negociando crimes e qualificadoras[136] assim como redução depena até a metade. Na verdade, a prática colombiana tem aceitado negociações mesmo antes da audiência de acusação, quando ainda em fase investigatória o crime, sendo admitida a validade do acordo.

Ultrapassada a fase de acusação, ainda poderão ser realizados "pré-acordos" até o início do juízo oral, quando é o acusado perguntado se aceita a culpa, com redução da pena cominada até um terço cominada.[137]

O Tribunal Constitucional por meio da Sentença C - 516 de 2007[138] compreendeu que a vítima também pode intervir nos acordos e pré-acordos, já constando da lei processual a atuação da vítima nos acordos para sua reparação.

Estabelece o art. 353 do CPP a interessante possibilidade de admissão de culpa em parte das acusações, limite onde se darão igualmente os benefícios estatais.

A forma de realização dos acordos é livre, exigindo-se a presença do defensor, mas prevalecendo a vontade do imputado,[139] assim como a final admissão do acordo pelo magistrado.

O juiz verifica no acordo sua legalidade, especialmente no grau de redução da pena dentro do limite de um terço e a voluntariedade do acusado, pois estabelece o art. 131 do CPP que a renúncia "[...] às ga-

---

136 Art. 350 do CPP.

137 Art. 351 do CPP.

138 Al asumir un estudio sistemático de las normas que concurren a estructurar un esquema de intervención de las víctimas en materia probatoria, conforme al modelo diseñado por la ley 906 de 2004, la Corte ha considerado que el derecho a probar forma parte esencial del derecho de las víctimas a la verdad, a la justicia y a la reparación (C-454 de 2006), y garantizado su intervención en los diferentes momentos procesales (C-209 de 2007), atendiendo las especificidades del sistema. Así las cosas, el cargo formulado por los demandantes contra el ordinal "d" del artículo 11, y la expresión "a ser escuchadas" del numeral 11 del artículo 136, será desestimado, en razón a que de tales preceptos, vistos de manera insular, no se deriva el esquema precario de participación probatoria y acceso limitado de las víctimas al expediente que los demandantes pretenden estructurar.

139 Art. 354 do CPP.

rantias de manter silêncio e ao juízo oral [...]", o juiz do processo (de controle de garantias ou do conhecimento) verifica se é caso de "decisão livre, consciente e voluntária, devidamente informada, assessorada pela defesa", tudo mediante ouvida pessoal do investigado ou acusado". A preocupação com as garantias restou expressa pela Câmara Criminal da Suprema Corte de Justiça:

> Não basta verificar a liberdade e voluntariedade através do simples interrogatório do processado, o trabalho do juiz como garante e protetor dos direitos humanos deve ir além, verificando que tenham sido preservadas as garantias fundamentais, entre as quais, obviamente, se encontram entre outras a legalidade, a tipicidade estrita e o devido processo.[140]

Embora sem negociação, admite o art. 367 do CPP a admissão de culpa ao início do juízo oral, com "direito à redução de um sexto da pena cominada às acusações aceitas". É negociação de culpa que pode se dar diretamente ao juízo. Neste mesmo juízo oral, de produção das provas e julgamento, poderá ser apresentada admissão de culpa por acordo realizado entre Ministério Público e acusado.

Assim, pode dar-se a admissão da culpa na audiência de acusação (redução da pena até a metade), até o início do juízo oral (redução da pena até um terço), durante o juízo oral sem acordo (redução da pena até um sexto) ou com acordo (pena limitada no máximo ao acordo).

Finalmente, é previsto o exercício da disponibilidade ministerial, com a não propositura de acusação em caso de colaboração eficaz do acusado, mesmo ante crimes graves:

> Artigo 324. O princípio da oportunidade será aplicado nos seguintes casos:
> 4. Quando o investigado ou acusado, até antes da audiência de julgamento, colabore eficazmente para interromper a execução do crime, ou que outros se realizem, ou quando forneça informação eficaz para o desmantelamento da quadrilha de crime organizado.
> 5. Quando o investigado ou acusado, até antes da audiência de julgamento, se compromete a servir como testemunha de acusação contra os demais processados, sob imunidade total ou parcial.
> [...]
> 18. Quando o autor ou partícipe em casos de suborno formular a comunicação originadora da investigação criminal, acompanhada de provas úteis ao processo, e servir como testemunha de acusação, desde que voluntariamente e de maneira integral repare os danos causados.
> [...] O princípio da oportunidade será aplicado ao servidor público se ele primeiro denunciar o crime nas condições indicadas.

---

140 Sentença 31280, 2009. (tradução minha)

Parágrafo 1º. Em casos de tráfico de drogas e outras infrações previstas no segundo capítulo do título XIII do Código Penal, terrorismo, financiamento do terrorismo e administração de recursos relacionados a atividades terroristas, o princípio da oportunidade só poderá ser aplicado nas hipóteses quatro ou cinco deste artigo, desde que não se tratem de chefes, líderes, ordenadores, organizadores ou diretores das organizações criminosas.[141]

Aqui se tem propriamente instituto similar à colaboração premiada no Brasil, pois é favor concedido ao criminoso que se alia na prova da culpa de crimes dos corréus. É permissão ao Ministério Público de não ofertar a ação penal, podendo inclusive sustar a persecução por período.

A Lei nº 600 de 2000 veio a detalhar a inserção da colaboração premiada[142] (*beneficio por colaboracion*) na Colômbia. Foi criado um Título específico para o benefício, a ser ofertado pelo Chefe do Ministério Público, ou promotor delegado, para imputados que "[...] em virtude da colaboração de qualquer ordem que prestem às autoridades para a eficácia da administração da justiça, sujeitando-se o acordo à aprovação do juiz competente, após o parecer ministerial."[143]

A colaboração objetiva a identificação de líderes e de sua responsabilidade, a localização de ativos da organização criminosa ou de sequestrado. Os benefícios serão de redução da pena de 1/6 a ¼ daquela fixada em condenação, a substituição da prisão por domiciliar, a suspensão condicional da execução da pena ou a liberdade condicional. Jamais poderá a colaboração implicar em exclusão total da condenação, nem estará condicionada à confissão do colaborador.

Tratando-se, porém, de condenação liderança em associação criminosa, é admissível antecipação da sentença com direito a redução pela confissão e colaboração eficaz.[144]

Ocorrendo o acordo de colaboração durante a instrução, o juiz poderá alterar o limite dos benefícios, por a decisão recorrível, homologando o acordo. Deste modo, a persecução criminal na Colômbia admite acordos de assunção de culpa com redução de imputações e penas, assim como admite a colaboração para demonstração do crime de corréus, pelo *beneficio por colaboracion*.

---

141 Tradução minha.
142 "Beneficio por colaboracion", no original.
143 Art. 413.
144 Art. 416.

Implantadas a mais de quinze anos, essas medidas contam com apoio por predominante doutrina local, valendo como exemplo a manifestação de Carlos Giovanni Omaña Suárez, Pedro Ortiz Santos e Sergio Enrique Villamizar Jáuregui:

> Em vista do exposto, é claro que em uma estrutura processual os direitos e garantias possuem um grande valor, pois sobre cada um dos sujeitos processuais incide a proteção do Estado, não sendo contraditória à finalidade, ao sistema e até às garantias processuais, a permissão de acordos [...].[145]

É admissão da eficiência do resultado condenatório e da prevalência do interesse estatal na revelação e comprovação de crimes.

3.4. COSTA RICA: "EL CRITERIO DE OPORTUNIDAD"

A Costa Rica possui um sistema processual adversarial e acusatório. Tem no Pacto de São José da Costa Rica, em 22 de novembro de 1969, um marco local e mundial histórico, que Kai Ambos e Fauzi Hassan Choukr creditam como "coluna vertebral" dos direitos humanos da América Latina.[146] Estipula isonomia nos países signatários para a adoção de medidas legais, com base em um regime de liberdade pessoal e de justiça social em acordo com os direitos humanos essenciais reconhecidos pelo mesmo. Como decorrência e símbolo, é o país a sede da Corte Interamericana de Direitos Humanos.

Na ação penal a iniciativa é o Ministério Público, a "Fiscalia", órgão funcionalmente independente, mas administrativamente dependente do Judiciário. Já o órgão de investigação policial pertence ao Ministério Público e, assim, é administrativamente parte da justiça.[147] Foi a polícia investigativa criada como órgão auxiliar dos Tribunais Penais em 1973 e sua função principal é descobrir e apurar delitos e responsáveis.

Embora a atuação ministerial seja obrigatória, pelos princípio da legalidade do processo, o mesmo artigo 22 do Código Procesal Penal (CPP)[148] que isto estabelece, também prevê critérios de oportunida-

---

145 Tradução minha.
146 AMBOS; CHOUKR, 2001.
147 AMBOS; CHOUKR, 2001.
148 Ley nº 7594 abr. 1996, que entrou em vigor no primeiro dia do ano de 1998.

de,[149] como a insignificância na mínima culpabilidade do autor, ou quando este sofra relevantes danos pelo crime. A mesma previsão de oportunidade admite a não persecução na colaboração eficaz em criminalidade organizada, quando essencial para cessar ou impedir crimes, ou quando permite a prova do crime e autoria:

---

149 Artículo 22.- Principios de legalidad y oportunidad

El Ministerio Público deberá ejercer la acción penal pública, en todos los casos en que sea procedente, con arreglo a las disposiciones de la ley.

No obstante, previa autorización del superior jerárquico, el representante del Ministerio Público podrá solicitar que se prescinda, total o parcialmente, de la persecución penal, que se limite a alguna o varias infracciones o a alguna de las personas que participaron en el hecho, cuando:

a) Se trate de un hecho insignificante, de mínima culpabilidad del autor o el partícipe o con exigua contribución de este, salvo que exista violencia sobre las personas o fuerza sobre las cosas, se afecte el interés público o el hecho haya sido cometido por un funcionario público en el ejercicio del cargo o con ocasión de él.

b) Se trate de asuntos de delincuencia organizada, criminalidad violenta, delitos graves o de tramitación compleja y el imputado colabore eficazmente con la investigación, brinde información esencial para evitar que continúe el delito o que se perpetren otros, ayude a esclarecer el hecho investigado u otros conexos o proporcione información útil para probar la participación de otros imputados, siempre que la conducta del colaborador sea menos reprochable que los hechos punibles cuya persecución facilita o cuya continuación evita.

No obstante lo dispuesto en el artículo 300, en los casos previstos en este inciso, la víctima no será informada de la solicitud para aplicar el criterio de oportunidad y, si no hubiere querellado, no tendrá derecho de hacerlo con posterioridad, salvo que el tribunal ordene la reanudación del procedimiento conforme al artículo siguiente.

c) El imputado haya sufrido, como consecuencia del hecho, daños físicos o morales graves que tornen desproporcionada la aplicación de una pena, o cuando concurran los presupuestos bajo los cuales el tribunal está autorizado para prescindir de la pena.

d) La pena o medida de seguridad que pueda imponerse, por el hecho o la infracción de cuya persecución se prescinde, carezca de importancia, en consideración a la pena o medida de seguridad impuesta, que debe esperar por los restantes hechos o infracciones que se le impuso o que se le impondría en un procedimiento tramitado

en el extranjero. En estos últimos casos, podrá prescindirse de la extradición activa y concederse la pasiva.

La solicitud deberá formularse por escrito, ante el tribunal que resolverá lo correspondiente, según el trámite establecido para la conclusión del procedimiento preparatorio.

Nos crimes de delinquência organizada, crimes violentos, crimes graves ou de processamento complexo, o imputado que colaborar eficazmente com a investigação, fornecer informações essenciais para cessar o crime ou a perpetração de outros, ajude a esclarecer o ato investigativo ou outros conexos, fornecer informações úteis para provar o envolvimento de outros acusados, sempre que seja a conduta do colaborador menos reprovável do que os fatos puníveis cuja persecução facilita ou cuja continuação evita.[150]

Ao indivíduo que pratica crimes reiterados não há possibilidade da disponibiidade, mesmo ainda "[...] pendentes de investigação perante o Ministério Público, ou de audiências preliminares nos Tribunais Penais ou de debates perante os Tribunais de Julgamento."[151]

O Código exige a autorização de superior hierárquico para a disponibilidade ministerial[152] e o artigo 300 do CPP[153] estabelece a intervenção da vítima no processo quando ofertadas disponibilidade ou suspensão da persecução penal, podendo ela atuar como uma acusadora – *querellante*. É forma de evitar a insatisfação social, especialmente da vítima, com acordos promovidos pelo Estado na seara penal.[154]

Não obstante, o próprio art. 22, inciso b, do CPP, prevê que nesses casos de colaboração do criminoso, "[...] a vítima não será informada da solicitação para aplicar o critério de oportunidade e, se não houver querelante, não haverá direito de atuar como tal posteriormente, salvo se o tribunal retomar o procedimento."

---

150 Artigo 22, b, do CPP. (tradução minha)

151 SÁNCHEZ, 2008.

152 "Superior jerárquico", observado o princípio de hierarquia, conforme art. 14 da *Ley Orgánica del Ministerio Público* modificada pela *Ley de Reorganización Judicial N° 7728* de 15 de dezembro de 1997.

153 Conforme emendado pelo artigo 16 da Lei sobre a Proteção de Vítimas, Testemunhas e outras pessoas envolvidas no Processo Penal N°. 8720 de 4 de março de 2009.

154 "Artigo 300 - Intervenção da vítima
Quando o Ministério Público decide solicitar a aplicação de um critério de oportunidade ou de suspensão, deverá informar a vítima de domicílio conhecido para que esta possa declarar se pretende tornar-se uma querelante. Neste caso, deve indicá-lo por escrito dentro de três dias. A queixa deve ser apresentada ao Ministério Público, dentro de dez dias após o término do prazo anterior. Uma vez recebida a denúncia, o Ministério Público a transferirá para o tribunal intermediário, se o acusado já tiver tido a oportunidade de fazer sua declaração; caso contrário, essa possibilidade será fornecida antes. Também trasladará as movimentações processuais e a solicitação."

A colaboração do imputado consiste em auxílio no qual o acusado admite a prática criminosa fornecendo dados que impedem a continuação de um ato criminoso ou permite o seu esclarecimento, por meio da identificação de seus autores, partícipes ou apreensão dos elementos – instrumento do crime (*instrumenta sceleris*).

Trata-se a disponibilidade, ou critério de oportunidade, de derivação do Código Processual do Modelo Ibero-americano, apresentado por Ada Pellegrini Grinover, Júlio Mayer, Jaime Bernal, Fernando de La Rua, em 1988.

Como mais direta hipótese de negociação penal, se verifica o procedimento abreviado, quando até a abertura da audiência de provas vem o imputado a admitir sua culpa e consente com esse rito, em troca de que o promotor peça uma pena reduzida.[155] Dá-se a formulação da acusação, se ainda não feita, com indicação dessa pena – reduzida até um terço abaixo do mínimo cominado[156] (em regra por acordo prévio entre acusador e imputado, com seu defensor) –, seguindo o processo diretamente para sentença.

Embora natural o caminho da condenação, ainda deverá o magistrado sucintamente examinar as provas, pois presumida a aceitação da culpa não apenas pelo acordo, mas também por admitir o acusado a suficiência das provas para a condenação. Prolatada sentença condenatória, haverá aplicação da pena até o limite indicado pela acusação.

Não há previsão de acordo formal a ser juntado, ou da apresentação de seus termos, mas tão somente prevê a lei o resultado: admissão da culpa e indicação ministerial da pena, que pode ser reduzida.

---

[155] CPP, TITULO I - PROCEDIMIENTO ABREVIADO

ARTICULO 373.- Admisibilidad

En cualquier momento hasta antes de acordarse la apertura a juicio, se podrá proponer la aplicación del procedimiento abreviado cuando:

a) El imputado admita el hecho que se le atribuye y consienta la aplicación de este procedimiento.

b) El Ministerio Público, el querellante y el actor civil manifiesten su conformidad.

[156] CPP, ARTICULO 374.

[...] El Ministerio Público y el querellante, en su caso, formularán la acusación si no lo han hecho, la cual contendrá una descripción de la conducta atribuida y su calificación jurídica; y solicitarán la pena por imponer. Para tales efectos, el mínimo de la pena prevista en el tipo penal podrá disminuirse hasta en un tercio.

Embora sem limitação na lei quanto aos crimes passíveis de acordo para o rito abreviado, a Corte Suprema da Costa Rica já decidiu que pode o Ministério Público não ofertar o procedimento abreviado pela gravidade do crime, por suas circunstâncias ou efeitos, sendo em verdade esse rito abreviado uma mera possibilidade, uma expectativa de direito do acusado:

> A partir destas funções legalmente determinadas para o ente acusador, é essencial estabelecer, a partir do estudo de fundo da ordem constitucional - e conforme o artigo 13 da Lei de Jurisdição Constitucional e o voto 2008-18216 das dezoito horas e vinte e quatro minutos de dezembro de 2008, da Sala Constitucional da Corte Suprema de Justiça, que a aplicação do procedimento abreviado não é um direito fundamental do acusado no processo criminal da Costa Rica, mas sim uma "faculdade (que) tem o acusado de tentar obter a redução da pena..."(Sala Terceira da Corte Suprema de Justiça, voto 1999-01186), ou uma mera opção processual ou expectativa de direito [...] (Res: 2013-00295. SALA TERCERA DE LA CORTE SUPREMA DE JUSTICIA. Expediente: N° único 11-002616-0305-PE. San José, 2013).

Para delitos leves (basicamente que não cominem pena privativa de liberdade ou que admitam suspensão condicional da pena) é prevista[157] a conciliação entre a vítima e o imputado até a abertura da audiência de provas, podendo para isso utilizar-se assessoramento especializado, com resultado de suspensão do processo enquanto se cumprem as condições, para final extinção da ação penal. Embora negociação penal, é acordo para reparação à vítima[158] e não para admissão de culpa.

---

[157] CPP, Artigo 36.- Conciliação

"Nas faltas ou contravenções, em crimes de ação privada, de ação pública em ação privada, nos que admitam a suspensão condicional da pena, caberá a conciliação entre a vítima e o acusado, a qualquer momento até a audiência de provas. Também será esse o procedimento em crimes sancionados exclusivamente com penas não privativas de liberdade, desde que concordam os demais requisitos exigidos por esta Lei. É um requisito para a aplicação de conciliação, quando se trata de crime de ação pública e seja admissão a persecução, que o acusado não tenha se beneficiado nos cinco anos anteriores desta medida, da suspensão da instrução do processo ou da reparação integral do dano."

[158] "[...] na Costa Rica e especificamente no campo processual, estabeleceu-se a CONCILIAÇÃO como uma via alternativa de resolução de conflitos sociais, com a intenção de alcançar a comunicação, a transação de interesses em nossa cidadania, a fim de diminuir a excessiva utilização do caráter repressivo que caracteriza nosso direito penal." Cf.: CAMPOS ZÚÑIGA, 1999, p. 22.

Assim, é a negociação penal da culpa na Costa Rica dá-se como critério de oportunidade na relevante colaboração em crime organizado ou delitos graves, mas especialmente dentro do processo abreviado, com prévio acordo de penas. Para fins de exame da culpa, não serve a negociação com a vítima, que tem finalidades reparatórias.

3.5. CONCLUSÕES

A América Latina não tem sido exceção a essa tendência ocidental: os sistemas processuais penais mais e mais permitem negociação no processo, inclusive de fases, acusação e penas, mais e mais separam-se juízes da iniciativa e produção probatórias, mais e mais aceita-se que o acusado admita interessadamente sua culpa.

Assim é que nos países examinados, Argentina, Chile, Colômbia e Costa Rica, se verificam acordos diretamente entre acusação e defesa, por vezes até com a participação da vítima, como fase processual própria e como motivação para ritos simplificados.

A Argentina prevê há décadas a redução de pena (até isenção) a colaboradores de crimes específicos, mas criou como negociação entre partes a figura do "imputado arrependido" apenas em 2016, pressionada pela onde de corrupção na América Latina.

O arrependido é criminoso menor do grupo que negocia com a acusação estatal para a entrega de informações e provas sobre o crime, seus autores e produto, com benefício de redução de pena limitado na lei (não exclusão de pena) e proporcional à utilidade de suas informações concretamente constatadas no processo, destinando-se a crimes em geral, salvo exceções raras de crimes graves ou frente a funções públicas especialmente relevantes.

O Chile traz a barganha especialmente no rito abreviado, com acusador e imputado negociando a aceitação da culpa em troca da redução de penas. Mesmo sem acordo processual, também se verificam admissões de culpa com redução de pena em momentos processuais de ritos mais simples: a aceitação de culpa na audiência de provas do o procedimento simplificado e a não reclamação ante decisão que acolhe requerimento de procedimento monitório com fixação multa, reduzida pelo voluntário pagamento sequente.

Pode ainda a persecução penal ser encerrada pela negociação de reparações entre o imputado e a vítima, em crimes patrimoniais disponíveis, assim como pelo cumprimento das condições de uma admitida suspensão do processo, nos crimes com pena cominada no máximo em três anos, ambas situações a qualquer momento do processo com investigação já instaurada. Outros crimes admitem atenuação ou isenção da pena pela colaboração do criminoso.

Finalmente, a preocupação com a livre concorrência trouxe a delação premiada ("delação compensada") na Lei nº 20.361/2005, favorecendo ao primeiro que delatasse cartéis e danos ao mercado.

Já a Colômbia admite acordos de culpa com redução de imputações e penas, a disponibilidade ministerial pela colaboração do criminoso e o *beneficio por colaboracion*.

A assunção da culpa ocorre na audiência de acusação (redução da pena até a metade), até o início do juízo oral (redução da pena até um terço), durante o juízo oral sem acordo (redução da pena até um sexto) ou com acordo (pena limitada no máximo ao acordo).

A disponibilidade ministerial ante colaboração do criminoso está disciplina no Código de Processo Penal e a colaboração premiada vem detalhada pela Lei nº 600 de 2000, ofertada pelo Chefe do Ministério Público e negociadas as penas em limites fixados, que não exigem em princípio confissão, não atingirão líderes e nem permitirão e exclusão completa de pena.

Finalmente, a Costa Rica trabalha a admissão de culpa como parte da relevante colaboração em crimes graves a fim de não formalização da acusação - critério de oportunidade da ação penal – e vem a ser prevista a negociação, por acordo prévio e informal, como condição para o procedimento abreviado, onde o acusado assume a culpa e o Ministério Público indica pena reduzida (conforme o acordo), no limite de um terço abaixo da pena mínima cominada.

Também é na Costa Rica regulada a negociação com a vítima, mas para fins reparatórios do crime. Embora diferentes os modelos de negociação, ela se faz presente de modo formal ou implícito – ao apenas admitir a culpa sem acordos prévios – na América Latina. A tendência de privilegiar o interesse das partes pela confissão premiada com redução de pena e outros favores, tem permitido mais eficiência, embora com contestáveis reduções de busca da verdade e presunção de inocência.

4. OUTROS PAÍSES

Entre outros países de forte influência no Brasil, vale citar a atenuação judicial da pena (*Kronzeugenregelung*) na Alemanha, o *repenti*, ou *collaborateur de justice* na Franca, e as escusas absolutórias da Áustria.

Na Alemanha há previsão de reduções de pena, como atenuantes judicias, pela colaboração de alguns crimes. O Código Penal Alemão (Strafgesetzbuch, StGB) admite para o crime de pertencer a uma associação criminosa o critério do juiz de atenuar a pena da sentença, ou isentá-la, quando um agente

> [...] se esforça voluntária e sinceramente para impedir a continuação da associação ou a prática de qualquer um dos crimes que constituem seu objeto ou que, voluntária e prontamente, revela crimes cujo planejamento ele conhece e que ainda pode ser evitado.

Igual tratamento foi dado por lei no crime de associação terrorista, tráfico de drogas e lavagem de dinheiro, com favores de minoração de pena aos arrependidos. A previsão legal, conforme Robert Pest:

> Nesse contexto, ao cumprir essa tarefa, a forma de consecução do processo – quando no interesse de uma justiça penal eficiente – não viola automaticamente o direito fundamental do acusado a um processo justo, se apenas certos direitos processuais do acusado ou do indiciado são preteridos em favor de uma função jurisdicional eficiente.
> Considerando essas diretrizes, será difícil, de acordo com o ponto de vista do Direito alemão, justificar por qual razão a implementação da regulamentação da colaboração premiada por meio de um legislador legitimado violaria, de modo geral, as regras do "fair trial". [...]
> Não pode ser amparada a acepção geral de que, com a implementação da colaboração premiada, abre-se mão das regras do Estado de Direito e, por via de consequência, violam-se as regras de um processo justo.[159]

Como negociação, o STPO previu apenas em 2009, com controle judicial das negociações, após revelação das provas, e estabelecendo limites mínimos e máximos da pena, a ser definida pelo julgador na condenação, pois "[...] se assim não fosse, ou seja, se restasse admitido o acordo quanto à pena estar-se-ia frente à verdadeiro negócio e retirar-se-ia a função jurisdicional de exame quanto à culpa e os critérios de prevenção."[160]

---

[159] PEST, 2017, p. 48.
[160] BRANDALISE, 2016, p. 88.

Não é caso, assim, de negociação propriamente entre as partes do processo, mas de favor judicial de redução de pena, podendo chegar ao perdão judicial, para a colaboração em crimes graves, escolhidos pelo legislador.

Já na França, a chamada lei Perben II, de 2004, definiu que o agente que avisa a Justiça e impede a consumação dos crimes de terrorismo, crime organizado ou narcotráfico, identificando os coautores, estará isento de responsabilidade. Acaso consiga apenas impedir a continuidade do crime, terá sua pena reduzida abaixo do mínimo cominado.

Há previsão legal de proteção aos colaboradores arrependidos e que a decisão condenatória não poderá ser emitida com base exclusivamente nos seus testemunhos.

Finalmente, a legislação da Áustria previu como escusa absolutória os casos de arrependimento eficaz em hipóteses de associação criminosa, nele incluindo a revelação de tudo o que sabe o agente sobre o crime e desde que essa revelação contribua decisivamente para eliminar ou reduzir significativamente o perigo procedente do crime, da associação ou organização, ou ainda desde que favoreça ao esclarecimento das ações criminosas ou de quem seja a pessoa que participou como líder no crime, associação ou organização.

5. CONCLUSÕES

O imediatismo da sociedade moderna traz diretos efeitos no processo criminal, que é cobrado por eficiência. Se não podem arroubos por condenações rápidas justificar o esvaziamento de garantias processuais, de outro lado se tem admitido a prevalência da posição das partes no processo, de modo que validamente podem formular acordos quanto aos limites da acusação e das penas.

A *plea bargaining* americana, mais do que modelo de *common law*, é resultado de necessidades concretas por uma justiça criminal mais ágil e com menor trabalho estatal. O amplo poder de escolher crimes e pessoas a perseguir, torna muito forte no processo a figura do Ministério Público americano, que exerce efetivo poder político na sua discricionariedade, após regulado pela aprovação popular nas eleições.

A eficiência da barganha americana, com rápidas condenações na absoluta maioria dos processos, tem convencido população e a maioria de seus acadêmicos a manter essa estrutura negocial. O resultado de seletividade das prisões em massa, especialmente de negros e pobres, é mais criticado fora dos Estados Unidos da América.

O caminho é tendência também nos países de *civil law*, que cada vez mais aceitam caracteres de um sistema adversarial, de maior disposição e predominância de ações no processo pelas partes – reduzido o interesse na verdade real e a intervenção judicial.

A negociação e simplificação processual é tendência ocidental. O Relatório do Conselho dos Ministros de 1987 traz o incentivo aos países europeus, quando as tradições constitucionais e jurídicas o permitirem, para o uso desses caminhos, partindo do consenso e do acolhimento da culpa, e admitindo que a assunção de culpa do acusado perante um tribunal público justifica a dispensa de outras provas e abrevia a própria investigação criminal. Mirelle Delmas-Marty pontua, porém, que não obstante o incentivo à desburocratização e ao consenso,[161] mais críticas se fazem presentes quando se trata do modelo de negociação da *plea bargaining*, "[...] devido a seu caráter oculto e aos riscos de fraude que ele comporta em virtude da desigualdade entre os parceiros."[162]

O *patteggiamento* admite negociações livres, por partes plenamente informadas das consequências do acordo e dos direitos abdicados. Começa em delitos leves e segue para o *patteggiamento allargato*, atingindo a maioria dos crimes, com negociação até cinco anos. A condenação pelo *patteggiamento* não gera efeitos civis.

Nos mais graves crimes de terrorismo e organização criminosa incide a figura do *collaboratore di giustizia* ou arrependido (*pentito*), com a concessão de liberdade durante o processo, na execução final da pena, ou reduções menores de pena.

O *patteggiamento* e o colaborador de justiça se inserem no sistema italiano de negociação pela colaboração do criminoso, com favores proporcionais de pena, presentes ainda em admissões de culpa nos modelos processuais simplificados: *abbreviato*, *direttissimo*, *per decreto* e *immediato*.

---

[161] DELMAS-MARTY, 2004, p. 143-144.
[162] MARTY, 2004.

A América Latina tem acompanhado os modelos de negociação no processo, com o *imputado arrepentido* na Argentina, permitindo a redução de pena limitada a colaboradores. O Chile baseia a negociação na admissão de culpa para o rito abreviado ou favores de menor pena pela aceitação de culpa em audiência, ou pela não interposição de recurso à condenação em procedimento monitório. Já a Colômbia admite acordos de culpa e penas, além da disponibilidade ministerial pela colaboração do criminoso (*beneficio por colaboracion*). Finalmente a Costa Rica trabalha a admissão de culpa no critério da oportunidade ministerial.

A Alemanha trata como redução de pena a colaboração em alguns crimes e mais recentemente o STPO previu a negociação no processo, com controle judicial. Já na França, crimes de terrorismo, crime organizado ou narcotráfico, admitem a colaboração do criminoso em busca de isenção ou redução de pena.

É a clara confirmação de uma tendência mundial, ao menos ocidental, de que a eficiência por soluções persecutórias mais ágeis supera o desejo a uma reparação integral do crime, com penas fixadas no exato limite da cominação legal, e supera mesmo a integralidade de algumas garantias processuais mais tradicionais, sendo admitida a fala do réu em seu prejuízo, a sublimação de um procedimento contraditório e até a busca da verdade, prevalecendo a disponibilidade das partes e a estratégia do jogo processual.

Embora presentes variações na forma de negociação, se formal ou em separado, se etapa de procedimentos simplificados ou se simples atenuante judicial, é comum o incentivo legal à adesão do criminoso – especialmente ao agente menos relevante do grupo criminoso – para o auxílio à acusação estatal (e também à reparação da vítima) na revelação e comprovação de crimes, seus autores e para a apreensão do produto e meios do grupo criminoso, especialmente na criminalidade organizada e transnacional.

CARACTERES DA COLABORAÇÃO PREMIADA

A persecução criminal é desenvolvida pelo Estado para a punição pela prática de crimes, com correspondentes penas. É dever do Estado, substitutivamente à vingança privada, realizar a eficiente investigação e demonstração de provas da responsabilidade criminal.

Diversos são os exemplos, porém, onde colabora o próprio acusado para a demonstração de sua culpa, diminuindo em contrapartida a necessidade de carga probatória estatal. Isto classicamente se dá pela confissão voluntária, além de várias outras provas pessoais como a reconstituição do crime, admissão de exames laboratoriais em seu corpo, colheita voluntária de elementos gráficos ou de voz para o reconhecimento... São situações anormais de colaboração para o justo, com prejuízo pessoal ao réu que, por outro lado, tem como justa resposta uma redução da pena final.[163]

É a menor pena como favor a quem tira do Estado parte da carga probatória da culpa, o que passou com o tempo a ser inserido na legislação penal ocidental como fator a ser sopesado em processos abreviados ou negociados.

Surge nesse caminho a colaboração premiada, como forma de não apenas atuar o próprio acusado na demonstração de sua culpa, mas de também ajudar ao Estado na investigação e prova da culpa de outros corréus, de recuperar o produto do crime ou salvar a vítima, de

---

[163] Explícito é o favor legal na confissão, que é atenuante expressa do crime no Código Penal:

"Art. 65 - São circunstâncias que sempre atenuam a pena: [...]

III - ter o agente: [...] d) confessado espontaneamente, perante a autoridade, a autoria do crime; [...]."

evitar futuros crimes... É passar o réu dessa formal condição para a de colaborador da acusação, na proteção da sociedade, em troca de favores de pena.

Embora muito se tenha discutido sobre a ética estatal de premiar a traição, usando de favores para reduzir o dever de investigar, não há como negar que é entre os criminosos que mais se conhecerá do crime investigado – eficiência máxima. É forma de romper com o consagrado código de silêncio no crime, fundamento de atuação da *omertà* napolitana e que hoje se estende generalizadamente ao crime por organizações criminosas:

> [...] a ausência de delatores torna a tarefa investigativa complexa, demorada e cara. O atalho proporcionado é valioso e deve ser considerado no contexto de organizações criminosas autênticas, já que as limitações estatais são preenchidas pela colaboração interessada de insiders. O testemunho direto, provido de detalhes, caminhos e rastros, proporciona o desate mais eficaz para o Estado. Eis o fundamento último da aliança eventual com delatores. A informação de dentro não precisa ser construída por narrativas fragmentadas de investigações sem delatores, já que pode ser contada por quem presenciou e vivenciou o dia a dia da organização criminosa.[164]

Para o mais eficiente combate ao crime, especialmente organizado, com graves danos coletivos, tornou-se a colaboração premiada tendência legislativa mundial e até antiga no Brasil.

Os aspectos definidores da colaboração premiada tiveram alguma variação no tempo, mas acabaram por se firmar como caracteres estáveis, restando ao seu procedimento, aos seus limites e seus controles, ainda um espaço ainda maior de desenvolvimento.

1. EVOLUÇÃO LEGAL BRASILEIRA

Em lei, a colaboração premiada está presente no Brasil desde as Ordenações Filipinas: "Do Crime de Lesa Magestade. 12. E quanto ao que fizer conselho e confederação contra o Rey, se logo sem algum spaço, e antes que per outrem seja descoberto, elle o descobrir, merece perdão [...]."

---

[164] ROSA, 2018, p. 15.

Para outros crimes, a previsão se dava no Título CXVI, que tratava "Como se perdoará aos malfeitores que derem outros à prisão",[165] onde era concedido perdão da pena até de crimes socialmente graves, como o homicídio e o roubo, quando alguém entregasse corréus à prisão, com as devidas provas, e até se previa o pagamento de recompensa na entrega de um *salteador de caminhos*...

Era a ampla colaboração premiada, ainda em histórica fase de processo inquisitório.

As novas leis brasileiras, já no período da Império e da República, por muitos anos se limitaram a recompensar a colaboração apenas na forma da confissão, até hoje admitida como atenuante.

---

165 Ordenações Filipinas, Título CXVI

"Como se perdoará aos malfeitores, que derem outros à prisão.

Qualquer pessôa, que der à prisão cada hum dos culpados, e participantes em fazer moeda falas, ou em cercear, ou per qualquer artifício mingoar, ou corromper a verdadeira, ou em falsar nosso sinal, ou sello, ou da Rainha, ou do Príncipe meu filho, ou em falsar sinal de algum Vēdor de nossa fazenda, ou Dezembargador, ou de outro nosso Official Mór, ou de outros Officiaes do nossa Caza, em cousas, que toquem a seus Oflicios, ou em matar, ou ferir çom bêsta, ou espingarda, matar com peçonha, ou em a dar, ainda que morte della se não siga, em matar atraiçoadamente, quebrantar prisões e Cadêas de fora oer forca, fazer furto, de qualquer sorte e maneira que seja, pôr fogo acinte para queimar fazenda, ou pessôa, forçar mulher, fazer feitiços, testemunhar falso, em soltar presos por sua vontade, sendo Carcereiro, em entrar em Mosteiro de Freiras com propósito deshonesto, em fazer falsidade em seu Officio, sendo Tabellião, ou Scrivão; tanto que assi der à prisão os ditos malfeitores, ou cada hum delles, e lhes provar, ou forem provados cada hum dos ditos delictos, se esse, que o assi deu à prisão, participante em cada hum dos ditos malefícios, em que he culpado aquelle, que he preso, havemos por bem que, sendo igual na culpa, seja perdoado livremente, posto que não tenha perdão da parte.

E se não fòr participante no mesmo maleficio, queremos que haja perdão para si (tendo perdão das partes) de qualquer maleficio, que tenha, posto que grave seja, e isto não sendo maior daquele, em que he culpado o que assi deu à prisão.

E se não tiver perdão das partes, havemos por bem de lhe perdoar livremente o degredo, que tiver para a África, até quatro anos, ou qualquer culpa, ou maleficio, que tiver commettido, porque mereça degredo até os ditos quatro anos.

Porém, isto se entenderá, que o que dêr à prisão o malfeitor, não haja perdão de mais pena, nem degredo, que de outro tanto, quanto o malfeitor merecer.

E além do sobredito perdão, que assi outorgamos, nos praz, que sendo o malfeitor, que assi foi dado à prisão, salteador de caminhos, que aquelle, que o descobrir, e dêr à prisão, e lho provar, haja de Nós trinta cruzados de mercê."

Gradualmente passou a jurisprudência a acolher como prova também a parte da confissão onde tratava o réu do crime de terceiros, corréus. Era o início da figura da delação, da chamada de corréu, que nesse limite ainda não gerava qualquer benefício legal ao confidente – a atenuação da pena restava vinculada à confissão exclusivamente das condutas criminosas próprias.

Nos limites da confissão, não possuía a delação qualquer regra de sigilo, forma de processamento diferenciada, exigência de resultados ou recompensa específica.

1.1. LEI DOS CRIMES HEDIONDOS

Ressurge com a Lei dos Crimes Hediondos (Lei n° 8.072/90) a delação em nosso sistema, incidindo apenas nos crimes taxativamente por ela elencados e, especificamente para a extorsão mediante sequestro, com a inclusão do art. 159, § 4° do Código Penal.

Previu a Lei dos Crimes Hediondos a delação eficaz como minorante, de 1/3 a 2/3 da pena (art. 8°)[166] e exigiu como único resultado útil o desmantelamento da quadrilha.

Embora direcionado o favor legal ao participante do crime, autor ou partícipe, acabou curiosamente o legislador pretendendo estender ainda mais os beneficiários com a expressão "associado" do crime.

A generalidade do termo denunciar à autoridade faz compreender como destinatária das informações tanto a Autoridade Policial como a Judiciária. Embora não se tenha expressa indicação do agente ministerial como destinatário, sendo o responsável pela acusação e intervindo diretamente no direcionamento do inquérito policial, é essa conclusão lógica inafastável.

O resultado de desmantelamento da quadrilha é exigido para incidência do favor legal. Surge assim a regra da utilidade, a vincular o resultado da colaboração ao desmantelamento daquela quadrilha perseguida no feito criminal – não sendo possível estender a colaboração para crimes outros, de agentes outros. A colaboração é vinculada aos fatos do processo.

---

166 "Lei n° 8.072/90, art. 8°, Parágrafo único. O participante e o associado que denunciar à autoridade o bando ou quadrilha, possibilitando seu desmantelamento, terá a pena reduzida de um a dois terços."

Surge também a regra do favor de resultado, pois somente terá direito à minorante aquele que conseguir o desmantelamento, não sendo relevante sua boa intenção de atingi-lo. De outro lado, vindo a ser obtido o resultado de desmantelamento da quadrilha, ainda que mais por eficiência policial do que pela iniciativa do colaborador, o resultado efetivamente veio a ser atingido, merecendo o colaborador a incidência da minorante.

Pela mesma Lei de Crimes Hediondos, foi inserido o § 4° ao art. 159 do Código Penal, a criar regra especial de delação para a extorsão mediante sequestro:

> § 4°. Se o crime é cometido por quadrilha ou bando, o coautor que denunciá-lo à autoridade, facilitando a libertação do seqüestrado, terá sua pena reduzida de um a dois terços.

Por se tratar de crime onde prepondera o risco da vítima e o interesse em seu resgate, a Lei n° 8.072/90 já não exigiu o resultado de desmantelamento da quadrilha criminosa, mas apenas a contribuição para a libertação do sequestrado.

Após, a Lei n° 9.269/96 veio a estender o mesmo favor em caso de sequestro sem a intervenção de quadrilha.[167]

Já nesta primeira lei onde é resgatada a colaboração, se percebe o surgimento de critérios, princípios, que passarão a ser estáveis e a caracterizar a colaboração premiada: proporção de favores pelo interesse estatal, utilidade, favor judicial e de resultado.

1.2. LEI DO CRIME ORGANIZADO

Entra em vigor a Lei n° 9.034/95, tratando da criminalidade organizada (nos termos da Convenção de Palermo)[168] e vem essa norma a manter a colaboração premiada com os parâmetros da Lei dos Crimes Hediondos: minora-se a pena na colaboração que atinja o resultado legal – agora de esclarecimento de crimes:

---

[167] "Lei n° 9.269/96, § 4o. Se o crime é cometido em concurso, o concorrente que o denunciar à autoridade, facilitando a libertação do seqüestrado, terá sua pena reduzida de um a dois terços."

[168] Convenção das Nações Unidas contra o Crime Organizado Transnacional, promulgada pelo Decreto n° 5.015/2004.

Art. 6° Nos crimes praticados em organização criminosa, a pena será reduzida de um a dois terços, quando a colaboração espontânea do agente levar ao esclarecimento de infrações penais e sua autoria.

Embora de mais fácil atingimento do que o antigo desmantelamento da quadrilha, o resultado agora exigido é duplo: o esclarecimento do crime e também a indicação de sua autoria. Não basta a isolada revelação de como era o crime praticado (método, estrutura e apoios), ou de quem eram seus autores; exige a norma a colaboração plena, com a produção de ambos resultados.

Como mais simples é o resultado da lei nova, o princípio da *lex mitior* faz com que a nova minorante, de claro caráter penal, retroaja para a criminalidade organizada de crimes hediondos. A lei nova – norma especial e mais recente – incide em crimes hediondos e assemelhados praticados pela forma de organização criminosa, derrogando no ponto a antiga minorante da Lei n° 8.072/90.

Veio a lei a criar um requisito muito importante para o futuro da colaboração premiada: a espontaneidade. À frente será detalhado que deve a expressão espontânea ser em verdade compreendida como voluntária, sem coerção, como já se fez na análoga situação da confissão espontânea (que basta não ser coagida, podendo mesmo ter sido estimulada por terceiros).[169]

Finalmente, inovou perigosa e isoladamente – felizmente – a lei de criminalidade organizada ao não prever a limitação de utilidade, pois premia o esclarecimento de *infrações penais*, quaisquer, e não especificamente a infração ou grupo perseguidos nesse processo de criminalidade organizada. É preocupante abertura, como será no item seguinte examinado,[170] por permitir o direcionamento da colaboração ilimitadamente a crimes e pessoas.

1.3. LEI DOS CRIMES TRIBUTÁRIOS E ECONÔMICOS

Na tendência criminalizadora dos danos coletivos, surgem a Lei dos Crimes Tributários e Econômicos (Lei n° 8.137/90) e a Lei de Crimes contra o Sistema Financeiro Nacional (Lei n° 7.492/86), protegendo a

---

[169] Na subseção "Critério da voluntariedade".

[170] Será destrinchado na subseção "Critério da utilidade" no capítulo "Caracteres estáveis da colaboração premiada".

sociedade contra os graves danos em fraudes tributárias e ações contra a economia ou as instituições de captação do dinheiro do povo – o Sistema Financeiro Nacional.

A dificuldade crescente na investigação e prova de crimes graves (hediondos), especialmente praticados por grupos de criminalidade organizada, agora passa a novo patamar: crimes com técnicas bancárias, cambiárias, com exigência de especialização em economia, mercado de capitais, transferências internacionais... Para facilitar a persecução penal estatal, veio a ser pela Lei n° 9.080/95 prevista minorante para premiar ao réu colaborador nesses crimes:

> Lei n° 8.137/90, art. 16, parágrafo único. Nos crimes previstos nesta Lei, cometidos em quadrilha ou co-autoria, o co-autor ou partícipe que através de confissão espontânea revelar à autoridade policial ou judicial toda a trama delituosa terá a sua pena reduzida de um a dois terços.
> Lei n° 7.492/86, art. 25, § 2°. Nos crimes previstos nesta Lei, cometidos em quadrilha ou coautoria, o coautor ou partícipe que através de confissão espontânea revelar à autoridade policial ou judicial toda a trama delituosa terá a sua pena reduzida de um a dois terços.

A expressão "revelar" não pode nessa lei ter a estrita compreensão de noticiar fatos desconhecidos, devendo ser entendida como explicitar, esclarecer para melhor compreensão, toda a trama do crime financeiro ou tributário.

O colaborador é necessariamente um dos autores do crime tributário ou financeiro perseguido e aquilo que revela é parte do fato criminoso perseguido. É a regra da utilidade voltando a se fazer presente, limitando a colaboração aos fatos do processo.

Inova-se ao não serem exigidas como resultado de eficácia consequências no mundo dos fatos (nas normas anteriores exigiram-se sucessivamente o desmantelamento da quadrilha, a libertação do sequestrado, o esclarecimento direto ou a condução à apuração de infrações penais e sua autoria), formalmente aperfeiçoando-se o direito ao favor legal com a mera revelação de toda a trama delituosa – ou seja, com informações do crime praticado, sua estruturação e envolvidos. Ainda que após a revelação não se consigam punir os corréus, ou recuperar o produto do crime, o benefício já se encontra formalmente adquirido com a revelação plena efetuada pelo confidente.

De outro lado, exigindo a norma legal a revelação de toda a trama, não será o agente beneficiado se informa tudo o que sabe, mas é insuficiente à demonstração da completa cadeia de fatos e agentes envolvidos no crime tributário ou financeiro.

Retornam então a incidir os critérios da voluntariedade, da utilidade, da proporção de favores pelo interesse estatal e de favor de resultado (normativo).

1.4. LEI DE LAVAGEM DE CAPITAIS

Com a Lei de Lavagem de Capitais (Lei n° 9.613/98), pela primeira vez cria-se como benefício possível da delação não somente a minoração da pena, mas o benefício máximo, do perdão judicial:

> Art. 1°[...] § 5° A pena será reduzida de um a dois terços e começará a ser cumprida em regime aberto, podendo o juiz deixar de aplicá-la ou substituí-la por pena restritiva de direitos, se o autor, coautor ou partícipe colaborar espontaneamente com as autoridades, prestando esclarecimentos que conduzam à apuração das infrações penais e de sua autoria ou à localização dos bens, direitos ou valores objeto do crime.

É de se observar que a Lei n° 12.683/2012 alterou a redação desse artigo,[171] apenas tornando certa a possibilidade da incidir o favor a qualquer tempo, quando cumpridos os resultados legalmente esperados. Não representa alteração relevante.

Também inova a lei ao acrescer a substituição por regime penal mais brando, a ser cumprido desde o início da pena, além da substituição por penas restritivas de direitos – em situações que evidentemente não seriam devidas, pois favores ao colaborador.

O delator necessariamente terá participação (autor, coautor ou partícipe) no crime de lavagem de capitais perseguido – inserindo-se a limitação da utilidade aos fatos do processo.

---

171 "[...] § 5° A pena poderá ser reduzida de um a dois terços e ser cumprida em regime aberto ou semiaberto, facultando-se ao juiz deixar de aplicá-la ou substituí-la, a qualquer tempo, por pena restritiva de direitos, se o autor, coautor ou partícipe colaborar espontaneamente com as autoridades, prestando esclarecimentos que conduzam à apuração das infrações penais, à identificação dos autores, coautores e partícipes, ou à localização dos bens, direitos ou valores objeto do crime." Cf.: Redação dada pela Lei n° 12.683, de 2012b.

O resultado exigido é alternativamente a apuração das infrações penais e sua autoria, ou a localização do patrimônio do crime de lavagem de capitais, seja pela revelação direta do colaborador, seja por auxílio seu às investigações. O intento legal é facilitar a descoberta da lavagem de dinheiro, com a indicação por corréu de detalhes do crime ocorrido, do modo de sua realização, da estrutura bancária ou negocial para o escondimento do dinheiro, das circunstâncias em que ocorreu o branqueamento e das pessoas nele envolvidas.

A hipótese de obtenção do resultado por "esclarecimentos que conduzam à apuração" acaba por premiar o colaborador por atos iniciais, já que a apuração dependerá da eficiência estatal.

O segundo resultado de eficácia previsto na lei é a localização do patrimônio do crime, que surge em inovação na legislação nacional, pois antes se premiavam apenas revelações de crimes do corréu (ou salvamento da vítima). Agora a reparação integral do crime, com a recuperação de seu produto, passa a ter relevância penal ao ponto de ser premiado o colaborador que isso obtenha.

Ademais, em crime de lavagem de dinheiro é natural que a persecução criminal tenha a recuperação dos valores como aspecto relevante. A recuperação do dinheiro lavado auxilia a prova do crime, causa relevante prejuízo ao grupo criminoso pela fundamental perda de seu capital e beneficia o interesse social na satisfação dos danos causados pelo delito. Assim, busca-se localizar e redestinar o próprio dinheiro do crime ou os bens economicamente apreciáveis em que transmutado na lavagem de capitais.

Seguem nessa lei presentes, pois, os critérios de proporção dos favores pelo interesse estatal, favor judicial e de resultado, utilidade e voluntariedade.

1.5. LEI DE PROTEÇÃO DAS VÍTIMAS E TESTEMUNHAS

Na Lei de Proteção das Vítimas e Testemunhas (Lei n° 9.807/99) abre-se o favor da delação finalmente para os crimes em geral, afastando-se a até então adotada vinculação a modalidades delitivas específicas.

Trata-se de norma em muitos aspectos mais benéfica do que as legislações anteriores e, assim, é retroativamente aplicável. Reuniu a lei relevantes resultados previstos nas normas pretéritas: identificação dos autores, salvamento da vítima e recuperação do produto do crime.

Volta a ser previsto o favor máximo, de perdão judicial, mas agora condicionado a favoráveis circunstâncias do agente (personalidade e primariedade) e do crime (natureza, circunstâncias, gravidade e repercussão social do fato criminoso).

> Art. 13. Poderá o juiz, de ofício ou a requerimento das partes, conceder o perdão judicial e a conseqüente extinção da punibilidade ao acusado que, sendo primário, tenha colaborado efetiva e voluntariamente com a investigação e o processo criminal, desde que dessa colaboração tenha resultado:
> I - a identificação dos demais co-autores ou partícipes da ação criminosa;
> II - a localização da vítima com a sua integridade física preservada;
> III - a recuperação total ou parcial do produto do crime.
> Parágrafo único. A concessão do perdão judicial levará em conta a personalidade do beneficiado e a natureza, circunstâncias, gravidade e repercussão social do fato criminoso.
> Art. 14. O indiciado ou acusado que colaborar voluntariamente com a investigação policial e o processo criminal na identificação dos demais co-autores ou partícipes do crime, na localização da vítima com vida e na recuperação total ou parcial do produto do crime, no caso de condenação, terá pena reduzida de um a dois terços.

Inova a lei ao prever expressamente que esse favor pode se dar "a requerimento das partes" – não é negociação, mas é previsão de ação judicial provocada. Trata-se em verdade apenas do esclarecimento de situação já antes possível, como se analogamente postulasse a parte a redução de pena por crime tentado, ou por arrependimento eficaz.

Nos resultados de eficácia, deve a delação permitir a identificação dos demais coautores ou partícipes da ação criminosa, o que faz ver como necessário o esclarecimento integral da autoria, com identificação de todos aqueles que colaboraram para o crime – independentemente do número de comparsas. Também são resultados úteis a localização da vítima com integridade preservada e a recuperação do produto do crime.

Sendo a localização da vítima não com a sua integridade física preservada, mas ainda com vida, esse resultado permitirá a incidência do favor legal limitado à minoração da pena.

Constituem-se tais resultados em alternativas de eficácia à delação, tanto para a incidência do perdão judicial do art. 13, como para a minoração de pena do art. 14 da Lei de Proteção das Vítimas e Testemunhas. Aliás, não seria razoável que a menção na lei aos resultados com partícula aditiva "e", no art. 14, gerasse limitativa interpretação literal a exigir para o favor legal menor - a minorante - uma cumulação de resultados sequer exigível no maior favor do perdão judicial.

A especificação do momento da colaboração, como sendo a investigação e o processo criminal, merece ser compreendida pela regra da utilidade. Sendo útil a delação para o esclarecimento da autoria, para localização íntegra da vítima, ou para localização de produto do crime, pouco importa o momento processual em que ocorra - embora os dois primeiros resultados, especialmente aquele referente ao salvamento da vítima, seja naturalmente mais vinculado ao início das investigações.

Finalmente, a escolha entre o perdão judicial e a minorante (de um a dois terços) é definida pela lei, que rejeita o favor maior quando não se trate de agente primário, ou quando desfavoráveis circunstâncias do agente (personalidade do beneficiado) ou do crime (a natureza, circunstâncias, gravidade e repercussão social do fato criminoso), ou ainda quando a vítima seja salva viva, mas com a integridade física atingida.

Deste modo, além de abranger crime qualquer e ampliar os resultados úteis para a colaboração, restaram mantidos também na Lei de Proteção das Vítimas e Testemunhas os critérios usuais da colaboração premiada.

1.6. LEI DE TÓXICOS – HOJE REVOGADA LEI Nº 10.409/2002

Voltando à prática legislativa de tratar a delação para crimes específicos, veio a hoje revogada Lei de Tóxicos (Lei nº 10.409/02) a inovar com uma negociação entre Ministério Público e investigado - na ação penal retornando à condição de favor judicial, a requerimento do órgão acusatório:

> Art. 32. (VETADO)
> § 2o. O sobrestamento do processo ou a redução da pena podem ainda decorrer de acordo entre o Ministério Público e o indiciado que, espontaneamente, revelar a existência de organização criminosa, permitindo a prisão de um ou mais dos seus integrantes, ou a apreensão do produto, da substância ou da droga ilícita, ou que, de qualquer modo, justificado no acordo, contribuir para os interesses da Justiça.
> § 3o. Se o oferecimento da denúncia tiver sido anterior à revelação, eficaz, dos demais integrantes da quadrilha, grupo, organização ou bando, ou da localização do produto, substância ou droga ilícita, o juiz, por proposta do representante do Ministério Público, ao proferir a sentença, poderá deixar de aplicar a pena, ou reduzi-la, de 1/6 (um sexto) a 2/3 (dois terços), justificando a sua decisão.

Para a investigação, a delação é vinculada à existência de organização criminosa de tráfico e sua eficácia é condicionada à prisão de integrantes, ou à apreensão da droga. De modo muito interessante veio essa norma legal a elastecer o resultado de eficácia, criando útil hipótese de exame casuístico: incide o benefício quando o delator de qualquer modo, justificado no acordo, contribuir para os interesses da Justiça.

O resultado de apreensão do produto, da substância ou da droga ilícita, abrange o resultado diretamente obtido pela prática do crime, sujeito à busca e apreensão (art. 6º, II, do Código de Processo Penal).

O benefício propiciado pela delação na fase investigatória era a redução da pena ou o sobrestamento do processo, embora sem vir a ser detalhado o procedimento para essa suspensão.

No terceiro parágrafo não é feita vinculação a organização criminosa e o resultado útil se dá pela simples revelação dos demais integrantes, repetindo o legislador o resultado de apreensão da droga ou seu produto, agora simplesmente localizados.

1.7. LEI DE DROGAS - LEI Nº 11.343/2006

Com a vigente Lei de Drogas (Lei nº 11.343/2006), a delação é apenas minorante penal, sem negociação ministerial, sem resultados mais abrangentes de utilidade para os interesses da Justiça e sem perdão judicial:

> Art. 41. O indiciado ou acusado que colaborar voluntariamente com a investigação policial e o processo criminal na identificação dos demais coautores ou partícipes do crime e na recuperação total ou parcial do produto do crime, no caso de condenação, terá pena reduzida de um terço a dois terços.

Como resultado útil é exigida a identificação dos integrantes e a recuperação do produto do crime (total ou parcial).

Para a proteção dos colaboradores e testemunhas, veio a lei de drogas a tornar certa a incidência dos instrumentos protetivos da Lei nº 9.807/99[172] aos crimes equiparados ao tráfico de drogas, pelo risco pessoal que assumem no auxílio à persecução penal.

---

[172] "Art. 49. Tratando-se de condutas tipificadas nos arts. 33, caput e § 1º, e 34 a 37 desta Lei, o juiz, sempre que as circunstâncias o recomendem, empregará os instrumentos protetivos de colaboradores e testemunhas previstos na Lei nº 9.807, de 13 de julho de 1999."

É a lei de drogas o último marco normativo da evolução legal até a vinda da atual e ampla Lei de Criminalidade Organizada (Lei nº 12.850/2013). A evolução das leis indicou titubeio na ampliação ou restrição de favores, na exigência maior ou menor de resultados úteis, na participação normalmente pequena do agente acusador como representante estatal na negociação, mas, uniformemente, estabeleceu critérios estáveis na caracterização da colaboração premiada: proporção de favores pelo interesse estatal, favor judicial e de resultado, utilidade e voluntariedade.

1.8. CONFLITO DE LEIS

Dessa evolução legal percebe-se a vigência simultânea de vários regramentos, podendo-se em tese apenas indicar as legislações a serem examinadas para cada crime. A escolha da mais favorável norma dentre aquelas incidentes, porém, necessitará casuístico enfrentamento, constatando-se quais as leis tiveram preenchidos pelo delator os requisitos legais e de eficácia, para somente então examinar o mais benéfico favor cabível, definindo assim a *lex mellius*.

Excluída a Lei da Criminalidade Organizada, cujos regramentos serão detalhados no próximo capítulo, se pode afirmar que em tese para os crimes de drogas apenas a Lei nº 11.343/06 é aplicável (norma especial e mais nova), salvo quanto aos fatos ocorridos durante a vigência da Lei de Tóxicos (Lei nº 10.409/02), situação em que necessário será o mencionado confronto em concreto dessas leis.

Aos crimes hediondos, de extorsão mediante sequestro, crimes tributários, financeiros e de lavagem de capitais, incidirão as normas legais específicas (Lei nº 8.072/90, § 4º ao art. 159 do Código Penal, Leis nº 8.137/90 e 7.492/86, com o acréscimo da Lei nº 9.080/95, e Lei nº 9.613/98, sucessivamente). Por casuístico enfrentamento das normas, contudo, poderão ser aplicadas as Leis nº 9.807/99 e 9.034/95, hoje substituída pela Lei nº 12.850/13, esta apenas quando praticados em criminalidade organizada.

Note-se que embora normalmente tenda a ser considerada mais benéfica a Lei de Proteção das Vítimas e Testemunhas (Lei nº 9.807/99), por seus mais amplos resultados de eficácia e maiores favores ofertados, a imposição que faz ao exame das circunstâncias pessoais do agente e à gravidade do crime pode muito restringir sua incidência em concreto.

Em síntese, podem assim ser sumariados os diferentes favores legais, requisitos especiais e resultados de eficácia da delação na legislação brasileira:

Quadro 1 – Comparativo legal da colaboração premiada

	Favor legal	Requisitos Especiais	Resultados de eficácia
Hediondos	Minorante (1/3 a 2/3)	Associado à quadrilha	Desmantelamento da quadrilha
Extorsão mediante seqüestro	Minorante (1/3 a 2/3)	Co-autor da quadrilha, ou, após a Lei n° 9.269/96, *concorrente no crime*.	Libertação do sequestrado
Crime Organizado	Minorante (1/3 a 2/3)		*Esclarecimento* de infrações penais e sua autoria
Lavagem de Capitais	Minorante (1/3 a 2/3) em regime aberto. Pena restritiva de direitos Perdão judicial.	Autor, co-autor ou partícipe	Conduzir à: Apuração das infrações penais e sua autoria A localização do *patrimônio do crime*
Crimes Tributários e Financeiros	Minorante (1/3 a 2/3)	Co-autor ou partícipe	Revelação de toda a trama delituosa
Crimes em geral – colaboradores protegidos (Lei n° 9.807/99)	Perdão judicial.	Favoráveis circunstâncias do agente e do crime	Identificação dos autores Salvamento da vítima íntegra Recuperação do produto do crime.
Crimes em geral (Lei n° 9.807/99)	Minorante (1/3 a 2/3)		Identificação dos autores Salvamento da vítima com vida Recuperação do produto do crime.
Tóxicos (Lei n° 10.409/02)	Sobrestamento do processo Minorante.	Organização criminosa de tráfico Fase de investigação Negociação da ação pelo Ministério Público	Prisão de integrantes Apreensão da droga Relevante contribuição para a Justiça
Tóxicos (Lei n° 10.409/02)	1. Perdão judicial. 2. Minorante (1/6 a 2/3)	Na ação penal Favor de pena condicionado ao requerimento ministerial	Identificação dos demais integrantes 2. Apreensão da droga
Drogas (Lei n° 11.343/06)	Minorante (1/3 a 2/3)		1. Identificação dos demais integrantes 2. Recuperação do produto do crime.

Fonte: Elaborado pelo autor.

Não se faz apontamento de diferenciação nas leis acerca da *espontaneidade* ou *voluntariedade* da conduta, pelo posicionamento acima mencionado de irrelevância desta distinção para a colaboração, onde sempre exigível apenas a ação voluntária, como *favor de resultado* e não *favor de conduta*.

Não é beneficiado o delator pelo valor moral de arrependimento ou regeneração de sua conduta, tendente à reinserção do agente no caminho do bem e da ordem social (*favor de conduta*). Tampouco é caso de menor culpabilidade do confidente pela delação realizada – o crime já estava consumado e por ser delator não é socialmente menos censurável sua conduta criminosa. Apenas se incentiva – com redução da pena – a colaboração ao estado-persecutor (*o favor de resultado*).

Não se faz, ainda, diferenciação acerca do momento da delação. Pode a delação dar-se em qualquer etapa da persecução criminal, dosado seu cabimento pela direta *regra da utilidade*: enquanto útil e aproveitada a delação ao resultado de eficácia típico, incidirá o favor legal, independentemente de autorização expressa para o ato em específica fase processual.

Também não se aponta diferenciação pela necessidade legal de provocação ou pela maior intervenção das partes no ato de delação, porque apenas previsto condicionamento dessa espécie na já revogada Lei de Tóxicos (Lei nº 10.409/02). Independentemente da crítica à intervenção judicial em ato tendente à investigação, é essa conduta do juiz admitida na legislação processual brasileira e não serve de diferenciação às hipóteses legais vigentes de delação, normatizada como *favor de pena* e assim sob critério judicial na fase da sentença.

De outro lado, como já uniformizado no trato do perdão judicial e das minorantes legais, constitui-se a delação em direito público subjetivo do agente: presentes os requisitos legais, deverá o magistrado aplicá-lo.

O *quantum* de redução pelo favor legal deverá corresponder aos critérios de eficácia estabelecidos pelo legislador: maior a redução no atingimento amplo e pleno dos resultados legais, menor a redução pelo resultado mínimo de eficácia.

Em princípio agora com a Lei nº 12.850/13 ampliam-se os favores legais e tende essa norma a ser mais favorável ao agente. A discussão é se poderá ela incidir para crimes fora do conceito de organização criminosa.

Como lei nova mais benigna, que acaba por trazendo regramentos gerais da colaboração premiada, é de se entender a Lei da Criminalidade Organizada como aplicável mesmo aos crimes por ela não regulados.

2. CARACTERES ESTÁVEIS DA LEGISLAÇÃO PREMIAL

A evolução legal no Brasil bem demonstra a estabilidade de caracteres, que se mantêm – normalmente de modo expresso, mas até mesmo implicitamente – no instituto da colaboração premiada.

É preciso detalhar mais o alcance dos caracteres de uma colaboração voluntária, dosada por juiz à vista do resultado probatório obtido pelo colaborador, na revelação vinculada aos fatos do processo.

Todas as leis brasileiras até a Lei da Criminalidade Organizada, que será examinada no capítulo seguinte, mantiveram estavelmente esses critérios, que merecem pelo tempo de vigência normativa serem considerados como fonte interpretativa até para a vigente Lei nº 12.850/2013, pois, embora mais moderna e detalhada, ainda nela restam várias omissões e dúvidas a serem colmatadas.

2.1. CRITÉRIO DO FAVOR JUDICIAL

Em todas as leis brasileiras, revogadas e vigentes, a colaboração foi premiada como favor de pena, a ser dosada pelo magistrado, como minorante ou perdão judicial.

Trata-se de compreensão coerente com um sistema acusatório, que faz do juiz o fixador da culpa e da pena, não podendo essa tarefa ser assumida por qualquer das partes. Esse tema é relevante pela prática atual de ser negociada pena concreta, especialmente pelo agente ministerial,[173] violando a jurisdicionalidade da dosimetria e desrespeitando o critério do favor judicial, já histórico na legislação brasileira. Dosimetria da pena é, e precisa ser, atividade exclusivamente judicial.

Em única norma legal foi previsto o "acordo entre o Ministério Público e o indiciado" para a colaboração premiada, com o correspondente favor de sobrestamento do processo ou redução da pena: a

---

[173] Isto será detalhado na subseção "Pena inventada", no capítulo "Limites da negociação".

já revogada Lei de Tóxicos (Lei nº 10.409/2002, art. 32, § 2º). Sequer induziu então o legislador, porém, que esse favor seria negociado e aplicado pelo Ministério Público!

A atual Lei Anticrime, como no último capítulo se verá, torna ainda mais certo esse favor judicial, ao estabelecer o controle pelo juiz dos favores levando em consideração fases iniciais da dosimetria – a seu critério e de sua competência.

O favor de pena somente pode ser aplicado por quem fixa a pena. O alcance máximo da negociação prévia é quanto a limites da pena, proporções de redução, tudo sempre dentro das permissões legais.

2.2. CRITÉRIO DA PROPORÇÃO DO FAVOR

A evolução das leis trouxe sempre a redução da pena como favor previsto em limites mínimo e máximo: minoração da pena de 1/3 (um terço) a 2/3 (dois terços), salvo na revogada Lei nº 10.409/2002, que mais amplamente previu a redução de 1/6 (um sexto) a 2/3 (dois terços).

É tratamento comum às minorantes, que permitem ao magistrado variar a dosimetria da pena de acordo com o dano ao bem jurídico tutelado, no caso a eficácia da colaboração frente ao resultado exigido pela lei – ou pelo acordo negociado.

Enquanto em regra nas leis era a proporção mensurada frente ao resultado já fixado pela norma (desmantelamento da quadrilha, revelação total da trama criminosa, salvamento da vítima sequestrada...), na revogada Lei nº 10.409/2002 se previa a possibilidade de negociação com o Ministério Público, a gerar como parâmetro de proporção o resultado previsto no próprio acordo de colaboração.

Esse critério de proporção do favor na colaboração se mantém ainda hoje: fará o juiz a minoração da pena pelos resultados exigidos na lei, ou admitirá a redução máxima negociada se cumpridas totalmente as obrigações assumidas pelo colaborador.

2.3. CRITÉRIO DO RESULTADO

A colaboração premiada é favor de resultado e não de conduta. Premia-se proporcionalmente ao resultado exigido – pela lei ou negociação – e não em razão da boa intenção do colaborador.

Como resultado, somente se pode considerar as provas, apreensões e salvamentos obtidos no processo. Não se obtendo o resultado prometido pelo colaborador, não terá igualmente o favor de pena negociado, sendo irrelevante se o insucesso se deve a falha sua ou do aparelhamento estatal – a carga probatória não restou satisfeita.

Em sentido contrário, Bittar entende que tendo o colaborador cumprido a promessa de revelar informações sobre o paradeiro do produto do crime ou vítima, ou tendo feito o que poderia para cumprir sua obrigação, não poderia ser ele prejudicado pela ineficiência estatal.[174]

É posição garantista e interessante, mas que foge ao comando legal de favor proporcional ao resultado. Ademais permitiria essa compreensão eternas discussões sobre culpas no resultado de cada uma das promessas negociadas.

A lei vincula o favor ao resultado e isso não se altera por eventuais falhas de terceiros, que não geram favores integrais ao colaborador – vale sempre o critério de proporcionalidade nas obrigações assumidas no acordo.

As legislações sucessivamente previram que a redução da pena seria valorada ante o resultado legal exigido (substituído pela negociação, quando admitida). Ainda que venha o colaborador a atuar sem arrependimentos, sem válidos desígnios morais, se acaba por atingir ele ao resultado demandado (de desmantelar a quadrilha, salvar a vítima...), merecerá o favor integral.

Ao contrário, acaso o colaborador se arrependa do crime e tente voltar ao melhor convívio social, mas falhe ao buscar o resultado exigido de trazer provas do crime de corréus, de recuperar o produto do crime, de salvar a vítima do sequestro, não merecerá redução de pena.

Analogamente isso já ocorre na confissão espontânea,[175] que reduz a pena do confidente mesmo quando age de modo interessado e egoístico, pretendendo tão somente o resultado de ter a pena atenuada. Premia-se o resultado eficaz de facilitação à persecução penal e não a boa intenção do colaborador.

---

174 BITTAR, 2011.

175 Art. 65, III. "d", do Código Penal.

2.4. CRITÉRIO DA VOLUNTARIEDADE

As leis pertinentes à colaboração premiada uniformemente exigiram a voluntariedade. Verdade é que algumas dessas leis usaram a expressão espontaneidade, que representaria iniciativa exclusiva do colaborador, mas mesmo então já se salientou que a compreensão devida seria de ato apenas voluntário, sem coação.

Esse entendimento já há muito é adotado na atenuante da confissão espontânea, onde o termo espontaneidade é na jurisprudência admitido como mera inexistência de coerção, podendo inclusive ter a confissão resultado de provocação pelo juiz ou Ministério Público.

Tecnicamente espontaneidade indica a sincera conduta, *sponte própria* realizada, assim diferenciando-se da voluntariedade, onde o ato pode acontecer por provocação de terceiros, mas sempre decorrendo das opções do agente, que não as tem impedidas por coação.

Já tendo doutrina e jurisprudência definido para a atenuante da confissão que a interpretação de espontaneidade deve se dar nos limites da voluntariedade, da ausência de coerção, não se justifica mais restritivo tratamento para a nova forma de colaboração constituída pela delação. Tanto à atenuante da confissão, como à posterior minorante (ou perdão judicial) da colaboração, ambas como favores de colaboração para a eficiência persecutória, facilitando a apuração da autoria e evitando o erro judiciário, exige-se apenas que decida o colaborador atuar em livre opção.

A prática das colaborações tem indicado como normalmente realizado o acordo por iniciativa do colaborador:

> Apesar de, no Brasil, nada impedir que um membro do Ministério Público faça a proposta de colaboração a um investigado ou réu, a praxe tem sido no sentido de que a acusação produza suas provas sem contar com depoimentos de réus colaboradores. Se aparecerem, a iniciativa tem que vir da defesa, sempre por meio de advogado constituído ou defensor público, e assim se evita o discurso de que as colaborações foram resultado de pressão por parte das autoridades envolvidas.[176]

Nada impede, porém, a partir do exame evolutivo das leis, que a colaboração premiada se realize por provocação do próprio representante estatal na negociação. Importa é a ausência de coerção.

---

[176] FONSECA, 2017, p. 111.

Mais preocupante em verdade é a possibilidade indevida (e que se espera jamais ocorrida) do uso de coerções estatais para o sub-reptício fim de incentivar colaborações: a condução coercitiva e as prisões processuais.[177]

Condução coercitiva é chamamento forçado ao recalcitrante, prisão processual é cautelar de proteção a riscos imediatos e relevantes ao processou ou à sociedade. Prisão não pode ser meio de negociar colaboração, nem objeto dos termos da negociação: ou estão presentes os requisitos legais para prender e a colaboração não os elimina, ou riscos não havia e nem deveria o réu ter sido preso:

> [...] 2. Inexiste relação necessária entre a celebração e/ou descumprimento de acordo de colaboração premiada e o juízo de adequação de medidas cautelares gravosas. [...]
> (HC 138207, Relator Min. EDSON FACHIN, Segunda Turma, julgado em 25/04/2017, PROCESSO ELETRÔNICO DJe-141 DIVULG 27-06-2017 PUBLIC 28-06-2017)

Também Geraldo Prado ressalta o risco das prisões como meio de convencimento para o acordo de barganha:

> No lugar de defender a ordem constitucional, que presume inocente o acusado e o protege contra iniciativas que visam constranger a produzir confissões — que podem não corresponder à verdade, como está provado na boa literatura — o MPF prega o emprego da prisão provisória como método destinado a burlar a garantia que tem o dever de resguardar. Iniciativas do gênero desacreditam o processo penal e, ao contrário do que postula o MPF, podem levar ao comprometimento da própria investigação.[178]

Evitando danos à imagem de criminalmente perseguidos e o abuso estatal, veio o Supremo Tribunal Federal a impedir a condução coercitiva fora das hipóteses legais, especialmente proibindo-a para interrogatórios.[179]

---

[177] Na subseção "Favores extralegais" voltaremos a ressaltar para que servem as coerções legais para fins específicos e taxativos, não se admitindo possam ter sua finalidade desvirtuada para travestida tortura, como incentivo à colaboração do réu.

[178] PRADO, 2014, n.p.

[179] 1. Arguição de Descumprimento de Preceito Fundamental. Constitucional. Processo Penal. Direito à não autoincriminação. Direito ao tempo necessário à preparação da defesa. Direito à liberdade de locomoção. Direito à presunção de não culpabilidade. 2. Agravo Regimental contra decisão liminar. Apresentação da decisão, de imediato, para referendo pelo Tribunal. Cognição completa da causa com a inclusão em pauta. Agravo prejudicado. 3. Cabimento da ADPF. Objeto: ato normativo pré-constitucional e conjunto de decisões judiciais. Princípio da subsidiariedade (art. 4º, §1º, da Lei nº 9.882/99): ausência de instrumento de controle objetivo de consti-

tucionalidade apto a tutelar a situação. Alegação de falta de documento indispensável à propositura da ação, tendo em vista que a petição inicial não se fez acompanhar de cópia do dispositivo impugnado do Código de Processo Penal. Art. 3º, parágrafo único, da Lei 9.882/99. Precedentes desta Corte no sentido de dispensar a prova do direito, quando "transcrito literalmente o texto legal impugnado" e não houver dúvida relevante quanto ao seu teor ou vigência – ADI 1.991, Rel. Min. Eros Grau, julgada em 3.11.2004. A lei da ADPF deve ser lida em conjunto com o art. 376 do CPC, que confere ao alegante o ônus de provar o direito municipal, estadual, estrangeiro ou consuetudinário, se o juiz determinar. Contrario sensu, se impugnada lei federal, a prova do direito é desnecessária. Preliminar rejeitada. Ação conhecida. 4. Presunção de não culpabilidade. A condução coercitiva representa restrição temporária da liberdade de locomoção mediante condução sob custódia por forças policiais, em vias públicas, não sendo tratamento normalmente aplicado a pessoas inocentes. Violação. 5. Dignidade da pessoa humana (art. 1º, III, da CF/88). O indivíduo deve ser reconhecido como um membro da sociedade dotado de valor intrínseco, em condições de igualdade e com direitos iguais. Tornar o ser humano mero objeto no Estado, consequentemente, contraria a dignidade humana (NETO, João Costa. Dignidade Humana: São Paulo, Saraiva, 2014. p. 84). Na condução coercitiva, resta evidente que o investigado é conduzido para demonstrar sua submissão à força, o que desrespeita a dignidade da pessoa humana. 6. Liberdade de locomoção. A condução coercitiva representa uma supressão absoluta, ainda que temporária, da liberdade de locomoção. Há uma clara interferência na liberdade de locomoção, ainda que por período breve. 7. Potencial violação ao direito à não autoincriminação, na modalidade direito ao silêncio. Direito consistente na prerrogativa do implicado a recusar-se a depor em investigações ou ações penais contra si movimentadas, sem que o silêncio seja interpretado como admissão de responsabilidade. Art. 5º, LXIII, combinado com os arts. 1º, III; 5º, LIV, LV e LVII. O direito ao silêncio e o direito a ser advertido quanto ao seu exercício são previstos na legislação e aplicáveis à ação penal e ao interrogatório policial, tanto ao indivíduo preso quanto ao solto – art. 6º, V, e art. 186 do CPP. O conduzido é assistido pelo direito ao silêncio e pelo direito à respectiva advertência. Também é assistido pelo direito a fazer-se aconselhar por seu advogado. 8. Potencial violação à presunção de não culpabilidade. Aspecto relevante ao caso é a vedação de tratar pessoas não condenadas como culpadas – art. 5º, LVII. A restrição temporária da liberdade e a condução sob custódia por forças policiais em vias públicas não são tratamentos que normalmente possam ser aplicados a pessoas inocentes. O investigado é claramente tratado como culpado. 9. A legislação prevê o direito de ausência do investigado ou acusado ao interrogatório. O direito de ausência, por sua vez, afasta a possibilidade de condução coercitiva. 10. Arguição julgada procedente, para declarar a incompatibilidade com a Constituição Federal da condução coercitiva de investigados ou de réus para interrogatório, tendo em vista que o imputado não é legalmente obrigado a participar do ato, e pronunciar a não recepção da expressão "para o interrogatório", constante do art. 260 do CPP.

(ADPF 444, Relator(a): Min. GILMAR MENDES, Tribunal Pleno, julgado em 14/06/2018, PROCESSO ELETRÔNICO DJe-107 DIVULG 21-05-2019 PUBLIC 22-05-2019)

Tratando-se de prisão válida, porém, sem abusiva utilização da privação de liberdade como instrumento de negociação, nada impede na lei que seja a colaboração consumada enquanto se encontra o réu preso:[180]

> Destaco que requisito de validade do acordo é a liberdade psíquica do agente, e não a sua liberdade de locomoção. A declaração de vontade do agente deve ser produto de uma escolha com liberdade (= liberdade psíquica), e não necessariamente em liberdade, no sentido de liberdade física. Portanto, não há nenhum óbice a que o acordo seja firmado com imputado que esteja custodiado, provisória ou definitivamente, desde que presente a voluntariedade dessa colaboração. Entendimento em sentido contrário importaria em negar injustamente ao imputado preso a possibilidade de firmar acordo de colaboração e de obter sanções premiais por seu cumprimento, em manifesta vulneração ao princípio da isonomia".
> (HC 127483, Relator(a): Min. DIAS TOFFOLI, Tribunal Pleno, julgado em 27/08/2015, PROCESSO ELETRÔNICO DJe-021 DIVULG 03-02-2016 PUBLIC 04-02-2016)

O réu preso não perde seu poder de autocondução, de decisão e negociação. Importa é verificar o magistrado, inclusive se o caso por depoimento pessoal do colaborador, que ele assim age por vontade livre, sem coerção de terceiros.

2.5. CRITÉRIO DA UTILIDADE

Estavelmente as leis de colaboração premiada previam que a delação teria como objeto e limite o crime investigado, os fatos do processo. É a regra da utilidade, indicando momento e alcance da delação.

---

[180] O PROJETO DE LEI N.º 11.156, DE 2018, dos Deputados Federais Wadih Damous e Paulo Teixeira, introduz proibição à colaboração premiada de quem se encontre preso, justificando:

Uma das alterações que se propõe, nesse sentido, impõe como condição para a homologação judicial da colaboração premiada a circunstância do acusado ou indiciado estar respondendo em liberdade ao processo ou investigação instaurados em seu desfavor.

A medida se justifica para preservar o caráter voluntário do instituto e para evitar que a prisão cautelar seja utilizada como instrumento psicológico de pressão sobre o acusado ou indiciado o que fere a dignidade da pessoa humana, alicerce do estado democrático de direito. Da mesma forma, a alteração protege as regras processuais que tratam da prisão preventiva e evita que prisões processuais sejam decretadas sem fundamentação idônea e para atender objetos outros, alheios ao processo ou inquérito.

A Lei dos Crimes Hediondos (Lei n° 8.072/90) prevê o favor de pena ao participante que "denunciar à autoridade o bando",[181] e no crime de sequestro esse favor é direcionado ao autor que denunciá-lo,[182] ambas disposições indicando que a delação é limitada ao crime perseguido no processo. Enquanto útil revelar o crime e seus autores, tudo limitado aos fatos do processo, poderá dar-se a colaboração.

De igual modo, nas leis de Crimes Tributários (Lei n° 8.137/90, art. 16, parágrafo único) e de Crimes Financeiros (Lei n° 7.492/86, art. 25, § 2°), a minorante aplica-se ao coautor que revelar "toda a trama delituosa". A trama delituosa é aquela perseguida no processo, que assim é sua limitação para a delação.

A Lei de Lavagem de Capitais restringe a colaboração aos fatos do processo, como se verifica da expressão "[...] apuração das infrações penais [...] ou à localização dos bens, direitos ou valores objeto do crime."[183]

A Lei de Proteção das Vítimas e Testemunhas em diversos momentos vincula a colaboração ao crime perseguido, quando nos artigos 13 e 14 da Lei n° 9.807/99 expressa colaboração "com a investigação e o processo criminal", resultando identificação dos coautores "da ação criminosa", ou "do crime", e a recuperação "do produto do crime", ainda observando a "repercussão social do fato criminoso". Tudo revela a intenção legal limitadora da colaboração ao mesmo crime do processo.

Muito similarmente, a vigente Lei de Drogas limita a colaboração ao crime de drogas perseguido, como se percebe das expressões colaboração "com a investigação policial e o processo criminal", identificação dos coautores "do crime" e a recuperação "do produto do crime" – art. 41 da Lei n° 11.343/2006.

Restam de toda evolução apenas duas leis diferenciadas. A revogada Lei de Tóxicos é dúbia quanto ao alcance possível da colaboração, por trazer expressões mais amplas ("existência de organização criminosa", "contribuir para os interesses da Justiça") e outras que parecem vincular a colaboração ao crime de drogas perseguido ("demais integrantes da quadrilha", "localização do produto") – art. 32, §§ 2° e 3° da Lei n° 10.409/2002.

---

[181] Art. 8°.
[182] Parágrafo 4° ao art. 159 do Código Penal.
[183] Lei n° 9.613/98, art. 1°... § 5°.

Finalmente, apenas a Lei do Crime Organizado amplia o alcance da colaboração ao admiti-la para o "[...] esclarecimento de infrações penais e sua autoria [...]",[184] onde a preposição "de" parece permitir que sejam delatadas infrações não perseguidas no processo.

Em síntese, de todas leis brasileiras que trataram da colaboração premiada, uma é dúbia, uma é mais abrangente e sete tornaram claro que somente pode ela alcançar a revelação de crimes contidos no próprio processo, vinculando-se a delação aos limites do mesmo caso penal.

É clara tendência uniforme de limitação da utilidade da colaboração premiada: alcança apenas os fatos do processo. É limitação que deixa de fora persecuções estatais ilimitadas, que podem aparentar benéfica proteção social ampla na descoberta de crimes, mas que acabam por desviar o direito penal do fato para um efetivo direito penal de autor (perguntando-se sobre crimes quaisquer, que qualquer pessoa tenha alguma vez praticado), com tendente deterioração para o abuso, pois se pode o negociador estatal perguntar sobre o que quiser, muito facilmente perguntará de quem não gosta, de partidos políticos que não lhe agradam, de crimes que gerem maior destaque midiático....

A limitação da persecução penal a fatos se dá historicamente para evitar o abuso de perseguições a inimigos e isto pode resultar do esquecimento a esse critério da utilidade.[185] A persecução penal estatal inicia por fatos criminosos certos; não se pode inverter a lógica investigatória para pedir a colaboradores que escolham (ou pior, que sigam a escolha do negociador) pessoas e crimes quaisquer que queiram revelar. O ilimitado direcionamento persecutório criminal gerará abuso do colaborador, do negociador ou, no mínimo, do Estado persecutor.

---

184 Art. 6º.

185 Em similar situação, o Ministro Gilmar Mendes, do Supremo Tribunal Federal, concedeu cautelar proibindo investigações do jornalista Glenn Greenwald, que publicou informações com proteção da fonte jornalística. É que na ação, o Rede Sustentabilidade afirmava "que, em razão das reportagens mostrando a troca de mensagens entre o então juiz e atual ministro da Justiça e Segurança Pública Sergio Moro e procuradores da "lava jato", meios de comunicação noticiaram que a Polícia Federal teria solicitado ao Conselho de Controle de Atividades Financeiras (Coaf) informações a respeito de movimentações financeiras de Greenwald, para "investigar" suposta atividade criminosa relacionada aos vazamentos."

Assim, a imputação é de que seria a investigação desenvolvida não para apurar os "vazamentos", mas para examinar ilícitos fiscais quaisquer do jornalista – saindo da investigação de um fato para uma investigação da pessoa, procurando o que se pudesse criminalizar, em abuso dos detentores do poder persecutório. Cf.: COELHO, 2019.

CARACTERES NA LEI DA CRIMINALIDADE ORGANIZADA

Em 2013 entrou em vigor a Lei da Criminalidade Organizada, estabelecendo conceito, técnicas investigatórias e meios de obtenção de provas, já como primeiro deles sendo explicitada a colaboração premiada.

A colaboração do imputado, por ajuste que lhe garanta a redução proporcional de pena, evolui no Brasil há décadas, como visto no capítulo "Caracteres estáveis da colaboração premiada". Estavelmente se verificou que critérios foram formados, de ser basicamente um favor judicial de pena, proporcional ao resultado das promessas voluntariamente acordadas, enquanto úteis à persecução no feito criminal.

Enquanto indispensável à sociedade é a abstenção estatal de abusos investigatórios para a imposição de penas criminais, também é socialmente exigível a eficiente condenação dos culpados. Assim se tem o dever de agir estatal para a segurança pública e eficiência persecutória, que Fischer explica como o "garantismo penal integral": a obrigação estatal constitucionalmente expressada de deveres de agir positivos para a proteção da sociedade, amparando bens jurídicos, evitando e punindo eficientemente aos autores de crimes.[186]

> Em nossa compreensão (integral) dos postulados garantistas, o Estado deve levar em conta que, na aplicação dos direitos fundamentais (individuais e sociais), há a necessidade de garantir também ao cidadão a eficiência e segurança.
> Nesse momento do silogismo, é digno de nota que, também como imperativo constitucional (art. 144, caput, CF), o dever de garantir segurança (que se desdobra em direitos subjetivos individuais e coletivos) não está em apenas evitar condutas criminosas que atinjam direitos fundamentais

---

[186] FISCHER, 2017.

de terceiros, mas também na devida apuração (com respeito aos direitos dos investigados ou processados) do ato ilícito e, em sendo o caso, da punição do responsável.[187]

Também Monte desenvolve igual raciocínio da segurança pública como proteção estatal necessária:

> Senão vejamos, a Constituição Federal traz como princípios no seu preâmbulo que o Estado Democrático, instituído pelo referido diploma legal, destina-se a assegurar aos cidadãos a segurança e a justiça, entre outros direitos, como "valores supremos de uma sociedade fraterna". Tais princípios são repetidos no art. 5º da Constituição, capítulo dos direitos e garantias fundamentais.[188]

Esse esforço estatal pela segurança é causa de movimento criminalizatório penal, especialmente ante danos coletivos. É também propensão no ocidente a um processo acusatório e adversarial, privilegiando a posição das partes e a negociação de seus interesses. A colaboração premiada é espécie de consenso no processo penal e nela não se dá apenas a assunção de culpa, realizada por acordo ou como condição para rápida condenação a pena menor, prevista em vários países, como detalhado no capítulo "Colaboração premiada em sistemas jurídicos". A colaboração premiada vai além da admissão de culpa, transformando o criminoso em auxiliar da persecução criminal.

Sempre que pesa mais forte a balança para o lado da eficiência, como se dá na colaboração premiada, mais leves (frágeis) restam as garantias individuais. A quebra de sigilos viola a intimidade em prol da eficiência, a infiltração policial e a ação controlada reduzem as garantias sociais de que o Estado se encontra realmente reprimindo crimes (traz a possibilidade de desvios de finalidade da ação) e a colaboração premiada restringe (ainda que por negociação) o direito de defesa.

A tendência já descrita no capítulo "Colaboração premiada em sistemas jurídicos" é de acomodar-se a maioria da doutrina nacional a favor da negociação processual já implantada; a crítica é mais forte vem normalmente da doutrina estrangeira. Como o Brasil ainda se encontra em fase de implantação legal da negociação, com a colaboração premiada pormenorizada há apenas sete anos e com a negociação para crimes leves (afora acordos dos juizados criminais) estabelecida apenas com a nova Lei Anticrime, o debate nacional ainda é intenso.

---

[187] FISCHER, 2017, p. 45.

[188] MONTE, 2001, p. 236.

Critica-se a colaboração premiada desde sua origem antiética, de traição, incentivada pelo Estado, que deveria ser justamente o realizador da moralidade pública e mantenedor dos mores sociais. Passa-se às críticas de prejuízo ao imputado por deficiência investigatória estatal, já que se eficiente a investigação, desnecessários seriam favores a criminosos. Chega-se ao inconformismo com a abolição do devido processo legal para definição de culpa, assumida ao início (ou até antes) das investigações, à preterição da verdade e à imposição social (pelos custos e riscos).

Juliano Keller do Valle e Marcos Leite Garcia apontam ainda problemas na alteração do juiz natural, com a mantença do juízo da homologação para crimes vários delatados, mesmo praticados em diferentes localidades e jurisdições, além da criação de superpoder ao inquisidor que se torna o Ministério Público e, finalmente, pelo estímulo ao risco da delação de crimes inventados para a obtenção de maiores benefícios[189].

Luigi Ferrajoli chega a propor o afastamento completo e definitivo da negociação da culpa:

> Infelizmente, a prática da negociação e do escambo entre confissão e delação de um lado e impunidade ou redução de pena de outro sempre foi uma tentação recorrente na história do direito penal, seja da legislação e mais ainda da jurisdição, pela tendência dos juízes, e sobretudo dos in-

---

[189] 1. Juiz natural x juiz de encomenda: o Processo Penal é regido por diversas garantias constitucionais e, dentre elas, encontramos a do juiz natural que é um mecanismo de controle do jus puniendi estatal por

meio de um juiz imparcial. Na delação premiada esta garantia não é observada, vez que é performado o "juiz de encomenda", aquele movido por questões políticas e econômicas opta em uma verdadeira

perseguição a determinados acusados sob o manto da "lei e da ordem". 2. Superpromotores: criou-se um mito de que o Ministério Público age com imparcialidade e que, por este motivo, ele estaria do lado

daquele que estivesse com a verdade, o que não condiz com a realidade. A criação de mitos e de "super" agentes públicos não beneficia nem ao procedimento judicial, tampouco à dogmática penal dos casos." Cf.: KELLER; GARCIA, 2017, p. 188, 192, 194.

3. A colaboração premiada como um tipo de "guerra-relâmpago": a lógica maniqueísta da delação premiada estimula a formação desse tipo de conflito onde uma pessoa, acusada daquilo que não fez, se vê coagida a mentir e formular teses mirabolantes sobre terceiros para que possa sair desta situação que envolve velocidade, surpresa e medo."

quiridores, de fazer uso de algum modo de seu poder de disposição para obter a colaboração dos imputados contra eles mesmos. A única maneira de erradicá-la seria a absoluta vedação legal,
o que a longo prazo acabaria por se tornar uma regra de deontologia profissional dos magistrados, de negociar qualquer relevância penal ao comportamento processual do imputado, também aos fins da determinação judiciária da pena dentro dos limites legais.[190]

Ao par das críticas, a eficiência tem sido critério preponderante para a inserção do consenso no processo criminal do ocidente.

No Brasil, o detalhamento da colaboração premiada surgiu com a Lei da Criminalidade Organizada, dentro da busca de eficiência estatal por mecanismos criados como meios de obtenção de prova, ao lado da captação ambiental de sinais, da ação controlada e da infiltração policial, além da quebra de sigilos e cooperação de órgãos estatais.[191]

Foi momento de especialização legal para a eficiência persecutória da criminalidade organizada. Vladimir Aras distingue 4 (quatro) espécies de colaboração premiada:

> **Delação Premiada (chamamento de corréu):** além de confessar seu envolvimento na prática delituosa, o colaborador expõe outras pessoas implicadas na infração penal, razão pela qual é denominado de agente revelador;

---

[190] FERRAJOLI, 2002. p. 487.

[191] Lei nº 12.850/13, art. 3o "Em qualquer fase da persecução penal, serão permitidos, sem prejuízo de outros já previstos em lei, os seguintes meios de obtenção da prova:

I - colaboração premiada;

II - captação ambiental de sinais eletromagnéticos, ópticos ou acústicos;

III - ação controlada;

IV - acesso a registros de ligações telefônicas e telemáticas, a dados cadastrais constantes de bancos de dados públicos ou privados e a informações eleitorais ou comerciais;

V - interceptação de comunicações telefônicas e telemáticas, nos termos da legislação específica;

VI - afastamento dos sigilos financeiro, bancário e fiscal, nos termos da legislação específica;

VII - infiltração, por policiais, em atividade de investigação, na forma do art. 11;

VIII - cooperação entre instituições e órgãos federais, distritais, estaduais e municipais na busca de provas e informações de interesse da investigação ou da instrução criminal."

Colaboração para libertação: o colaborador indica o lugar onde está mantida a vítima sequestrada, facilitando sua libertação;
Colaboração para localização e recuperação de ativos: o colaborador fornece dados para a localização do produto ou proveito do delito e de bens eventualmente submetidos a esquemas de lavagem de capitais;
Colaboração preventiva: o colaborador presta informações relevantes aos órgãos estatais responsáveis pela persecução penal de modo a evitar um crime, ou impedir a continuidade ou permanência de uma conduta ilícita.[192]

São distinções da mesma figura do colaborador, tomando em conta os fins e limites estabelecidos na Lei da Criminalidade Organizada.

Crime organizado, pela legislação brasileira, é a união estruturada de pessoas para crimes graves - mais de três pessoas, crimes com penas máximas superiores a quatro anos.[193] A organização e estruturação do grupo criminoso justamente permite – pela divisão de funções, pela hierarquia, pelo modelo empresarial e racional[194] – tornar mais oculta a atividade, mais compartimentados os conhecimentos e mais difícil a compreensão do todo criminoso pelo Estado.

Se no crime individualizado a descoberta de uma conduta já revela seu autor e permite verificar sua movimentação bancária e seus contatos, a especialização e compartimentação fazem com que no crime organizado mesmo descobertos atos criminosos ou seus agentes, outros integrantes e atividades do grupo permaneçam desconhecidos. Se no crime individual é mais frágil o escondimento dos valores do crime, na criminalidade organizada a continuidade dessa atividade a torna especialmente bem realizada e de difícil detecção.

No enfrentamento do crime organizado o mundo tem criado tipos penais mais fortes (aumentando penas, punindo condutas preparatórias e com tipos penais mais abertos) e instrumentos de persecução mais eficientes.

---

[192] ARAS, 2011, p. 428,

[193] Lei nº 12.850, art. 1º, § 1º: "Considera-se organização criminosa a associação de 4 (quatro) ou mais pessoas estruturalmente ordenada e caracterizada pela divisão de tarefas, ainda que informalmente, com objetivo de obter, direta ou indiretamente, vantagem de qualquer natureza, mediante a prática de infrações penais cujas penas máximas sejam superiores a 4 (quatro) anos, ou que sejam de caráter transnacional."

[194] Fundamentos trazidos da Convenção de Palermo.

De todos esses meios de obtenção de prova, é a colaboração premiada o que melhor desempenho tem mostrado no Brasil, como já se salientou ao indicar notícia de que só pela Operação Lava Jato foram condenadas 188 pessoas, registrados 395 pedidos de cooperação internacional com 50 países e obtida a recuperação de aproximadamente R$ 12 bilhões para os cofres públicos.[195]

A nova lei sucede como sequência estável as anteriores previsões legislativas de minorantes ou de perdão judicial, com ou sem negociação, da antiga delação premial. A estabilidade propiciou que os caracteres estáveis da agora chamada colaboração premiada se mantivessem íntegros: proporção de favores pelo interesse estatal, favor judicial e de resultado, utilidade e voluntariedade. Assim é que o estudo das legislações pretéritas serve, mais do que conhecimento evolutivo, para a interpretação direta da própria lei atual.

A Lei da Criminalidade Organizada ampliou a negociação estatal, criando inclusive a prerrogativa da não persecução penal, estabeleceu direitos do colaborador e inovou ao criar o procedimento da colaboração. O procedimento criado ainda é inicial, não muito detalhado, mas traz importantes determinações de forma e de limites da negociação, na maioria dos temas seguindo caminhos já orientados pela jurisprudência – que já muitos anos concretizava a colaboração premiada mesmo sem procedimento previsto em lei.[196]

Embora a evolução contínua dos caracteres estáveis do instituto da colaboração premiada, alguns novos caracteres surgiram expressamente na Lei da Criminalidade Organizada e merecem melhor compreensão, inclusive porque na prática nem sempre bem aplicados.

A colaboração premiada é relevante meio investigatório e de obtenção de provas, com limites na prática extrapolados, com procedimento ainda incompleto, com carga acusatória excepcionalmente forte, mas

---

[195] RICHTER, André. Lava Jato completa 4 anos neste sábado; veja números da operação. Agência Brasil, 17 mar. 2018. Disponível em: http://agenciabrasil.ebc.com.br/politica/noticia/2018-03/lava-jato-completa-4-anos-neste-sabado-veja-numeros-da-operacao. Acesso em: 11 set. 2020.

[196] A discutível moralidade da recompensa à traição e a crítica ao exclusivo interesse de suprimento das deficiências estatais na persecução criminal não têm impedido a criação legislativa e jurisprudencial de favores ao colaborador que, tanto na mais antiga confissão espontânea como na inovada delação premiada, surgem como incentivos à prova de culpa ou à satisfação de interesses especialmente relevantes para a espécie delitiva. Cf.: CORDEIRO, 2010, p. 21.

que precisa contenção dos abusos e erros pessoalizados, precisa ter completadas as lacunas de forma e de direitos, bem como necessita fixar muito claramente os limites de favores e os meios de controle dessa negociação.

1. O NEGÓCIO JURÍDICO

A colaboração premial vinha na legislação sendo tratada como exclusivo favor de pena, concedendo ao juiz poder de reduzir a resposta penal daquele acusado que colaborasse eficazmente em prol da persecução criminal: era a incidência de minorante na pertinente fase da dosimetria.

Isso se altera pelo pequeno período da revogada Lei de Tóxicos (Lei nº 10.409/02), para negociação no inquérito policial, e agora recrudesce com a Lei de Criminalidade Organizada: a negociação passa a se dar em qualquer fase processual e passa a ser o caminho ordinário para os favores da colaboração premiada.

O que representa o negócio jurídico da colaboração, quem dele participa e a proliferação de seu uso, são aspectos que merecem especial atenção.

1.1. NEGÓCIO JURÍDICO PARA A OBTENÇÃO DE PROVAS

De minorante a ser aplicada na dosimetria da pena, tornou-se a negociação o principal caminho para os favores de pena da colaboração premiada.

A Lei da Criminalidade Organizada até inicia seguindo a técnica de favor judicial sob requerimento das partes, mas a partir do § 6º do art. 4º insere o acordo por negociação das partes como pressuposto para o requerimento de reduções de pena. Não chega a ser elidida a possibilidade da minorante sem acordo, como adiante se verá, mas passa efetivamente a ser a negociação o caminho regular para sua incidência.

Assim, por se dar a proposta de favor judicial através de negociação entre o representante estatal e o acusado, esse passa a ser o resultado de colaboração a ser aferido para a concessão dos favores de pena. Usa-se a lei apropriadamente das expressões acordo, negociação, pois tratativas para a autolimitação ao direito penal e a direitos individuais de não autoincriminação, de defesa e ao devido processo legal acusatório. É efetivamente um negócio jurídico entre o estado e o cidadão criminalmente perseguido.

Nesse sentido definiu o Supremo Tribunal Federal, classificando a colaboração premiada como negócio jurídico processual:

> [...] 4. A colaboração premiada é um negócio jurídico processual, uma vez que, além de ser qualificada expressamente pela lei como "meio de obtenção de prova", seu objeto é a cooperação do imputado para a investigação e para o processo criminal, atividade de natureza processual, ainda que se agregue a esse negócio jurídico o efeito substancial (de direito material) concernente à sanção premial a ser atribuída a essa colaboração.
> (HC 127483, Relator(a): Min. DIAS TOFFOLI, Tribunal Pleno, julgado em 27/08/2015, PROCESSO ELETRÔNICO DJe-021 DIVULG 03-02-2016 PUBLIC 04-02-2016)

Ao assumir uma negociação do direito de punir e de defesa, ficam minorados princípios clássicos de segurança pública, de obrigatoriedade, de não autoincriminação, de contraditório... É a opção pela celeridade e eficiência no processo penal, com a concordância do acusado – embora muito se critique nas experiências estrangeiras a falta de efetivas opções de defesa ao acusado, que é faticamente forçado à negociação, como ressaltam Coutinho e Carvalho ao citarem Roberts e Stratton:

> ROBERTS e STRATTON, ambos estudiosos do recente processo de desvirtuamento do exaltado sistema estadunidense, são categóricos ao afirmar que "a verdade é a maior vítima do processo de plea bargaining. [...] Isto é evidente pelo modo que o processo de plea bargaining funciona. O terror, e não a verdade, é sua marca."[197]

Aliás, a comparação comum com a *plea bargaining* é perigosa pela diferença de sistemas processuais e pelas peculiares limitações legais no Brasil.

Plea bargaining é procedimento criminal especialmente no modelo americano, onde acusação e defesa negociam declaração de culpa, dispondo dos limites do caso e do processo judicial, como medida de economia processual e de eficiência.[198] O réu abre mão da presunção de inocência e do direito de ser levado a julgamento (*go to trial*) em troca de favores de redução das acusações ou da pena final.

Esse mecanismo tem resolvido a enorme maioria dos casos criminais nas Cortes estadunidenses. Relata Kagan que levar o fato criminal a julgamento na justiça americana é extremamente trabalhoso e leva o acusado ao risco de altas penas nos julgamentos populares, de modo

---

197 ROBERTS; STRATTON *apud* COUTINHO; CARVALHO, 2006, p. 5-6.
198 MESSITTE, 2010, n.p.

que o processo judicial tende a ser reservado para casos muito graves, com impacto social e midiático, ou no caso de grande reclamo de inocência pelo acusado.[199] Esclarece que o sistema adversarial permite ameaças de excesso acusatório, de altos custos e de demora, o que estimula a realização de acordos.

Sem grandes distinções entre os estados-membros e sistema acusatório na jurisdição federal, a barganha é desenvolvida por acusado assistido por advogado e se pretende que o excesso não se faça presente – com barganhas irracionais. Não interferindo o juiz nas negociações, efetivamente se aplica um processo de partes, que livremente ajustam acusações e penas.

Sobre o sistema adversarial e o modelos processuais, muitos autores nacionais compreendem o processo acusatório como sendo o processo de partes, no modelo adversarial, como defende Lopes Jr.:

> E, por fim, ninguém nega a imprescindibilidade do contraditório, ainda mais em democracia, e ele somente é possível numa estrutura acusatória na qual o juiz mantenha-se em alheamento e, como decorrência, possa assegurar a igualdade de tratamento e de oportunidade às partes. Retomamos a lição de CUNHA MARTINS: no processo inquisitório há um "desamor" pelo contraditório; já o modelo acusatório constitui uma declaração de amor pelo contraditório.[200]

Não obstante, em sentido diverso explica Grinover, ao distinguir o modelo acusatório-inquisitório, do modelo adversarial-inquisitorial:

> Denomina-se "adversarial system" o modelo que se caracteriza pela predominância das partes na determinação da marcha do processo e na produção das provas. No "inquisitorial system", ao revés, as mencionadas atividades recaem de preferência sobre o juiz. [...]
> De um lado, portanto, o contraste ocorre entre sistema acusatório e sistema inquisitório, no sentido empregado para o processo penal no nº 2 deste estudo; do outro lado, a oposição manifesta-se, tanto no processo penal como no civil, entre o "adversarial" e o " inquisitorial system", vale dizer entre um processo que, uma vez instaurado (mantido, assim, o princípio da demanda, ou "Dispositionsmaxime", na terminologia alemã), se desenvolve por disposição das partes (o que se denomina em alemão "Verhandlungsmaxime") e processo de desenvolvimento oficial.

O Brasil tem modelo acusatório, pela distinção das funções no processo, mas não de partes, não "adversarial", como é o modelo ameri-

---

199 KAGAN, 2003.

200 LOPES JR., 2017, p. 47.

cano. Em nosso país a função judicial tende a uma intervenção pela lei e pelo justo, não substituindo as partes, mas impedindo que prevaleça no resultado o placar de jogos e estratégias abusivas ou de falseamento.

Se nem na gestão das provas, onde intervém com cautela o julgador na busca do mito ideal da verdade, nem na possibilidade de pleno consenso se admitem no Brasil a liberdade total do jogo processual e do consenso, não será na colaboração premiada que isso ocorrerá. A negociação das partes na colaboração premiada possui formas, limites e controles, que serão pelos órgãos processuais – especialmente o judicial – fiscalizados.

O modelo americano da *plea bargaining* é feito para o processo de partes, com plena negociação, até da pena e o juiz na função meramente controladora dos excessos. Não é esse o modelo predominantemente europeu, nem brasileiro – onde jogo das partes possui limite, intervenção e controle judicial, para que nele vença não quem tem mais dinheiro ou poder processual, mas o ideal de justiça.

Não cabe em nossa colaboração premiada pretender plena negociação, onde possa o Ministério Público negociar livremente imputações, culpa e pena. O modelo da *plea bargaining* serve como referência de eficiência para a imposição da culpa, mas não como modelo de forma e limite de negociações no Brasil.

De outro lado, se negócio jurídico é a colaboração, a consequência direta é seu tratamento como contrato estatal, com os regramentos constitucionais e legais, como se verá no capítulo "Limites da negociação".

A negociação se dá para a demonstração da culpa de coautores e serve então como meio de obtenção de prova, como corretamente reconheceu o precedente citado de nossa Suprema Corte: o colaborador se compromete a trazer provas da culpa de terceiros e a recuperar o produto do crime.

Menos lembrado, porém, é que embora classificada como meio de obtenção de prova,[201] a colaboração premiada serve também como indireta fonte investigatória, como inclusive indica o *nomen iuris* do

---

[201] "Lei da Criminalidade Organizada

CAPÍTULO II

DA INVESTIGAÇÃO E DOS MEIOS DE OBTENÇÃO DA PROVA

Art. 3º Em qualquer fase da persecução penal, serão permitidos, sem prejuízo de outros já previstos em lei, os seguintes meios de obtenção da prova:

I - colaboração premiada; [...]."

pertinente capítulo legal "Capítulo II - Da investigação e dos meios de obtenção da prova". É que na investigação de um crime pode vir seu autor a tornar-se colaborador e então revelar (termo que utilizaram legislações precedentes) coautores, a estrutura criminosa, o paradeiro do produto do crime e informações que possam ajudar a salvar a vítima íntegra. Estará o colaborador então realizando resultados legalmente previstos (art. 4º da Lei da Criminalidade Organizada), não como meio de obtenção de provas, mas ainda antes, como fonte de conhecimento da inteireza do crime – função investigatória.

Nesse sentido inclusive alerta Bottino, ao ressaltar também a exigência da corroboração dessa prova unilateral:

> Fica evidenciada, portanto, a natureza da colaboração premiada como meio de investigação, e não como meio de prova, sendo necessário que as declarações de réus colaboradores somente sejam utilizadas como fundamento de uma decisão judicial quando a parte acusatória, pelos meios próprios de investigação e de forma independente, produzir outras provas com existência independente (periciais, documentais e mesmo testemunhais) que corroborem tais declarações.[202]

E também Gustavo Badaró, que alerta para o limite da compreensão dos meios de obtenção de prova:

> A diferença é que, enquanto os meios de prova são aptos a servir, diretamente ao convencimento do juiz sobre a veracidade ou não de uma afirmação fática, como por exemplo, o depoimento de uma testemunha, ou o teor de uma escritura pública, os meios de obtenção de prova, que no caso, seria por exemplo uma busca e apreensão, são instrumentos para a colheita de elementos ou fontes de prova, e estes sim, aptos a convencer o juiz.[203]

Embora assim possível o uso da colaboração como fonte investigatória, isso se dará exclusivamente de modo incidental em uma válida investigação criminal em desenvolvimento. Não pode o Estado começar negociação com colaborador que não seja perseguido por crime previamente revelado, ou pretender que o investigado por um crime venha a revelar crimes outros, como se salientou no princípio da uti-

---

[202] BOTTINO, Thiago. Colaboração premiada e incentivos à cooperação no processo penal: uma análise crítica dos acordos firmados na "Operação Lava Jato". *Revista Brasileira de Ciências Criminais*, v. 122, ago. 2016. Disponível em: https://dialnet.unirioja.es/servlet/articulo?codigo=5719892. Acesso em: 4 set. 2020.

[203] BADARÓ, 2015, p. 266.

lidade,[204] transformando o processo penal em perseguição escolhida de pessoas, com direcionamentos investigatórios pelo colaborador ou pelo negociador estatal, em quadro de abuso investigatório.

É de se reconhecer que muitas vezes tem sido a colaboração diretamente meio de prova, quando nela são tomados depoimentos e colhidas provas, especialmente documentais e por gravações. Nessa situação a colaboração não é apenas acordo para futura apresentação de provas colaborativas, mas já é a própria reunião unilateral de provas, que precisarão ser devidas e completamente submetidas ao contraditório judicial.

Colaboração premiada é meio de obtenção de prova durante investigação válida, podendo incidentalmente ser fonte de conhecimento investigatório na revelação de outros agentes e estruturação da mesma prática criminosa.

Finalmente, a competência para a homologação do acordo é do mesmo juízo competente para o processo. É decisão judicial incidental. Assim ocorre a vinculação desse incidente ao juízo competente para o processo criminal, por fatos contidos nesse processo.

Pelo já examinado critério da utilidade[205] não se podem admitir delações sobre crimes ou agentes fora dos limites do processo, sob pena de serem provocados procedimentos investigatórios direcionados (a pessoas ou fatos selecionados), com inadmissível pessoalização na escolha e no início da persecução criminal.

Com o exame da competência novo argumento surge a justificar a vinculação ao critério da utilidade: evita-se a apuração de crimes de outras varas (até em diferentes estados da federação), jurisdições (de competência material), ou tribunais (em caso de foro funcional).

Mesmo se respeitando o critério da utilidade, podem ser reunidos em delação dois ou mais processos de um agente ou grupo criminoso, quando então a competência precisará seguir igual regra de participação de agentes ministeriais e juízes de todas as unidades jurisdicionais. Se dois processos tramitam em varas diferentes, sem conexão, a delação não os unirá, mas exigirá que sejam os acordos propostos (atuação do promotor natural) e homologados (atuação do juiz natural) em ambas as varas criminais.

---

204 Na subseção "Critério da utilidade" do presente livro.

205 Na subseção "Critérios estáveis da legislação premial", do capítulo "Caracteres estáveis da colaboração premiada".

Denegado ou não homologado o acordo em uma unidade jurisdicional, restará aos negociadores seguirem com o acordo em um só processo (o outro seguindo normalmente), ou rescindirem o acordo por completo.

Erros de competência têm se repetido na prática das homologações, acordando indevidamente não persecução por fatos perseguidos em processos da competência de outros juízos, ou fixando então favores de redução de pena, sem participação dos juízos competentes e, muitas vezes, sem sequer participarem dessas negociações os agentes ministeriais do foro competente.

Tampouco poderá homologar o acordo tribunal superior aos juízos competentes. Não pode ser esse o caminho, pela falta de participação simultaneamente do promotor e do juiz natural. A preeminência jurisdicional não absorve ou retira a competência das varas criminais.

Outro aspecto é a incompetência para a homologação. Embora a homologação seja decisão judicial, quando caberia o tratamento de nulidade em situação de incompetência absoluta,[206] como se trata então de erro estatal (na definição primeira de competência) em negócio jurídico já em desenvolvimento, o caminho deve ser diverso: não poderá o particular colaborador que cumpre suas obrigações do acordo (total ou parcialmente) ser prejudicado pelo estado, que deverá então cumprir as obrigações assumidas, mesmo com homologação por juízo incompetente.[207] É a compreensão de que sendo o Estado ao mesmo tempo negociador (por um representante) e aferidor da legalidade (por outro representante, o magistrado), isto lhe impede alegar erro de ne-

---

[206] "Código de Processo Penal, art. 567. A incompetência do juízo anula somente os atos decisórios, devendo o processo, quando for declarada a nulidade, ser remetido ao juiz competente."

[207] "Nesse sentido:

Ementa PENAL E PROCESSO PENAL. CORREIÇÃO PARCIAL. DELAÇÃO PREMIADA. TERMO DE ACORDO. HOMOLOGAÇÃO. EFEITOS.

Sendo casuística e com efeitos limitados ao processo, a homologação judicial de termos de colaboração por delação premiada somente pode dar-se perante o magistrado da causa, juiz natural para o feito, pelo que o acordo homologado no TRF 4ª Região não pode ser compreendido como a envolver outras várias ações penais, descabendo sua pretendida extensão automática.

(TRF4, SÉTIMA TURMA, CORREIÇÃO PARCIAL 2007.04.00.039556-6/PR, j. 22/01/2008, Relator NÉFI CORDEIRO)."

gociação ou de conferência para elidir sua responsabilidade na avença – princípio *venire contra factum proprium*.[208] É também respeito do negociante à contraprestação já efetivada pelo colaborador.

Finalmente, realizada homologação válida, a mudança posterior de competência não permitirá a revisão do ato jurisdicional de homologação perfeito e acabado. Isso se verificou em vários processos onde havia sido homologada a colaboração premiada no Supremo Tribunal Federal e, após a mudança da compreensão quanto à extensão do foro funcional,[209] vieram esses procedimentos criminais a baixar para outras uni-

---

[208] O termo será reafirmado na subseção "Controle judicial na sentença".

[209] "Ementa: Direito Constitucional e Processual Penal. Questão de Ordem em Ação Penal. Limitação do foro por prerrogativa de função aos crimes praticados no cargo e em razão dele. Estabelecimento de marco temporal de fixação de competência. I. Quanto ao sentido e alcance do foro por prerrogativa 1. O foro por prerrogativa de função, ou foro privilegiado, na interpretação até aqui adotada pelo Supremo Tribunal Federal, alcança todos os crimes de que são acusados os agentes públicos previstos no art. 102, I, b e c da Constituição, inclusive os praticados antes da investidura no cargo e os que não guardam qualquer relação com o seu exercício. 2. Impõe-se, todavia, a alteração desta linha de entendimento, para restringir o foro privilegiado aos crimes praticados no cargo e em razão do cargo. É que a prática atual não realiza adequadamente princípios constitucionais estruturantes, como igualdade e república, por impedir, em grande número de casos, a responsabilização de agentes públicos por crimes de naturezas diversas. Além disso, a falta de efetividade mínima do sistema penal, nesses casos, frustra valores constitucionais importantes, como a probidade e a moralidade administrativa. 3. Para assegurar que a prerrogativa de foro sirva ao seu papel constitucional de garantir o livre exercício das funções – e não ao fim ilegítimo de assegurar impunidade – é indispensável que haja relação de causalidade entre o crime imputado e o exercício do cargo. A experiência e as estatísticas revelam a manifesta disfuncionalidade do sistema, causando indignação à sociedade e trazendo desprestígio para o Supremo. 4. A orientação aqui preconizada encontra-se em harmonia com diversos precedentes do STF. De fato, o Tribunal adotou idêntica lógica ao condicionar a imunidade parlamentar material – i.e., a que os protege por 2 suas opiniões, palavras e votos – à exigência de que a manifestação tivesse relação com o exercício do mandato. Ademais, em inúmeros casos, o STF realizou interpretação restritiva de suas competências constitucionais, para adequá-las às suas finalidades. Precedentes. II. Quanto ao momento da fixação definitiva da competência do STF 5. A partir do final da instrução processual, com a publicação do despacho de intimação para apresentação de alegações finais, a competência para processar e julgar ações penais – do STF ou de qualquer outro órgão – não será mais afetada em razão de o agente público vir a ocupar outro cargo ou deixar o cargo que ocupava, qualquer que seja o motivo. A jurisprudência desta Corte admite a possibilidade de prorrogação de competências constitucio-

dades jurisdicionais – a delação já homologada era e continuará sendo válida e imponível, não podendo ser revista pelos novos agentes ministeriais ou juízes do processo, salvo com a concordância do colaborador.

1.2. NEGOCIADORES

O Estado realiza contratos de direito público, negociando com particulares, mas mantendo suas prerrogativas de autoridade, como Administração Pública. Conforme Mello, nesse contrato administrativo as prerrogativas da Administração Pública existem por força de lei ou das cláusulas exorbitantes.[210]

Na colaboração premiada permanece o Estado com suas prerrogativas, pois age em razão e dentro do poder persecutório criminal da administração pública. Não há igualdade entre negociadores, mas tampouco poderá o representante estatal agir por motivos egoísticos (favorecendo ou prejudicando potenciais colaboradores), violando o constitucional princípio da impessoalidade.

A negociação pelos representantes estatais não pode se basear em má-fé. Particulares podem buscar maiores vantagens em negociações e o limite do erro será casuisticamente então aferido. O Estado, porém, não pode buscar vantagens em detrimento de particulares, baseado no engano:

---

nais quando necessária para preservar a efetividade e a racionalidade da prestação jurisdicional. Precedentes. III. Conclusão 6. Resolução da questão de ordem com a fixação das seguintes teses: "(i) O foro por prerrogativa de função aplica-se apenas aos crimes cometidos durante o exercício do cargo e relacionados às funções desempenhadas; e (ii) Após o final da instrução processual, com a publicação do despacho de intimação para apresentação de alegações finais, a competência para processar e julgar ações penais não será mais afetada em razão de o agente público vir a ocupar cargo ou deixar o cargo que ocupava, qualquer que seja o motivo". 7. Aplicação da nova linha interpretativa aos processos em curso. Ressalva de todos os atos praticados e decisões proferidas pelo STF e demais juízos com base na jurisprudência anterior. 8. Como resultado, determinação de baixa da ação penal ao Juízo da 256ª Zona Eleitoral do Rio de Janeiro, em razão de o réu ter renunciado ao cargo de Deputado Federal e tendo em vista que a instrução processual já havia sido finalizada perante a 1ª instância.
(AP 937 QO, Relator(a): Min. ROBERTO BARROSO, Tribunal Pleno, julgado em 03/05/2018, ACÓRDÃO ELETRÔNICO DJe-265 DIVULG 10-12-2018 PUBLIC 11-12-2018)."

210 MELLO, 2013.

> [...] a postura do Ministério Público e da autoridade policial, durante todo o procedimento da colaboração premiada deve ser marcada pela transparência [...] o colaborador tem o direito à informação e, por isso, a comunicação durante todo o procedimento de colaboração premiada deverá ser franca e sincera.[211]

Realmente, o Estado não pode esconder provas, alegar acusações sem justa causa, enganar para conseguir colaborações maiores. De outro lado, os colaboradores precisam detalhar as provas e informações que trarão para colaborar com a carga acusatória no processo. O representante do Estado usará essa amostra de provas para avaliar a viabilidade das promessas do colaborador e se há interesse estatal na negociação:

> Stephen Trott trata do início das negociações e aborda o dilema chamado "Catch 22", que consiste na situação em que o membro do Ministério Público pretende saber exatamente o que o pretenso colaborador tem a oferecer antes de firmar o acordo, enquanto que o réu, apesar de querer cooperar, tem receio de falar com medo da autoincriminação sem que lhe seja dada alguma garantia. A solução, segundo o autor, é "pedir uma amostra".[212]

Embora seja até usual exigir o representante estatal que já se apresentem provas – ao menos iniciais – nessa fase de pré-acordo, melhor é compreender que bastam indicadores da viabilidade das promessas pelo colaborador, que receberá os favores ao final pela proporção de cumprimento do que prometeu. Precisa é cumprir as promessas de provas durante a ação penal e não as trazer antecipadamente – inclusive arriscando-se a ver não realizado o acordo e já ter oferecido provas incriminatórias que, embora não possam ser utilizadas contra o colaborador, servem para a condenação de corréus e indiretamente o prejudicam como coacusado.

Hartmann considera, inclusive com base no modelo americano, que as provas apresentadas nessa fase de pré-acordo não podem ser utilizadas na ação penal:

> Diante disso, não há dúvidas de que, nos acordos de colaboração premiada, as declarações prestadas nas fases iniciais de negociações não podem – e nem devem – ser utilizadas como eventual prova no processo

---

[211] COSTA, 2017, p. 122.
[212] FONSECA, 2017, p. 111.

penal, caso não seja celebrado acordo. É preciso preservar a figura do corréu colaborador, mesmo em caso de insucesso das negociações, sob pena, inclusive, de se criar desincentivos à celebração de acordos.[213]

Não obstante efetivamente prejudicial à vontade de acordar, não há obstáculo legal e fica até difícil justificar que o representante estatal concorde em devolver provas do crime, mesmo formulando acordo nesse sentido. É que estará o agente ministerial negociando o que não é seu (a prova criminal não é propriedade das partes) e sem autorização legal para tanto: tomando conhecimento de provas do crime, o único obstáculo legal é seu uso contra quem as trouxe como colaborador. Poderá o Estado, pois, na falta de impedimento legal e sem autorização normativa para acordar em sentido diverso, utilizar da prova indiciária – porque colhida fora do contraditório – na posterior e eventual ação criminal.

Exposta a imputação acusatória viável e as promessas de colaboração viáveis, em negociação de boa-fé, o interesse de suprimento da carga probatória da culpa pelo Estado irá definir a realização do acordo e os favores correspondentes. Assim indica o Ministro Gilmar Mendes:

> A Lei 12.850/13, ao tratar da colaboração premiada, estabelece a obrigatoriedade de forma escrita para o "termo de acordo de colaboração premiada", que deverá conter "o relato de colaboração e seus possíveis resultados".
> Muito embora a lei não seja de todo clara no ponto, o termo de acordo de colaboração não precisa necessariamente conter todos os detalhes do depoimento do colaborador.
> A lavratura do termo de acordo é feita com base no até então negociado pelas partes. O colaborador revela, em linhas gerais, o que sabe e pretende relatar e as partes negociam os benefícios correspondentes. Mas o efetivo relato do que o delator sabe, em todos os seus detalhes, será, ao menos em regra, feito após a conclusão do negócio jurídico processual em um ou mais depoimentos.
> Daí se infere que o termo de acordo de colaboração deve conter a suma do que será delatado, mas não necessariamente os pormenores.
> (Rcl 23030, Relator(a): Min. GILMAR MENDES, julgado em 28/10/2016, publicado em PROCESSO ELETRÔNICO DJe-234 DIVULG 03/11/2016 PUBLIC 04/11/2016)

Faltando interesse estatal no acordo, este será denegado pelo representante estatal. A não admissão do acordo traz prejuízo aos interesses do potencial colaborador e precisará estar fundamentada.

---

[213] HARTMANN, 2019, p. 55.

Discordando o juiz, poderá usar do princípio devolutivo ministerial, previsto expressamente pelo § 2º do artigo 4º da Lei da Criminalidade Organizada.[214]

Para estabelecer o acordo, basta a formulação das obrigações do colaborador e favores estatais correspondentes, dentro dos limites legais expressos.[215] A prática tem revelado uma sucessão de propostas de acordo, de acordos parciais, de anexos vários e sucessivos... Se bem podem ser atos preparatórios e validamente tendentes a um melhor acordo, de outro lado podem gerar demora ou direcionamentos indevidos de persecução a específicas pessoas – é preciso limitar, no tempo e em procedimentos, os atos preparatórios da negociação, findando até se o caso com seu indeferimento, para permitir então o acesso revisional da Chefia do Ministério Público, pelo princípio devolutivo.

Na negociação, previu a Lei da Criminalidade Organizada a representação estatal através do Ministério Público ou do Delegado de Polícia (art. 4º, §§ 2º, 6º e 9º, assim como no art. 6º). Muito se criticou a negociação pelo Delegado de Polícia, que não é parte e não possui a titularidade do direito de ação.

Não obstante, é de se observar que a Lei da Criminalidade Organizada apenas manteve o critério de favor de pena, a ser aplicado exclusivamente pelo juiz, de modo que o simples requerimento (ainda que promovido em razão de negociação) pelo Delegado não o torna indevidamente parte do processo penal. Apenas reconhece a lei que não precisa o juiz da concordância ministerial para aplicar minorante em dosimetria da pena.

Adiante será até esposada compreensão até de que o favor de pena independe da negociação, podendo ser concedido até de ofício pelo magistrado, responsável pela aplicação da lei e especialmente pela dosimetria da pena do culpado. Se pode o favor de pena ser aplicado

---

[214] Lei da Criminalidade Organizada, art. 4º, § 2º Considerando a relevância da colaboração prestada, o Ministério Público, a qualquer tempo, e o delegado de polícia, nos autos do inquérito policial, com a manifestação do Ministério Público, poderão requerer ou representar ao juiz pela concessão de perdão judicial ao colaborador, ainda que esse benefício não tenha sido previsto na proposta inicial, aplicando-se, no que couber, o art. 28 do Decreto-Lei nº 3.689, de 3 de outubro de 1941 (Código de Processo Penal).

[215] Será detalhado no capítulo " Limites da negociação".

sem intervenção das partes, mal nenhuma haveria em ser o requerimento do favor baseado em negociação feita diretamente com a Autoridade Policial.

Ademais, como já se salientou ser indiretamente a colaboração premiada também fonte de conhecimento investigatório, torna-se então até natural a intervenção do Delegado de Polícia.

Violação processual em verdade haveria é se admitida fosse a não persecução criminal por acordo sem a adesão do Ministério Público. Até pode ser entabulado o acordo com o Delegado de Polícia prevendo a não oferta da denúncia ao colaborador, mas somente será essa proposta submetida à homologação judicial se com ela concordar o agente ministerial. Delegado não pode isoladamente negociar o direito de ação, mas nada lhe impede negociar favores de pena (redução, perdão ou penas substitutivas); o Delegado não pode abrir mão da persecução penal, mas nada lhe impede indicar essa proposta ao agente ministerial.

Assim compreendeu nosso Supremo Tribunal Federal, por maioria,[216] mantendo a constitucionalidade da Lei da Criminalidade Organizada na previsão da negociação estatal pelo Delegado de Polícia.

Embora legal a negociação tanto pelo Ministério Público como pelo Delegado de Polícia, não se pode negar o efeito possível de "leilão do acordo" entre os legitimados – o colaborador pode buscar o acordo mais vantajoso negociando ao mesmo tempo com dois legitimados...

Finalmente, o particular, autor do crime investigado ou processado, negocia seu direito de defesa e garantias processuais em troca de uma colaboração interessada no favor de pena, sempre assistido por sua defesa técnica.

1.3. AUTOCOLABORAÇÃO

Pelo exame da evolução das leis de colaboração premiada é percebido o tratamento estável da colaboração como minorante penal, a ser judicialmente dosada, até mesmo sem pedido das partes.

---

[216] Por maioria de votos, o plenário do Supremo Tribunal Federal decidiu na ADI 5508 ser constitucional a possibilidade de delegados de polícia realizarem acordos de colaboração premiada na fase do inquérito policial (julgamento 20/05/18).

O grande crescimento na lei atual da negociação fez tornar caminho normal para o favor de pena a proposta ajustada entre as partes para esse fim. Permaneceu a Lei da Colaboração Premiada, porém, a prever em várias disposições a expressão *requerimento das partes* (artigos 4º, *caput*, §§2º e 12).

É da atividade judicial a fixação da dosimetria da pena e sua é a avalição de terem sido provadas as hipóteses legais de minoração, independentemente de pedido expresso. Assim se dá na aplicação de qualquer minorante ou atenuante – constatada a situação típica, a redução da pena é obrigatória.

> Pode, é certo, revelar em juízo o que sabe além de apenas confessar e tentar obter benefícios de diminuição de pena diretamente do juiz, ex officio, na sentença. Todavia, corre todos os riscos daí decorrentes: como a nova lei não fala que o juiz pode aplicar os benefícios de ofício, o colaborador sem acordo formal.[217]

A colaboração premiada não pode ser diferente. Seja como redução de pena (até dois terços), seja como perdão judicial, seja enfim pela substituição por penas substitutivas, em todas hipóteses se tem a incidência de hipóteses legais de menor pena, a serem obrigatoriamente aplicadas pelo magistrado.

Em sentido contrário, manifesta Bottino:

> Ao contrário da delação, a colaboração premiada é realizada por meio de um acordo escrito, subscrito pelos representantes da parte acusatória, pelo suspeito ou acusado e seu defensor, e homologado pelo juiz. Esse é um grande diferencial em termos de incentivo ao criminoso que colabora, pois tanto as confissões como a delação trazem uma grande margem de incerteza no tocante ao benefício exato que será recebido.[218]

A distinção é feita pelo ordinário acordo prévio à colaboração. Não há impedimento legal, porém, para a valoração judicial como minorante. Aliás, não há como impedir a valoração judicial na dosimetria de causas legais, especialmente em favor do acusado. Assim é que permanece o juiz podendo fazer incidir melhoria ao acusado na resposta penal, mesmo de ofício.

---

217 FONSECA, 2017, p. 110.
218 BOTTINO, 2016, p. 374.

Também poderão as partes postular, independentemente de acordo prévio, que faça o juiz incidir as minorações legais.

A diferença nessa colaboração sem acordo é que não possui o acusado direito a favores estatais certos, pois sequer negociados – a admissão do favor e de sua extensão se dará por interpretação judicial na dosimetria da pena.

1.4. SUBSIDIARIEDADE OU "MULETA INVESTIGATÓRIA"

A Lei nº 9.296/96 (inciso II do art. 2º) previu a subsidiariedade da prova por interceptação telefônica, ao exigir que não seria ela admitida quando tenha o crime no máximo "pena de detenção" e "a prova puder ser feita por outros meios disponíveis".

São restrições para evitar que essa prova eficiente, mas muito invasiva, viesse a se tornar rotineira, prova primeira, invadindo a privacidade dos cidadãos em investigações iniciais por crimes leves.

Essa preocupação também deveria estar presente na colaboração premiada, pois com a amplitude do conceito de crime organizado muitos crimes leves estarão inseridos nesse enquadramento e tenderá a eficiente prova da colaboração a vulgarizar-se.

Mesmo com as restrições legais houve crescente e até ampliada admissão jurisprudencial a casos de quebras de sigilo telefônico. Especialmente pela teoria da serendipidade (encontro fortuito de provas) e pela teoria do acesso pleno à Administração Pública quando um de seus órgãos já tenha tido acesso à informação, passaram a ser utilizadas provas de escutas telefônicas para crimes com qualquer pena e até para responsabilização disciplinar. É a constatação de que a via investigativa mais fácil, mais eficiente, será naturalmente a preferida.

Na colaboração premiada já não existem restrições legais, pelo que é ainda maior o risco de vulgarização desse instrumento. Esperava-se nesse instituto obter a colaboração do motorista para perseguir uma quadrilha mafiosa e seu grande chefe, esperava-se beneficiar a secretária para punir os grandes empresários fraudadores. Não deve ser a colaboração premiada meio de confissão generalizada de acusados, tornando impunes crimes graves, agentes perigosos, beneficiando justamente as condutas socialmente mais reprováveis. É mecanismo excepcional:

Não custa reforçar que o uso de um criminoso como testemunha, na expressão utilizada por Stephen Trott, deve ser excepcional, somente devendo ser uma opção para o Ministério Público se, "segundo sua avaliação mais cuidadosa, esse movimento significa um avanço em sua habilidade de vencer o caso."[219]

Ainda se precisará muito caminhar para o uso seletivo da colaboração premiada, para que não se confunda ela com acordos de confissão ("guilty plea"), para que se escolham melhor os beneficiários da colaboração e para que o Estado persecutor não se acomode com essa "muleta investigatória".

O dever investigatório do Estado e seu dever de cumprir a carga probatória da culpa pode sim ser minorado pela colaboração do acusado, mas quando razoavelmente (por sua conduta, pelo crime investigado, dificuldade probatória e ofertas de prova que apresente) isso se verifique como vantagem à sociedade. A carga probatória estatal não pode ser afastada por acomodação às facilidades geradas pela colaboração.

2. APLICAÇÃO DO FAVOR

O favor de pena é fixado pelo juiz na dosimetria, mas também prevê a lei a possibilidade da não persecução criminal. Surgem, assim, duas competências de poder para favores na colaboração premiada: judicial e ministerial. De outro lado, a proporção final do favor dependerá do resultado atingido pelo colaborador e isso também precisa ser melhor examinado.

2.1. FAVOR JUDICIAL E FAVOR MINISTERIAL

A evolução das leis de colaboração premiada a trataram em regra como favor de pena a ser aplicado pelo magistrado – reduzindo-a ou perdoando-a. Apenas na revogada Lei nº 10.409/2002 ficou prevista a negociação do Ministério Público, mas somente durante a investigação e sem previsão de procedimento.

O tratamento da lei atual como negócio jurídico, trouxe à colaboração premiada maior participação do Estado, especialmente pelo Ministério Público, mas não alterou a condição primária de favor de pena, a ser judicialmente aplicado.

---

[219] FONSECA, 2017, p. 110.

Claramente o legislador fixou a redução de pena (até dois terços), perdão judicial, ou substituição por restritiva de direitos de direitos como um favor de pena, e deixou expresso a quem competiria sua aplicação: o juiz.[220] Aqui apenas se manteve a tradição evolutiva das leis de colaboração premiada.

Inovação surge é com a criação de claro favor ministerial, quando prevê a Lei da Criminalidade Organizada que o Ministério Público poderá "deixar de oferecer denúncia"[221] quando seja o primeiro a colaborar e não seja líder da organização criminosa.

Surge então, de modo expresso, a prerrogativa ministerial de negociar direito próprio, como titular da ação pública:[222] poderá não denunciar, poderá renunciar a seu privativo direito persecutório. Aqui barganha o Ministério Público favor que se encontra em sua competência exclusiva, negocia o direito de ação – favor ministerial.

Torna a lei clara, pois, a distinção de favores de pena e de persecução, o primeiro a ser aplicado exclusivamente pelo juiz, o segundo a ser aplicado exclusivamente pelo agente ministerial. Nos dois favores há exigência de ato complexo, com a formação através de mais de um órgão estatal: a pena é reduzida a partir da homologação de negociação entabulada pelas partes, a não persecução criminal é negociada pelas partes e há homologação judicial.

Assim como não poderá o magistrado forçar o Ministério Público a denunciar, tampouco poderá o negociador estatal dosar a pena (fixando pena final, concreta), como será discutido nos capítulos posteriores.

---

220 "Lei da Criminalidade Organizada, art. 4º O juiz poderá, a requerimento das partes, conceder o perdão judicial, reduzir em até 2/3 (dois terços) a pena privativa de liberdade ou substituí-la por restritiva de direitos daquele que tenha colaborado efetiva e voluntariamente com a investigação e com o processo criminal [...]."

221 "Lei da Criminalidade Organizada, art 4º, § 4º Nas mesmas hipóteses do caput, o Ministério Público poderá deixar de oferecer denúncia se o colaborador:

I - não for o líder da organização criminosa;

II - for o primeiro a prestar efetiva colaboração nos termos deste artigo."

222 "Constituição Federal, art. 129. São funções institucionais do Ministério Público:

I - promover, privativamente, a ação penal pública, na forma da lei; [...]."

É racional a distinção dos favores, mantendo fundamentos do modelo acusatório de processo onde o juiz não pode iniciar ação criminal (obrigando o promotor a denunciar), mas não pode o acusador julgar o caso fixando pena (mesmo por acordo, não caberá na negociação pena dosada em montante certo).

2.2. FAVOR DE RESULTADO

Já se explicitou que historicamente é a colaboração premiada favor de resultado, premiando o atingimento daquilo exigido pela lei ou acordo.[223] Com a ampliação da negociação na atual colaboração premiada da Lei da Criminalidade Organizada, mais diretamente se vincula hoje o resultado eficiente às obrigações prometidas pelo colaborador.

São negociadas obrigações do colaborador para os estritos fins indicados no art. 4º da Lei da Criminalidade Organizada: identificação da estruturação criminosa, de coautores e seus crimes, a recuperação do proveito de crime e prevenção de novos crimes da organização criminosa, a localização íntegra da vítima. Outros objetivos de resultados podem até ser socialmente interessantes – como a descoberta de crimes fora da organização criminosa –, mas encontram-se fora da autorização legal de negociação.

A boa intenção do colaborador ineficiente continua não recebendo favor de pena, por não serem atingidas suas promessas – é favor de resultado e não de conduta (ou intenção). Realmente, como prevê a lei o resultado de localização íntegra da vítima, por exemplo, esse é o resultado necessário para a redução prometida – ações do colaborador para esse fim podem até permitir menor favor na dosimetria, mas não atingem ao resultado legal, condição necessária para o benefício prometido.

Não se faz discussão quanto à culpa do estado nas diligências para localizar a vítima, recuperar o produto do crime ou prevenção de infrações, já que a condição legal é de resultado e menos do que isso, como a plena colaboração do imputado, podem gerar redução de pena somente proporcional.

---

223 A subseção "Critério do resultado", do capítulo "Caracteres estáveis da colaboração premiada".

O atual §1º, do artigo 4º, da Lei da Criminalidade Organizada tempera a regra do favor proporcionalmente ao resultado quando indica que "[...] a concessão do benefício levará em conta a personalidade do colaborador, a natureza, as circunstâncias, a gravidade e a repercussão social do fato criminoso e a eficácia da colaboração."

Segue não sendo premiada a boa intenção, mas a eficiência do resultado passa a ser sopesada também com a boa personalidade e a grande dimensão gravosa do crime para justificar acordos mais vantajosos ao colaborador. Quanto mais eficaz o colaborador, quanto melhor inserido na sociedade (como integrante honesto, que contribui para o bem comum) e quanto mais grave o crime dos corréus, maiores os favores prometidos (na negociação) e concedidos (mesmo diretamente pelo juiz). Quanto menor a eficiência do resultado, quanto mais precária a inserção social do colaborador, quanto mais tenha ele atuado de modo reprovável no crime e quanto menor o dano social das condutas reveladas de corréus, menores serão os favores negociados e concedidos.

A lei nova não alterou a regra do favor de resultado, mas fixou na proporção de favores também critérios pessoais e relativos ao crime.

3. OBJETO DA DELAÇÃO

Alguns aspectos devem ser considerados na colaboração premiada e já a partir de sua opção como estratégia inafastável do acusado, que par sua defesa realiza a melhor escolha.

Também é preciso discutir a prática por demais ampliativa das delações, sem qualquer vínculo com o processo, fugindo do caminho histórico das colaborações premiadas e permitindo riscos de desvios pessoalizados para investigações por interesses pessoais.

Finalmente, o sigilo do acordo e a não admissão de sua impugnação pelos delatados traz preocupação não apenas pelo interesse daqueles atingidos pelos fatos revelados no acordo, como também prejudica o próprio controle social.

3.1. ESTRATÉGIA DE DEFESA

A colaboração do acusado pode se dar por razões morais de arrependimento e de busca do correto, mas também pode ocorrer por válida estratégia processual.

É a aplicação da teoria econômica do crime, em tempos modernos ressaltada por Becker na explicação de que a maioria dos homens escolheria praticar delitos se a utilidade esperada pelo crime excedesse a utilidade esperada do emprego do tempo em outras atividades, como um trabalho normal.[224] O ganho pelo crime supera o custo do risco de ser descoberto.

Se percebe o réu que o resultado do processo será a condenação, pode lhe ser interessante até confessar o crime, apenas para obter a atenuação da pena – pela confissão espontânea do art. 65, III, d, do Código Penal. É favor de pena que incidirá independentemente do bom intento do colaborador, bastando que seja utilizada a confissão como uma das provas da culpa na sentença.

Também na colaboração premiada pode o acusado compreender como melhor à sua defesa buscar a redução de pena – até perdão judicial ou não persecução criminal –, como simples estratégia no jogo da vida e do processo: assume culpa e contribui para a condenação de corréus, torna-se deles provável inimigo, mas tem diminuída sua responsabilização penal:

> A escolha consciente e voluntária pela colaboração premiada pressupõe um cálculo de custo-benefício, evidenciando o caráter utilitário da medida. O criminoso avaliará o benefício esperado (vantagens que receberá pela cooperação) e o custo esperado (aí considerados, de um lado, o risco em não cooperar, ou, de outro lado, os efeitos do descumprimento do acordo).[225]

A Teoria dos Jogos estuda escolhas de jogadores na tentativa de melhorar seu retorno. Em qualquer opção da vida tenderá o indivíduo a realizar a escolha que lhe pareça mais interessante – inclusive nas escolhas de estratégias do jogo processual.

Explica Cibele Fonseca que a teoria dos jogos ajuda na compreensão das opções humanas, que não se dão de modo aleatório e que na interação assumem o formato de um jogo, a partir de pressupostos que Cooter e Ulen indicam como sendo "as estratégias de cada jogador e os *payooffs* (ganhos ou retornos) de cada jogador para cada estratégia".[226]

---

224 BECKER, 1968.
225 BOTTINI, 2016, p. 381.
226 FONSECA, 2017, p. 216.

Ken Binmore demonstra que na verdade todas relações humanas desenvolvem-se por interesses, vantagens e riscos, como incidência da Teoria dos Jogos:

> Uma empresa e um sindicato que negociam o salário do próximo ano estão participando de um jogo de barganha. Quando candidatos opostos escolhem sua plataforma numa eleição, estão jogando um jogo político. O dono de uma mercearia que decide o preço de hoje para cereais está participando de um jogo econômico. Em suma, um jogo está sendo jogado sempre que seres humanos interagem.[227]

De outro lado, o direito, como relação humana, também está submetido a considerações de benefícios e riscos, como destaca Ronald Hilbrecht:

> Teoria dos jogos tem sido crescentemente utilizada no Direito, basicamente, por dois motivos. O primeiro é que teoria dos jogos provê uma estrutura de análise útil para prever o impacto de leis, constituições, normas sociais etc. na sociedade, pois estas representam restrições ao comportamento das pessoas. Consequentemente, agentes racionais levam em consideração essas restrições para escolher a melhor ação possível para alcançar seus próprios objetivos. Desta forma, a teoria dos jogos pode ajudar juristas e legisladores a analisar e entender as consequências de determinadas estruturas legais. O segundo motivo é que, por avaliar as consequências das leis, a teoria dos jogos pode ajudar profissionais das áreas jurídicas a desenharem sistemas legais para que os objetivos desejados sejam mais facilmente alcançados.[228]

Dentro da teoria dos jogos no direito, podem ser examinadas as negociações no processo, onde Alexandre Morais da Rosa expõe criticamente o perigo das vantagens estatais nessa desigual tratativa de acordo:

> Na lógica da delação/colaboração premiada, por exemplo, a ideia é desarmar o oponente, transformá-lo física, psicológica, midiática e materialmente desamparado, tornando-o impotente às possibilidades defensivas de resistência. Com isso, quanto mais rápida e violenta for a investida, inclusive com ameaças a terceiros e familiares, melhores os resultados.[229]

Realmente, a voluntariedade e plena consciência do colaborador, são mínimas condições para a adesão à barganha. A vida, porém, pelas dificuldades de lutar contra a força probatória ao dispor do estado perseguidor, pelas dificuldades financeiras e pelos riscos de altas penas, pode conduzir a uma deficiência na barganha do imputado.

---

227 BINMORE, 2007, p. 1. (tradução minha)
228 HILBRECHT, 2014, p. 115-116.
229 ROSA, 2019, p.87.

Dentro da Teoria dos Jogos surge o estudo do Dilema do Prisioneiro, onde cada jogador (preso) é incentivado a trair o outro (vantagens da delação), mesmo após lhe ter prometido não delatar. A escolha de manter a promessa de silêncio e a insegurança de pensar que o outro corréu poderá ser o primeiro delatar, contribuem para que o Estado gere conflitos, dúvidas e se favoreça com as colaborações interessadas:

> Não há como contestar. Seja por meio da matriz de *payoffs*, seja por meio da árvore de decisão, a estratégia dominante (ou seja, a melhor decisão) sempre será confessar primeiro, pois isso sempre significará menos tempo de prisão [...]
> Assim, o Ministério Público deverá, sempre, desenhar um mecanismo bem claro de incentivos para que o investigado/acusado/condenado opte por colaborar [...].[230]

Em exemplificação sobre a utilidade da estratégia, Cibele Fonseca cita:

> Na primeira sentença proferida, oito pessoas foram condenadas à prisão, em um processo célere para os padrões da Justiça brasileira (cerca de um ano entre denúncia e sentença), sendo que seis desses réus foram condenados a pagar uma indenização de quase 19 (dezenove) milhões de reais à Petrobras para compensar os prejuízos sofridos por causa dos desvios de que foi vítima a companhia.
> Foram aplicadas penas privativas de liberdade que variam de quatro a onze anos e seis meses de reclusão. Os primeiros réus colaboradores, Alberto Youssef e Paulo Roberto Costa, por sua vez, foram condenados, respectivamente - apenas nesse processo, eis que outros ainda serão julgados - a penas de nove anos e dois meses de prisão e sete anos e seis meses de prisão. O regime de pena acima de quatro anos impede a substituição por pena restritiva de direitos e a pena acima de oito anos tem que ser cumprida em inicialmente fechado.
> Contudo, ambos os réus colaboradores cumprirão apenas as penas acertadas no acordo que firmaram com o Ministério Público: Alberto Youssef cumpre três anos de reclusão em regime fechado e Paulo Roberto Costa cumpre um ano de prisão domiciliar e, em seguida, um ano recolhendo-se ao domicílio apenas nos finais de semana.[231]

A resistência da advocacia à colaboração premiada, inicialmente forte, esmaeceu-se com o tempo e hoje remanesce com raros advogados recusando-se a atuar na defesa de acusados que se tornam colaboradores. Em verdade, pelo prisma do acusado, se decide ele no jogo do pro-

---

[230] FONSECA, 2017, p. 218-219.
[231] FONSECA, 2017, p. 222-223.

cesso realizar a lícita escolha de trair seus companheiros de crime, não poderá seu advogado constituir-se em obstáculo aos seus interesses – a saída do advogado, evidentemente, é por razão moral pessoal e não por inconformismo com a escolha interessada de seu antigo cliente.

3.2. CRITÉRIO DA UTILIDADE

A utilidade é critério que demarca o momento e o alcance da colaboração premiada,[232] tendo a quase totalidade das leis anteriores vinculado a delação aos fatos do processo. A atual Lei da Criminalidade Organizada trouxe o maior número de resultados úteis já previsto, mas ainda assim manteve claramente o critério da utilidade: somente se negociam colaborações para os crimes do grupo criminoso perseguido.

Essa vinculação legal de resultado útil foi já no item anterior ressaltada ao indicar que agora se indicam como resultados: estrutura, autores, produto, vítima e se previnem apenas crimes da organização criminosa.[233] Pode até ser compreendida ampliação do resultado útil para crimes agora também fora do processo, mas se manteve ainda assim a vinculação a crimes do grupo criminoso.

Não se poderão negociar favores pela delação de crimes independentes, ou de pessoas fora daquele específico grupo criminoso. Enquanto útil a delação, poderá ela ser realizada, inclusive em fase de execução penal – cabendo então ao Juiz da Execução fazer incidir a minoração

---

[232] Subseção "Critério da utilidade", do capítulo "Caracteres estáveis da colaboração premiada".

[233] "Lei da Criminalidade Organizada, art. 4º O juiz poderá, a requerimento das partes, conceder o perdão judicial, reduzir em até 2/3 (dois terços) a pena privativa de liberdade ou substituí-la por restritiva de direitos daquele que tenha colaborado efetiva e voluntariamente com a investigação e com o processo criminal, desde que dessa colaboração advenha um ou mais dos seguintes resultados:

I - a identificação dos demais coautores e partícipes da organização criminosa e das infrações penais por eles praticadas;

II - a revelação da estrutura hierárquica e da divisão de tarefas da organização criminosa;

III - a prevenção de infrações penais decorrentes das atividades da organização criminosa;

IV - a recuperação total ou parcial do produto ou do proveito das infrações penais praticadas pela organização criminosa;

V - a localização de eventual vítima com a sua integridade física preservada."

de pena acordada – por isso a previsão de requerimento "a qualquer tempo", do § 2º, do art. 4º, da Lei da Criminalidade Organizada. Não se torna então provisória a pena fixada no processo, mas se faz incidir no competente juízo a causa nova de minoração da pena, como analogamente se dá no inciso III do art. 66 da Lei de Execução Penal.[234]

No mesmo sentido, Rogério Sanches Cunha e outros ressaltam que a previsão legal de limitação da delação aos fatos admitidos pela lei, referentes à organização criminosa, em verdade já se encontravam limitados desde a Lei nº 9807/99, que no seu artigo 13 previa a limitação aos "demais coautores e partícipes", a tornar claro que é útil à colaboração informações apenas referentes a crimes dos quais participe o colaborador e não crimes de terceiros ou que não são objeto da investigação e persecução criminal.[235]

A nova Lei Anticrime deixa ainda mais clara a vinculação da utilidade aos limites do crime legalmente permitido para a delação e investigado, quando vem a expressar como limite apenas os fatos ilícitos para os quais concorreu e que tenham relação direta com os fatos investigados (§ 3º do art. 3º-C da Lei nº 12.850/2013), como será desenvolvido na subseção "Limite de utilidade da delação", dentro do capítulo "Colaboração premiada na lei anticrime".

Em contrário, embora antes do novo acréscimo legal, a Primeira Turma do Supremo Tribunal Federal, no Inq. 4.405 AgR, de relatoria do Ministro Luís Roberto Barroso, decidiu ser possível a aplicação de benefícios extralegais, pois o princípio da legalidade seria uma garantia ao cidadão que, assim, poderia preferir a pena negociada:

> 4. A fixação de sanções premiais não expressamente previstas na Lei nº 12.850/2013, mas aceitas de modo livre e consciente pelo investigado não geram invalidade do acordo. O princípio da legalidade veda a imposição

---

[234] "Lei nº 7.210/84, art. 66. Compete ao Juiz da execução:
[...] III - decidir sobre:
a) soma ou unificação de penas;
b) progressão ou regressão nos regimes;
c) detração e remição da pena;
d) suspensão condicional da pena;
e) livramento condicional;
f) incidentes da execução."

[235] CUNHA et al., 2020.

de penas mais graves do que as previstas em lei, por ser garantia instituída em favor do jurisdicionado em face do Estado. Deste modo, não viola o princípio da legalidade a fixação de pena mais favorável, não havendo falar-se em observância da garantia contra o garantido. 5. Agravo regimental a que se nega provimento.

(Inq 4405 AgR, Relator(a): ROBERTO BARROSO, Primeira Turma, julgado em 27/02/2018, ACÓRDÃO ELETRÔNICO DJe-064 DIVULG 04-04-2018 PUBLIC 05-04-2018)[236]

---

236 "Em inteiro teor da ementa:
DIREITO PROCESSUAL PENAL. INQUÉRITO. ACESSO AOS ACORDOS DE COLABORAÇÃO PREMIADA. ILEGITIMIDADE DO INVESTIGADO. SIGILO IMPOSTO POR LEI. INVALIDADE DO ACORDO QUE, SEQUER EM TESE, PODERIA GERAR INVALIDADE DAS PROVAS. DESPROVIMENTO DO AGRAVO. 1. O Plenário do Supremo Tribunal Federal já firmou entendimento, em mais de uma ocasião (HC 127483 e PET 7074-AgR), no sentido de que o delatado não possui legitimidade para impugnar o acordo de colaboração premiada. É que seu interesse se restringe aos elementos de prova obtidos a partir dos acordos de colaboração premiada, e eventual ação penal seria o foro próprio para esta impugnação. A mudança jurisprudencial ocasional gera insegurança jurídica e reduz a confiança na jurisdição. 2. A negativa de acesso aos acordos de colaboração premiada pelo investigado delatado não afronta o enunciado de súmula vinculante nº 14, na medida em que não é o acordo em si que repercute na esfera jurídica do investigado, mas os elementos de prova produzidos a partir dele. E tais elementos estão nos autos, em especial, o depoimento dos colaboradores e os documentos por eles fornecidos. Após o recebimento da denúncia, se for o caso de instaurar a ação penal, o acordo será público e o investigado terá acesso a ele. 3.Eventuais ilegalidades em acordos de colaboração premiada não geram automaticamente a ilicitude das provas obtidas a partir dele. Isso porque o acordo, por si só, é apenas o instrumento por meio do qual o colaborador se obriga a fornecer os elementos de prova. Deste modo, apenas vícios de vontade do colaborador podem, em tese, gerar invalidade das provas produzidas. No caso sob exame, o acordo foi devidamente homologado pela autoridade competente (Presidente do Supremo Tribunal Federal), afastando, de plano e formalmente, qualquer ilegalidade ou vício de vontade. 4. A fixação de sanções premiais não expressamente previstas na Lei nº 12.850/2013, mas aceitas de modo livre e consciente pelo investigado não geram invalidade do acordo. O princípio da legalidade veda a imposição de penas mais graves do que as previstas em lei, por ser garantia instituída em favor do jurisdicionado em face do Estado. Deste modo, não viola o princípio da legalidade a fixação de pena mais favorável, não havendo falar-se em observância da garantia contra o garantido. 5. Agravo regimental a que se nega provimento.

(Inq 4405 AgR, Relator(a): ROBERTO BARROSO, Primeira Turma, julgado em 27/02/2018, ACÓRDÃO ELETRÔNICO DJe-064 DIVULG 04-04-2018 PUBLIC 05-04-2018)."

É raciocínio válido no direito, da ponderação de princípios, pela vedação ao uso de direitos para prejudicar ao protegido – a lei seria limite ao Estado em favor do perseguido, que não poderia pelo direito à legalidade estrita ser prejudicado em melhor opção de penas negociadas.

Concessa venia, aparente e ilusório direito, aparentes e ilusórias vantagens. Primeiro porque se há como cidadão diretamente interessado o imputado, de outro lado outros cidadãos também possuem legítimo interesse a uma condenação justa: a vítima e toda a sociedade, como já reconheceu inclusive a Corte Interamericana de Direitos Humanos ao condenar o Brasil pela ineficiente persecução criminal: caso Sétimo Garibaldi, em setembro de 2009, reconhecendo que há violação a direitos humanos pela não persecução criminal eficiente. Segundo porque a abertura do direito penal à razoabilidade e bom senso judicial permitem abusos incontroláveis, pela dificuldade e subjetividade da aplicação desses conceitos, que bem poderão gerar discutíveis penas de "não beber", frequentar missa, comparecer diariamente ao local do crime. A imaginação humana e dos juízes não terá limites e muito se discutirá se a pena negociada é melhor para o réu e se é suficiente sua concordância.

Ao contrário da bem lançada fundamentação, é de se reiterar que direito penal e processual penal não permitem ações persecutórias fora dos limites da estrita legalidade, independentemente de razoabilidade, bom senso ou boas intenções. É segurança jurídica exigível frente ao imputado e frente aos relevantes (e inafastáveis) interesses sociais de eficiente e justa persecução criminal.

A descoberta acidental de crimes – a serendipidade – não fica impedida por esta regra da utilidade: crimes ocasionalmente descobertos poderão ser perseguidos. O que se impede é o direcionamento proposital para delações fora do processo – de crimes outros e de agentes fora do grupo criminoso.

O proposital direcionamento para fora dos limites legais da delação, da regra da utilidade, transforma a pretensa descoberta acidental de crimes em abuso por direcionamento pessoalizado estatal. Isso já se reconheceu, analogamente, na anulação de investigação que pretendia ter encontrado fortuitamente provas contra autoridade com prerrogativa de foro, quando compreendeu a Suprema Corte que em verdade se dava direcionamento proposital e inválido da investigação contra essa autoridade (direcionamento investigatório inválido):

Tendo a Segunda Turma reconhecido que as provas em questão foram produzidas em manifesta usurpação da competência do STF, necessária se faz a invalidação das interceptações telefônicas relacionadas às operações em apreço, bem como de todas as provas diretamente delas derivadas", destacou o relator em seu voto. De acordo com o ministro Gilmar Mendes, a declaração de nulidade das interceptações telefônicas só não geraria nulidade do PAD se houvesse provas obtidas por fontes independentes e autônomas. (MS 32788, Relator MIN. GILMAR MENDES, Notícias STF, 05 de dezembro de 2017)

Não podem ser diretamente negociadas delações por crimes fora do processo e do agrupamento criminoso, pois fora dos limites úteis do processo e fora da previsão legal. Inválida também é a simulação de delação dentro dos limites válidos para forçar em seu meio o surgimento da notícia de crimes fora do alcance legal – seria mera aparência de licitude a investigação direcionada contra pessoas ou fatos outros, por interesse pessoalizado dos negociadores.

3.3. SIGILO E IMPUGNAÇÃO DO ACORDO

A Lei da Criminalidade Organizada prevê o sigilo do acordo de colaboração premiada até a denúncia.[237] É proteção à investigação e à imagem dos delatados, que poderiam ser prejudicados por publicações de delações sem prova e sequer geradoras do processo.

O Supremo Tribunal Federal tem mantido o sigilo da colaboração e seus documentos até a decisão de recebimento da denúncia, como proteção da pessoa do colaborador e de seus próximos (artigo 5º, II) e para a garantia do êxito das investigações (artigo 7º, § 2º).

Admitia a jurisprudência que o sigilo para a utilidade das investigações poderia ceder ao exame concreto de desnecessidade do prolongamento de uma investigação sigilosa:

> Assim, após o recebimento da denúncia, juntando-se o termo de colaboração aos autos, o contraditório diferido é efetivado, passando o delatado e seu defensor a acessar toda a prova previamente produzida, desde que com autorização judicial, a fim de preservar a efetividade das investigações ainda em curso.

---

[237] "Art. 7º, § 3º O acordo de colaboração premiada deixa de ser sigiloso assim que recebida a denúncia, observado o disposto no art. 5º."

Importante lembrar que o Supremo Tribunal Federal admite o levantamento do sigilo de colaboração premiada até antes do recebimento da peça acusatória, desde que isso não prejudique o êxito das investigações. O bem jurídico maior é a publicidade dos atos processuais.
(HC 127483, Relator(a): Min. DIAS TOFFOLI, Tribunal Pleno, julgado em 27/08/2015, PROCESSO ELETRÔNICO DJe-021 DIVULG 03-02-2016 PUBLIC 04-02-2016)

A negociação da colaboração premiada não traz características de sigilo. A lei apenas prevê sigilo às investigações em desenvolvimento[238] e como medida excepcional.[239]

Realizadas as investigações decorrentes das informações trazidas pelo colaborador e cumpridas eventuais diligências em desenvolvimento, como a coleta do produto do crime ou salvamento da vítima, para o Estado não haveria qualquer relevante razão de mantença do sigilo.

O critério prevalente deve ser a publicidade de todo ato processual, salvo casuística necessidade de proteção temporária das informações, como deixou expressa a Súmula Vinculante 14:

> É direito do defensor, no interesse do representado, ter acesso amplo aos elementos de prova que, já documentados em procedimento investigatório realizado por órgão com competência de polícia judiciária, digam respeito ao exercício do direito de defesa.

De todo modo, a defesa precisa ter pleno acesso à investigação sigilosa antes da oitiva na fase do inquérito, como assegura o parágrafo único do artigo 23 da Lei da Criminalidade Organizada.

O sigilo se estende inclusive a Comissões Parlamentares de Inquérito, ainda que com hierarquia e poderes semelhantes ao judicial:[240]

---

[238] Art. 7º.

[239] "Art. 23. Lei da Criminalidade Organizada, art. 23. O sigilo da investigação poderá ser decretado pela autoridade judicial competente, para garantia da celeridade e da eficácia das diligências investigatórias, assegurando-se ao defensor, no interesse do representado, amplo acesso aos elementos de prova que digam respeito ao exercício do direito de defesa, devidamente precedido de autorização judicial, ressalvados os referentes às diligências em andamento.

Parágrafo único. Determinado o depoimento do investigado, seu defensor terá assegurada a prévia vista dos autos, ainda que classificados como sigilosos, no prazo mínimo de 3 (três) dias que antecedem ao ato, podendo ser ampliado, a critério da autoridade responsável pela investigação."

[240] Art. 7º da Lei nº 12.850/2013.

2. É plausível a tese segundo a qual, antes do recebimento da denúncia, o acesso aos depoimentos colhidos em regime de colaboração premiada é restrito ao juiz, ao membro do Ministério Público, ao delegado de polícia e aos defensores que atuam nos autos, excluindo-se outras autoridades, ainda que com hierarquia e poderes semelhantes (art. 7º da Lei nº 12.850/2013).
16. O sigilo previsto no art. 7º da Lei nº 12.850/2013, portanto, é instituído "como forma de garantir o êxito das investigações" (§ 2º), e, por isso mesmo, vale apenas temporariamente, até o recebimento da denúncia (§ 3º). Como se percebe, o sigilo é da essência da investigação.
17. Portanto, está longe de ser teratológica a interpretação segundo a qual, até o recebimento da denúncia, o acesso aos depoimentos colhidos em regime de colaboração premiada é restrito ao juiz, ao membro do Ministério Público, ao delegado de polícia e aos defensores que atuam nos respectivos autos. Isto porque a divulgação de dados durante o período crítico que antecede o recebimento da denúncia – ainda que para autoridades com hierarquia e poderes semelhantes – poderia comprometer o sucesso das apurações, bem como o conteúdo dos depoimentos ainda a serem colhidos e a decisão de eventuais envolvidos em colaborar ou não com a Justiça.

É de se esclarecer, ainda, que a nova Lei Anticrime alterou essa possibilidade na prática admitida de antecipação da publicidade, exigindo o sigilo sempre até o recebimento da denúncia – art. 7º § 3º - "sendo vedado ao magistrado decidir por sua publicidade em qualquer hipótese" –, como se verá no capítulo "Colaboração premiada na lei anticrime". Prevaleceu então o outro foco de preocupação do sigilo, o da proteção à imagem dos delatados, que somente estariam sujeitos à publicidade quando afirmada a justa causa pelo recebimento da denúncia.

Outro aspecto é que não têm os tribunais superiores permitido acesso e impugnação pelos delatados ao acordo de colaboração. Há interesse direto dos delatados ao acesso e impugnação do acordo, além do próprio interesse social no controle dos critérios de barganha e no controle da impunidade de criminosos confessos.

Em sentido diverso, porém, definiu o Supremo Tribunal Federal que o acordo de colaboração, como negócio personalíssimo, interessa apenas aos negociantes, estando sua impugnação vedada aos delatados e à sociedade:

> 6. Por se tratar de negócio jurídico personalíssimo, o acordo de colaboração premiada não pode ser impugnado por coautores ou partícipes do colaborador na organização criminosa e nas infrações penais por ela praticadas, ainda que venham a ser expressamente nominados no respectivo instrumento no "relato da colaboração e seus possíveis resultados" (art. 6º, I, da Lei nº 12.850/13).

(HC 127483, Relator(a): Min. DIAS TOFFOLI, Tribunal Pleno, julgado em 27/08/2015, PROCESSO ELETRÔNICO DJe-021 DIVULG 03-02-2016 PUBLIC 04-02-2016)
PENAL E PROCESSO PENAL. RECURSO EM HABEAS CORPUS.

E também o Superior Tribunal de Justiça:

> 8. A jurisprudência dos Tribunais Superiores firmou-se no sentido de que a delação premiada constitui negócio jurídico personalíssimo, que gera obrigações e direitos entre as partes celebrantes, e que não interfere automaticamente na esfera jurídica de terceiros, razão pela qual estes, ainda que expressamente mencionados ou acusados pelo delator em suas declarações, não possuem legitimidade para questionar a validade do acordo celebrado. O delatado pode, na verdade, confrontar em juízo o que foi afirmado pelo delator. Precedentes do STF e do STJ.
> (RHC 73.043/DF, Rel. Ministro REYNALDO SOARES DA FONSECA, QUINTA TURMA, julgado em 12/12/2017, DJe 18/12/2017)
> 2. O acordo de colaboração, por si só, não atinge a esfera jurídica do delatado, uma vez que apenas as imputações contra ele feitas, caso comprovadas, é que podem ser usadas em seu desfavor, o que pode ocorrer independentemente de ser formalizado ou não um acordo com o delator.
> 3. Firmou-se na jurisprudência dos Tribunais Superiores o entendimento de que a delação premiada constitui negócio jurídico personalíssimo, que gera obrigações e direitos entre as partes celebrantes, e que não interfere automaticamente na esfera jurídica de terceiros, razão pela qual estes, ainda que expressamente mencionados ou acusados pelo delator em suas declarações, não possuem legitimidade para questionar a validade do acordo celebrado. Precedentes do STJ e do STF.
> 4. No caso dos autos, embora o recorrente não possua legitimidade para questionar a validade do acordo de colaboração premiada celebrado pelo corréu, pode confrontar em juízo o que foi afirmado pelo delator, bem como impugnar quaisquer medidas adotadas com base em tais declarações e demais provas delas decorrentes, circunstâncias que afastam a ocorrência de prejuízos à defesa.
> (RHC 43.776/SP, Rel. Ministro JORGE MUSSI, QUINTA TURMA, julgado em 14/09/2017, DJe 20/09/2017)

É compreensão bem fundamentada, mas que, *concessa venia*, rejeita os evidentes efeitos de mudança que o acordo de colaboração gera a todo processo, transformando réu em acusador, por favores subjetivamente fixados e pouco controláveis, que altera rito – gerando contraditório agora até entre acusados – e que deixa vulnerável a sociedade – quando vê criminosos recebendo pequena ou nenhuma pena.

Também os delatados possuem forte interesse em verificar os termos do acordo, os interesses do colaborador a uma proposta especialmente generosa de favores estatais... Nesse sentido manifestou-se o Ministro Gilmar Mendes:

> Um exemplo de questão que envolve a proteção de direitos fundamentais no cenário de justiça negociai é a posição adotada majoritariamente pelos Tribunais Superiores com relação ao cabimento de impugnações por corréus aos acordos firmados com delatores. Quanto aos delatados, entendeu-se que ele não tem legitimidade para impugnar o acordo, por "se tratar de negócio jurídico personalíssimo". O contraditório em relação aos delatados seria estabelecido nas ações penais instruídas com as provas produzidas pelo colaborador. Tal falta de interesse jurídico dos corréus delatados para impugnar o acordo de colaboração premiada foi reiterada em diversos precedentes do STF e do STJ. Contudo, há relevantes problematizações críticas, especialmente com relação à intangibilidade ao acordo que é acarretada por tal posição. Trata-se, portanto, de questão a ser analisada cautelosamente, carecendo, assim, de futuras reanálises pelos Tribunais.[241]

A Segunda Turma do Supremo Tribunal Federal debate o tema no HC 142,[205] com dois votos favoráveis à possibilidade de impugnação dos acordos de delação por terceiros, dos Ministros Gilmar Mendes e Ricardo Lewandowski, e um voto contrário, do Ministros Edson Fachin, mantendo a posição do plenário no tema, e com movimentação processual de devolução da vista da Ministra Cármen Lúcia para a finalização do julgamento.

Realmente, todo processo penal é público como regra,[242] até mesmo na fase investigatória,[243] de modo que apenas claras razões de proteção social podem justificar o excepcional sigilo.

Impedir o controle do acordo de delação é impedir a transparência da negociação do direito subsidiário estatal na persecução criminal. O estado age como delegatário da resposta punitiva social, mas inaceitavelmente a afasta controles dessa ação. A ninguém interessa manter o ilegal, o desarrazoado, o imoral.

---

241 MENDES *apud* CALLEGARI; LINHARES, 2019.

242 "Código de Processo Penal, art. 792. As audiências, sessões e os atos processuais serão, em regra, públicos e se realizarão nas sedes dos juízos e tribunais, com assistência dos escrivães, do secretário, do oficial de justiça que servir de porteiro, em dia e hora certos, ou previamente designados."

243 "Código de Processo Penal, art. 20. A autoridade assegurará no inquérito o sigilo necessário à elucidação do fato ou exigido pelo interesse da sociedade."

4. A COLABORAÇÃO E O PROCESSO

Como meio de obtenção de prova, com indiretos efeitos de gerar conhecimento investigatório, a colaboração ainda possui diversos aspectos processuais em definição.

Já o silêncio, embora condição para a colaboração, não pode ser compreendido como efetiva renúncia, como impossibilidade de no futuro vir o acusado a buscar se defender com versões diferentes, mesmo falsas – a consequência, se verá, é sobre os efeitos no acordo e não de impossibilidade de voltar o acusador a usar de seu direito constitucional.

Também merece exame a necessidade de corroboração das declarações do colaborador, pois prova unilateral de quem é interessado na condenação de corréus.

Finalmente, a garantia do contraditório precisa incidir à inteireza na nova figura que assume o acusado colaborador: réu formal, que na ação em parte de suas manifestações e provas encontra-se como aliado da acusação.

4.1. RENÚNCIA AO SILÊNCIO

A premissa de inafastabilidade das garantias constitucionais exige a compreensão de que surgem elas como limitação ao Estado em favor do cidadão que, deste modo, pode preferir delas abrir mão. Não se tratando da disposição de direitos de dignidade, mas de prestações estatais, mesmo por um não agir, nada impede que realmente prefira o cidadão vantagens outras – que entenda maiores – do que aquelas constitucionalmente asseguradas.

Assim é que possui o réu possui direito ao silêncio,[244] como expressão do princípio da não autoincriminação, mas pode preferir confessar o crime para obter a redução de pena pela confissão espontânea. Do mesmo modo, poderá o acusado colaborar não apenas para demonstração de sua culpa, mas também para auxiliar na prova da culpa de coautores, pretendendo ainda maiores favores pela lei. É opção da defesa.

---

[244] "Constituição Federal, art 5º, LXIII - o preso será informado de seus direitos, entre os quais o de permanecer calado, sendo-lhe assegurada a assistência da família e de advogado; [...]."

O cuidado a ser visto é que se trata de opção imediata, momentânea, cuja revisão no futuro não pode ser impedida. Assim como pode o confidente voltar atrás e negar o crime, inclusive sem perder o favor de pena se utilizada sua prévia confissão em seu prejuízo – como reconhece a jurisprudência ao tratar da confissão espontânea –, também poderá o colaborador deixar de atuar para cumprir suas obrigações, sendo resolvido o acordo.

Ao prever a Lei da Criminalidade Organizada que o réu renunciará ao direito de silêncio (art. 4º, § 14 da Lei da Criminalidade Organizada),[245] isto somente pode ser compreendido como uma escolha para o momento – realmente só pode negociar a colaboração quem concorda em dizer toda a verdade sobre os crimes e organização criminosa do processo. Nada impede, porém, que no futuro prefira o colaborador deixar de contribuir com a verdade integral e a consequência será o desfazimento do acordo.

No mesmo sentido manifesta Cibele Fonseca, ao expressar que não se pode renunciar a algo eternamente, abrindo mão do silêncio de forma absoluta e permanente:[246]

> Assim, o réu colaborador poderá retratar-se, voltando atrás na decisão de falar, conforme permite, inclusive, expressamente, o artigo 4o, § 10 da Lei nº 12.850/2013, que consagra ao réu colaborador o direito de se retratar, ou seja, de se arrepender, sem necessidade sequer de se justificar, garantindo que "as provas autoincriminatórias produzidas pelo colaborador não poderão ser utilizadas exclusivamente em seu desfavor".[247]

É a verdade plena condição lógica para a colaboração premiada. O Estado não possui interesse em verdades parciais, pela indicação de só alguns crimes ou autores, sendo conduzido pelo colaborador no direcionamento de quem perseguir criminalmente. O negócio da co-

---

[245] "Lei da Criminalidade Organizada, art 4º, § 14. Nos depoimentos que prestar, o colaborador renunciará, na presença de seu defensor, ao direito ao silêncio e estará sujeito ao compromisso legal de dizer a verdade."

[246] Cibele Fonseca cita exemplo de Pedro Augustin Adamy para demonstrar a temporalidade da renúncia, ao lembrar que é possível que: "O titular renuncie temporariamente ao exercício do seu direito de liberdade econômica e livre iniciativa ao pactuar que não atuará em determinado mercado, não comercializará determinado produto, ou não instalará concorrência numa determina da área, sem que com isso esteja a renunciar os seus direitos fundamentais à liberdade econômica e à livre iniciativa."

[247] FONSECA, 2017, p. 140.

laboração exige efetivamente a renúncia ao silêncio e a verdade plena, enquanto se quiser manter esse acordo. Quem colabora não silencia, não mente.

> Entende-se pressuposto da colaboração processual que o investigado confesse os fatos nos quais tenha participado, abrindo mão, de forma expressa, de seu direito constitucional ao silêncio, e comparecendo no processo na condição de testemunha/informante, o que os britânicos denominam de *crown witness*; a razão de ser da colaboração processual é a busca de provas internas à estrutura delituosa, em tese rígida e compartimentada, valendo-se de pessoa com conhecimento privilegiado exatamente pela condição de ter atuado nessa organização, ou em fatos delituosos por ela cometidos, portanto entende-se desbordar da gênese e razão de ser do instituto admitir sua configuração sem que o colaborador confesse os fatos nos quais tenha atuado.[248]

Não cumprindo mais o colaborador com a obrigação de agir pela verdade, dá-se a consequência de ser o contrato resolvido[249] com a mantença do equilíbrio das obrigações já cumpridas – a redução de pena proporcionalmente às provas aproveitadas.

4.2. CORROBORAÇÃO DA COLABORAÇÃO

O juízo de certeza da culpa possui muito discutíveis parâmetros de segurança. Nossa tradição brasileira não define patamares de certeza e prefere deixar à prudência judicial a livre valoração da prova e da culpa, mesmo penal.

Estabeleceu nosso Código de Processo Penal, porém, hipóteses de limitação à valoração probatória, aproximando-se do critério da prova legal ou da inadmissibilidade da prova, ao prever um requisito negativo – não será admitida. É o que prevê o art. 155:

> O juiz formará sua convicção pela livre apreciação da prova produzida em contraditório judicial, não podendo fundamentar sua decisão exclusivamente nos elementos informativos colhidos na investigação, ressalvadas as provas cautelares, não repetíveis e antecipadas.

A restrição legal nessa situação vem em favor do necessário conceito de provas, produzidas pelo contraditório, o que não ocorre na fase investigatória. Tampouco poderá o magistrado condenar apenas pela con-

---

[248] VALDEZ, 2016, p. 23.

[249] Será examinado na subseção "Desfazimento da colaboração", do capítulo "Caracteres estáveis da colaboração premiada".

fissão do acusado, exigindo a lei sua confirmação por outras provas.[250] A limitação agora se dá como garantia de prova plena, desinteressada.

Nesse caminho e sem novidades, inclusive em comparação com o direito americano informador,[251] é que veio a Lei da Criminalidade Organizada a prever que "Nenhuma sentença condenatória será proferida com fundamento apenas nas declarações de agente colaborador".[252] É reiteração de critério probatório mínimo, sem o qual é inadmissível o juízo de culpa.

Evidente é o interesse do colaborador na condenação do delatado, especialmente pelos correspondentes favores que terá com a admissão de eficácia no resultado de sua conduta. Se é interessado, não pode a verdade ser extraída apenas de seu depoimento.

É situação similar à da prova do inquérito, tratada como indiciária e valorada, mas em conjunto com as demais. O juízo da certeza depende de outros meios de provas confirmatórios. Esclarece Knijnik que a confirmação por elementos externos se caracteriza na "[...] identificação de uma prova independente, capaz de demonstrar e comprovar que a manifestação do cúmplice é verdadeira no que se refere a um corréu."[253]

Necessário ainda é tornar certo de que embora a lei expresse restrição probatória apenas às declarações, igual compreensão devem ter todas as outras provas que produza unilateralmente o colaborador: anotações em agenda, relatórios, gravações de voz. Em todas essas provas, a origem única do interessado delator impede sua admissão como prova plena.

Nesse sentido já reconheceu o Supremo Tribunal Federal, valendo exemplificar o acolhimento a essa tese em decisão do Ministro Celso de Melo:

---

[250] Código de Processo Penal, art. 197. "O valor da confissão se aferirá pelos critérios adotados para os outros elementos de prova, e para a sua apreciação o juiz deverá confrontá-la com as demais provas do processo, verificando se entre ela e estas existe compatibilidade ou concordância."

[251] Também na Itália e Espanha, por exemplo, é exigida corroboração da delação.

[252] § 16 do art. 4º.

[253] KNIJNIK, 2007, p. 109.

Registre-se, de outro lado, *por necessário*, que o Estado **não poderá** utilizar-se da denominada *"corroboração recíproca ou cruzada"*, *ou seja*, **não poderá impor** condenação ao réu **pelo fato** de *contra este* existir, *unicamente*, depoimento de agente colaborador **que tenha sido**
confirmado, tão somente, *por outros delatores*, valendo destacar, *quanto a esse aspecto*, a advertência do eminente Professor GUSTAVO BADARÓ ("O Valor Probatório da Delação Premiada: sobre o § 16 do art. 4º da Lei nº 12.850/2013")
PET 5700/STF

Hartmann bem conclui que os elementos corroborativos constitutivos da culpa são classificáveis como externos e principais, pois provenientes de fontes independentes às declarações do corréu colaborador e referentes ao fato acusatório principal, não sendo suficiente que apenas indiquem a veracidade das declarações do colaborador.[254] Por decorrência, não se admite corroboração na delação cruzada (*mutual corroboration*) ou por ter antes o delatado praticado fato similar (*similar fact principle*).

De outro lado, não se pode concordar com a conclusão de que:

> [...] o juízo de corroboração está inserido no plano de admissibilidade, e não no de valoração de provas, razão pela qual, não apresentados elementos corroborativos que atendam aos requisitos e pressupostos acima descritos, as declarações do corréu colaborador devem ser excluídas do processo.[255]

É que o tratamento dessa prova não corroborada é equivalente ao daquela colhida no inquérito policial ou da confissão, pela necessidade de corroboração (aqui com as provas da ação penal), e tranquila é a jurisprudência de que mesmo não sendo admissível a condenação exclusivamente pelas provas do inquérito se tem então provas válidas, mas insuficientes para o juízo condenatório – e não provas inadmissíveis e de necessária exclusão do processo.

A corroboração é limitação legal da carga probatória mínima para a culpa e gravames, não se constituindo em hipótese de prova inadmissível ao processo ou de sua invalidade.

Outro aspecto atual é a sequência de julgados rejeitando denúncias embasadas exclusivamente em declarações de colaborador:

---

[254] HARTMANN, 2019.

[255] HARTMANN, 2019, p. 183.

Se os depoimentos do réu colaborador, sem outras provas minimamente consistentes de corroboração, não podem conduzir à condenação, também não podem autorizar a instauração da ação penal, por padecerem da presunção relativa de falta de fidedignidade.

A colaboração premiada, como meio de obtenção de prova, tem aptidão para autorizar a deflagração da investigação preliminar, visando adquirir coisas materiais, traços ou declarações dotadas de força probatória. Essa, em verdade, constitui sua verdadeira vocação probatória.

Todavia, os depoimentos do colaborador premiado, sem outras provas idôneas de corroboração, não se revestem de densidade suficiente para lastrear um juízo positivo de admissibilidade da acusação, o qual exige a presença do fumus commissi delicti.[256]

---

[256] ˮEMENTA Inquérito. Corrupção passiva e lavagem de dinheiro (art. 317, § 1º, e art. 1º, § 4º, da Lei nº 9.613/98, c/c os arts. 29 e 69 do CP). Denúncia. Parlamentares federais. Suposto envolvimento em esquema de corrupção de agentes públicos relacionado à Diretoria de Abastecimento da Petrobras. Vantagens indevidas. Supostos recebimentos na forma de doações eleitorais oficiais, por intermédio de empresas de fachada e também em espécie. Imputações calcadas em depoimentos de réus colaboradores. Ausência de provas minimamente consistentes de corroboração. Fumus commissi delicti não demonstrado. Inexistência de justa causa para a ação penal. Denúncia rejeitada (art. 395, III, CPP) com relação aos parlamentares federais, com determinação de baixa dos autos ao primeiro grau quanto ao não detentor de prerrogativa de foro. 1. A justa causa para a ação penal consiste na exigência de suporte probatório mínimo a indicar a legitimidade da imputação e se traduz na existência, no inquérito policial ou nas peças de informação que instruem a denúncia, de elementos sérios e idôneos que demonstrem a materialidade do crime e de indícios razoáveis de autoria (Inq nº 3.719/DF, Segunda Turma, de minha relatoria, DJe de 29/10/14). 2. Na espécie, encontra-se ausente esse substrato probatório mínimo que autoriza a deflagração da ação penal. 3. Se os depoimentos do réu colaborador, sem outras provas minimamente consistentes de corroboração, não podem conduzir à condenação, também não podem autorizar a instauração da ação penal, por padecerem da presunção relativa de falta de fidedignidade. 4. A colaboração premiada, como meio de obtenção de prova, tem aptidão para autorizar a deflagração da investigação preliminar, visando adquirir coisas materiais, traços ou declarações dotadas de força probatória. Essa, em verdade, constitui sua verdadeira vocação probatória. 5. Todavia, os depoimentos do colaborador premiado, sem outras provas idôneas de corroboração, não se revestem de densidade suficiente para lastrear um juízo positivo de admissibilidade da acusação, o qual exige a presença do fumus commissi delicti. 6. O fumus commissi delicti, que se funda em um juízo de probabilidade de condenação, traduz-se, em nosso ordenamento, na prova da existência do crime e na presença de indícios suficientes de autoria. 7. Se "nenhuma sentença condenatória será proferida com fundamento apenas nas declarações de agente colaborador" (art. 4º, § 16, da Lei nº 12.850/13), é lícito concluir que essas declarações, por si sós, não autorizam a formulação de um juízo de probabilidade

(Inq 3994, Relator(a): Min. EDSON FACHIN, Relator(a) p/ Acórdão: Min. DIAS TOFFOLI, Segunda Turma, julgado em 18/12/2017, ACÓRDÃO ELETRÔNICO DJe-065 DIVULG 05-04-2018 PUBLIC 06-04-2018)

Embora não se classifiquem as declarações do colaborador como prova nula, as valoram como inadmissíveis para isolado fundamento da restrição de direitos e para a demonstração de autoria criminosa, a caracterizar a justa causa para a ação penal. Até seria normal a improcedência liminar da denúncia no rito da ação originária ao se considerar que haveria outras provas,[257] mas difícil é admitir que a delação de corréu, mesmo interessada, não possa sequer servir como indício e justificar o início da ação penal.

De todo modo, se deve reconhecer que na prática atual da investigação criminal é quase impossível surgirem na ação penal provas não conhecidas no inquérito. Por decorrência, se polícia e Ministério Público somente reuniram como prova declarações de colaboradores, muito provavelmente isso se repetiria na ação penal, o que impediria o juízo condenatório, por falta de corroboração dessa prova. O problema é que se fica então com uma probabilidade sustentada na presunção de completude de provas no inquérito policial, o que é um erro teórico – o inquérito é local apenas da justa causa, com provas do crime e ape-

---

de condenação e, por via de consequência, não permitem um juízo positivo de admissibilidade da acusação. 8. Como não há prova do conhecimento da suposta origem ilícita dos valores, não subsiste a imputação de corrupção passiva e fenece, por arrastamento, a de lavagem de capitais. 9. Não obstante, em sua contabilidade paralela, os colaboradores premiados tenham feito anotações pessoais que supostamente traduziriam pagamentos indevidos aos parlamentares federais, uma anotação unilateralmente feita em manuscrito particular não tem o condão de corroborar, por si só, o depoimento do colaborador, ainda que para fins de recebimento da denúncia. 10. Se o depoimento do colaborador necessita ser corroborado por fontes diversas de prova, evidente que uma anotação particular dele próprio emanada não pode servir, por si só, de instrumento de validação. 11. Denúncia rejeitada quanto aos parlamentares federais, nos termos do art. 395, III, do Código de Processo Penal, com determinação de baixa dos autos ao primeiro grau para as providências que se reputarem pertinentes em relação ao denunciado sem prerrogativa de foro. (Inq 3994, Relator(a): Min. EDSON FACHIN, Relator(a) p/ Acórdão: Min. DIAS TOFFOLI, Segunda Turma, julgado em 18/12/2017, ACÓRDÃO ELETRÔNICO DJe-065 DIVULG 05-04-2018 PUBLIC 06-04-2018)."

257 Lei nº 8.38/90, art. 6º - A seguir, o relator pedirá dia para que o Tribunal delibere sobre o recebimento, a rejeição da denúncia ou da queixa, ou a improcedência da acusação, se a decisão não depender de outras provas."

nas indícios de autoria – e uma decisão judicial baseada em hipótese. Tecnicamente melhor seria o recebimento da denúncia pelo indício de autoria que é o depoimento do delator, desde que provada a materialidade, e na sentença então avaliada a certeza da culpa penal.

Enfim, impedindo a admissão da culpa por prova unilateral, de colaborador, muito interessado no processo, bem limitou a Lei de Colaboração Premiada o valor probatório das declarações do colaborador, exigindo a confirmação por provas independentes e principais.

A vedação à admissão de culpa e de restrições de direitos por provas unilaterais do colaborador, vem na lei limitada à persecução criminal. A admissão atual a um direito sancionador pela doutrina e tendente jurisprudência, faz aproximar das punições administrativas a necessidade de observância dos princípios penais e processuais penais. Assim, é plenamente admissível e recomendável que sejam adotadas as restrições probatórias também na seara administrativa.

Não poderá o réu ser criminalmente atingido ou condenado apenas pela versão do delator; igual compreensão caberá para evitar a imposição de multas administrativas, afastamentos da função e punições disciplinares, por órgãos controladores ambientais, tributários e corregedorias.

Além da culpa final, criminal ou administrativa, deverá também a restrição de admissibilidade para gravames quaisquer, mesmo cautelares, aplicar-se também na seara administrativa sancionatória. É a imposição de limitação de valoração da prova e de sua admissibilidade para gravames em qualquer esfera punitiva estatal.

4.3. COLABORADOR E CONTRADITÓRIO

A prova somente pode como tal ser admitida quando produzida no devido processo legal e sob contraditório. É indispensável não apenas conhecer, mas poder refutar, contraprovar.

Especificou a Lei da Criminalidade Organizada serem públicas as provas, em regra, a partir do recebimento da denúncia[258] e isto confir-

---

[258] "Art. 7º. § 3º O acordo de colaboração premiada deixa de ser sigiloso assim que recebida a denúncia, observado o disposto no art. 5º."

mou o Supremo Tribunal Federal,[259] podendo ainda o sigilo ser levantado por casuística decisão judicial em favor da defesa, após concluídas na investigação provas em desenvolvimento.

É a regra da comunhão das provas, a exigir que uma vez produzida não possui ela dono ou destinação processual – serve a todos do processo, como meio indicador da verdade. Produzida a prova mesmo em colaboração ainda sigilosa, assim que concluída passa a ser necessário seu pleno acesso aos interessados no processo.[260]

Em verdade já se encontram hoje praticamente superadas interpretações de restrição de acesso ou de contraditório efetivo às provas. Inobstante o sigilo do acordo, as provas dele decorrentes, utilizadas ou não para o convencimento judicial, deverão ser disponibilizadas ao acesso e contraprova das partes do processo.[261]

Como concretização do contraditório, dever ser ao delatado permitido conhecer e atuar em face das razões e provas do delator de modo pleno, como se defronte ao acusador penal estivesse – pois essa intenção concretamente assume o colaborador, de auxiliar a acusação na

---

259 "SIGILO – ACORDO DE COLABORAÇÃO PREMIADA – LEI Nº 12.850/2013 – AFASTAMENTO. Uma vez realizadas as diligências cautelares, cuja indispensabilidade houver sido demonstrada a partir das declarações do colaborador, ou inexistentes estas, não subsiste razão para o sigilo. COLABORADOR – DADOS PESSOAIS – CONHECIMENTO PÚBLICO. Surge inócua a imposição de sigilo sobre conteúdo, indissociável da figura do colaborador, que já é de conhecimento público.

(Inq 4435 AgR, Relator(a): Min. MARCO AURÉLIO, Primeira Turma, julgado em 12/09/2017, ACÓRDÃO ELETRÔNICO DJe-029 DIVULG 16-02-2018 PUBLIC 19-02-2018)."

260 STF, Ministro Celso de Melo:

"**A postulação em causa**, *que tem suporte jurídico na Súmula Vinculante* nº 14/STF, **mostra-se acolhível, pois**, *mesmo tratando-se* de procedimento em regime de sigilo, *instaurado* com apoio em depoimento **prestado** *por agente colaborador* **na forma** da Lei nº 12.850/2013, **revela-se plenamente legítima** a pretensão de acesso aos autos **daquele** cuja suposta participação *em alegada prática delituosa* **constitui** objeto da delação manifestada ao Ministério Público **e/ou** à Polícia Judiciária, **cabendo** ao Poder Judiciário **garantir-lhe** *a possibilidade de conhecimento* das peças (**inclusive** *das declarações do agente colaborador*) a ele referentes. (Pet 5700)"

261 Em interessante precedente, o Superior Tribunal de Justiça compreendeu que não cabem perguntas do fato criminoso em oitiva sigilosa na colaboração premiada, como a produzir prova para conhecimento unilateral, mas isto não gera impedimento ou invalidade da delação homologada (HC 367156/MT, Rel. Ministro ANTONIO SALDANHA PALHEIRO, SEXTA TURMA, julgado em 09/03/2017)

condenação dos corréus. É que embora formalmente mantenha o colaborador a condição processual de acusado, materialmente em parte relevante de sua atuação atua como suplente acusatório, buscando a reunião de provas da culpa de corréus. Essa relevante distinção exige que já não mais seja o delatado impedido de acompanhar e reperguntar no interrogatório dos delatores, bem como exige venha o delatado a ser ouvido e a apresentar razões finais apenas em momento posterior aos delatores – não há como contradizer ou contraprovar o que não se conhece!

Assim é que poderá o acusado participar e reperguntar no interrogatório do corréu que o delata, ao menos no ponto que o incrimina, podendo através de seu advogado formular reperguntas[262] e exigir que deponham sobre os fatos que delatam:[263]

> [...] não resta dúvida, portanto, de que o delatado, no exercício do contraditório, terá o direito de inquirir o colaborador, seja na audiência de interrogatório, seja em audiência especificamente designada para esse fim. STF, HC 127.483/PR, Tribunal Pleno, Rel. Min. Dias Toffoli, j. 27.8.2015, p. 45.

Também não poderá o delatado ser interrogado antes dos corréus colaboradores, pois precisará ter conhecimento da carga probatória da acusação antes de exercer a autodefesa.

---

262 RECURSO ESPECIAL. PROCESSO PENAL. OITIVA DA TESTEMUNHA SEM A PRESENÇA DO RÉU. AUSÊNCIA DE NULIDADE. NEGATIVA DE PARTICIPAÇÃO NO INTERROGATÓRIO DO CORRÉU. CERCEAMENTO DE DEFESA. RECURSO PROVIDO.

1. O artigo 217 do Código de Processo Penal faculta ao juiz a inquirição da vítima ou da testemunha sem a presença do acusado, desde que devidamente representado por seu defensor e aquela manifeste constrangimento para depor em tal circunstância.

2. O devido processo legal, importante cláusula constitucional, congrega feixe de garantias que assegura, materialmente, o justo processo, daí defluindo o fundamento para se estabelecer a franca possibilidade da participação do advogado em interrogatório de réu diverso daquele que defende.

3. Recurso parcialmente provido.

(REsp 1181015/SP, Rel. Ministra MARIA THEREZA DE ASSIS MOURA, SEXTA TURMA, julgado em 19/03/2013, DJe 26/03/2013)."

263 United States Supreme Court, Washington v. Texas, 388 U.S. 14 (1967)

Nas alegações finais, recentemente decidiu a 2ª Turma do Supremo Tribunal Federal, por maioria, que arrazoará o delatado após conhecer as razões finais dos corréus colaboradores, pelo mesmo fundamento de contraditório pleno às provas e razões da acusação:

> Em prol de um contraditório efetivo, para resguardar a vulnerável posição jurídica dos corréus delatados, penso que o interrogatório e a apresentação de alegações finais pelo colaborador devem ocorrer em momentos anteriores aos dos delatados.
> Portanto, a abertura de prazo para alegações finais deve se dar de modo sucessivo, possibilitando que os corréus delatados se manifestem ao final do processo, tendo conhecimento de todos os elementos incriminatórios produzidos também pelos corréus delatados.
> (AG.REG. NO HC 157.627, Voto do Ministro Gilmar Mendes)

Posteriormente, o Plenário da Suprema Corte referendou igual tese no HC nº 166.373 (em 26 de setembro de 2019), que, por apertada maioria, concedeu a ordem para anular decisão do juízo de primeiro grau e determinar o retorno dos autos à fase de alegações finais, a qual deverá seguir a ordem constitucional sucessiva, ou seja, primeiro a acusação, depois o delator e por fim o delatado.

Em igual sentido se posicionam Callegari e Linhares:

> É verdade que inexiste regramento legal expresso a respeito da ordem de manifestações de réu colaborador e réu delatado no processo penal e na Lei 12.850/13 (alegação utilizada por aqueles que entendem inexistir óbice, por exemplo, à concessão de prazo comum para a apresentação de memoriais escritos por delatores e delatados). Todavia, entendemos ser primordial o reconhecimento de que a lei é incapaz de antever as mais diversas situações práticas possíveis (o próprio conhecimento humano é desprovido de tamanha capacidade previsional) e de que o processo penal é mais do que previsão legal objetiva; é, também, sistema, princípio.
> Portanto, quando se afirma que se deve garantir ao delatado o pronunciamento em momento posterior à manifestação do delator, em respeito aos princípios da ampla defesa e do contraditório, não se está fazendo referência a um rol taxativo de situações expressamente disciplinadas em artigo de lei. Trata-se de um imperativo principiológico a determinar um padrão de conduta processual (nesse caso, por exemplo, que tenha o delatado a oportunidade de confrontar toda a carga acusatória que contra ele seja dirigida).[264]

---

264 CALLEGARI; LINHARES,2019.

Realmente não há contraditório efetivo se é a defesa obrigada à prova ou à manifestação antes – ou durante – a prova ou manifestação da acusação, e o colaborador essa condição assume como auxiliar da acusação em face de corréus.

Embora efetivamente se aproxime o delator da acusação, não se transforma ele em testemunha da acusação e não irá prestar compromisso de dizer a verdade, pois ainda de acusado se trata, que bem poderá decidir não mais colaborar. Deverá o delator ser interrogado, com direito ao silencio e sem praticar crime acaso venha a mentir, não podendo como interessado prestar compromisso:

> É equivocado igualar o colaborador à testemunha. O colaborador tanto não é testemunha que não comete crime de falso testemunho. A uma, porque não consta do rol dos sujeitos ativos do crime previsto no art. 342 do Código Penal. E, a duas, porque existe crime específico, menos abrangente, no art. 19 da lei n: 12.850/13. [...]
>
> Um depoente anômalo, porque deve confessar fatos próprios e falar a verdade sobre fatos criminosos de terceiros, sendo ele sujeito processual e interessado na expectativa de prêmio. Materialmente, seu depoimento é o de réu. De fato, o art. 4º, § 16, da lei nº 12.850/13, na mesma linha da melhor doutrina, expressamente positivou que a delação isoladamente não pode fundamentar sentença condenatória, tal qual a confissão. A norma é acertada inclusive para o conteúdo autoincriminatório das declarações do colaborador. Nem sempre o que ele afirma, mesmo em juízo e sem qualquer espécie de coação, é de se aceitar como verdade, ainda que confesse integralmente o crime.[265]

Sem valor é compreensão que faça do § 14 do art. 4º da Lei da Criminalidade Organizada[266] a transformação do acusado colaborador em testemunha. A consequência da mentira ou silêncio é o desfazimento do acordo e não a responsabilização criminal por falso testemunha.

Na valoração das provas, embora sempre subjetiva, a ponderação teórica do peso das declarações de um delator será equivalente à de um informante, pelo interesse na condenação do acusado, independentemente de ter prestado compromisso como se testemunha fosse:

---

[265] COSTA, 2015, 183.

[266] "Nos depoimentos que prestar, o colaborador renunciará, na presença de seu defensor, ao direito ao silêncio e estará sujeito ao compromisso legal de dizer a verdade."

> [...] as declarações dos delatores/colaboradores devem ser valoradas com extrema prudência, pois frequentemente estão condicionadas por um forte interesse pessoal e, segundo uma parte da doutrina, o estímulo a colaborar criado pela norma rende às declarações um traço não adequado da verdade, devendo o juiz, em cada caso, na valoração do meio de prova, sopesar profundamente os motivos que impeliram o agente a colaborar.[267]

A própria indicação legal da necessidade de corroboração das declarações do delator para a condenação já é indicadora do menor valor probante de seu depoimento.

Finalmente, é interessante ressaltar que mesmo tendo a Lei de Proteção a Testemunhas previsto a possibilidade de "[...] preservação da identidade, imagem e dados pessoais [...]" da pessoa ameaçada,[268] condição em que poderá enquadrar-se o colaborador, o tema ainda é polêmico.

A testemunha sigilosa é figura copiada para nosso ordenamento jurídico com a finalidade de permitir a persecução penal da criminalidade especialmente perigosa da máfia, terrorismo e crime organizado. É proteção de colaboradores da persecução criminal que permite a imputação de crimes a perigosos, mas que, por outro lado, traz forte restrição ao contraditório, pela dificuldade gerada em contraditar argumentações de quem não se sabe quem é e nem se podem investigar suas razões para assim falar.

Nesse conflito entre a garantia do contraditório e a proteção da testemunha precisará a jurisprudência encontrar o caminho ideal. Excepcional a medida, somente aplicada quando efetivamente ficar certo o risco pessoal do colaborador, em crimes graves, é razoável admitir a restrição ao contraditório – restrição menor para preservar o interesse maior não apenas de persecução penal eficiente como especialmente de proteção a outro particular, o colaborador:

> De fato, o Tribunal Europeu de Direitos Humanos (TEDH) tem aceito a figura da "testemunha sem rosto", ressalvando a necessidade de confirmação do depoimento por meio de outras provas (*corroborative evidence*), podendo ser citados os casos Lüdi v. Suíça e Kok v. Holanda, em que se admitiu a valoração de depoimentos policiais prestados anonimamente.[269]

---

[267] BITTAR, 2001, p. 178.

[268] Art. 7º, IV.

[269] FONSECA, 2017, p. 166.

Nesse sentido já decidiu o Supremo Tribunal Federal:

> 2. Não há falar em nulidade da prova ou do processo-crime devido ao sigilo das informações sobre a qualificação de uma das testemunhas arroladas na denúncia, notadamente quando a ação penal omite o nome de uma testemunha presencial dos crimes que, temendo represálias, foi protegida pelo sigilo, tendo sua qualificação anotada fora dos autos, com acesso exclusivo ao magistrado, acusação e defesa. Precedentes.
> (HC 112811, Relator(a): Min. CÁRMEN LÚCIA, Segunda Turma, julgado em 25/06/2013, PROCESSO ELETRÔNICO DJe-156 DIVULG 09-08-2013 PUBLIC 12-08-2013)
> 1. A tese de nulidade do ato do interrogatório do paciente devido ao sigilo das informações acerca da qualificação de uma das testemunhas arroladas na denúncia não deve ser acolhida. 2. No caso concreto, há indicações claras de que houve a preservação do sigilo quanto à identidade de uma das testemunhas devido ao temor de represálias, sendo que sua qualificação foi anotada fora dos autos com acesso restrito aos juízes de direito, promotores de justiça e advogados constituídos e nomeados. Fatos imputados ao paciente foram de formação de quadrilha armada, da prática de dois latrocínios e de porte ilegal de armas. 3. Legitimidade da providência adotada pelo magistrado com base nas medidas de proteção à testemunha (Lei nº 9.807/99). Devido ao incremento da criminalidade violenta e organizada, o legislador passou a instrumentalizar o juiz em medidas e providências tendentes a, simultaneamente, permitir a prática dos atos processuais e assegurar a integridade físico-mental e a vida das pessoas das testemunhas e de co-autores ou partícipes que se oferecem para fazer a delação premiada.
> (HC 90321, Relator(a): Min. ELLEN GRACIE, Segunda Turma, julgado em 02/09/2008, DJe-182 DIVULG 25-09-2008 PUBLIC 26-09-2008 EMENT VOL-02334-02 PP-00333)[270]

---

[270] "E também o Superior Tribunal de Justiça:

Nem se diga, por outro lado, que houve ofensa ao princípio do contraditório e da ampla defesa, vez que não houve tratamento diferenciado a qualquer das partes, já que, tanto a acusação como a defesa, não tiveram acesso a identidade da testemunha, e claro, o valor a tal depoimento será discutido por ocasião do julgamento.

Como se verifica, a Corte de origem afastou a alegação de nulidade e na inquirição de uma testemunha assegurando que a medida foi realizada nos termos previsto na Lei 9.807/99, que trata do programa de proteção às testemunhas, e ainda que teria havido concordância da defesa.

EDcl no HABEAS CORPUS Nº 135.814 - PR (2009/0087905-0), RELATOR MINISTRO OG FERNANDES, j. 28/09/2012."

De outro lado, a crítica de violação ao contraditório é simbolizada na indignação de Renato de Lima: "[...] de nada adianta assegurar ao defensor a possibilidade de fazer reperguntas às testemunhas, se o advogado não tem conhecimento de quem é a testemunha."[271]

Fazendo no sopesamento prevalecer a garantia do contraditório, há também precedentes dos tribunais excepcionais:

> 5. Malgrado a proteção dispensada à testemunha seja necessária, o Provimento 14/2003 do Tribunal de Justiça do Estado de Santa Catarina não preservou inteiramente as garantias do devido processo legal, da ampla defesa, do contraditório, da publicidade dos atos processuais constitucionalmente previstas, porque não há qualquer previsão de acesso aos dados pessoais da testemunha pelo defensor do réu, elemento essencial para se viabilizar o direito de confronto, por meio da contradita.
> (HC 157.997/SC, Rel. Ministro RIBEIRO DANTAS, QUINTA TURMA, julgado em 13/10/2015, DJe 21/10/2015)
> O fato irrecusável, no exame da questão do acesso a procedimentos estatais em regime de sigilo - especialmente naqueles casos em que o Estado se vale do instituto da colaboração premiada -, é um só: o delatado [...] tem, constitucionalmente, o direito de confrontar, em sede processual, o colaborador ou delator em razão da prerrogativa do contraditório, assegurada, em juízo, a quem sofre imputação penal deduzida pelo Estado.
> (HC 127483, Voto do Ministro Celso de Mello, Relator(a): Min. DIAS TOFFOLI, Tribunal Pleno, julgado em 27/08/2015, PROCESSO ELETRÔNICO DJe-021 DIVULG 03-02-2016 PUBLIC 04-02-2016)

O conflito dos princípios constitucionais de segurança – pública e do particular colaborador – e do contraditório ainda pende de solução final.

4.4. DESFAZIMENTO DA COLABORAÇÃO

Qualquer negócio jurídico pode ser alterado enquanto tramita a negociação, mas vincula as partes após o ajustado. Não podem as partes se arrepender unilateralmente do contrato firmado, salvo por nova negociação. A inexecução voluntária do contrato bilateral gera o retorno à situação prévia, com a satisfação de eventuais perdas e danos.

Todas essas considerações do negócio jurídico são integralmente aplicáveis à colaboração premiada.

---

[271] LIMA, 2020, p. 672.

A Lei da Criminalidade Organizada apenas previu a possibilidade de retratação da proposta de colaboração, com os efeitos de utilização das provas antes produzidas exclusivamente frente a terceiros:

> § 10. As partes7 podem retratar-se da proposta, caso em que as provas autoincriminatórias produzidas pelo colaborador não poderão ser utilizadas exclusivamente em seu desfavor.

A retratação de uma negociação somente pode dar-se até o fechamento do acordo e isto se aplica também à colaboração premiada: até a homologação judicial poderão as partes voltar atrás na proposta de colaboração. Homologada a proposta, o acordo estatal passa a vincular as partes, como se dá em todo contrato bilateral.

No ponto até ressalta Lima a razoabilidade, inclusive moral, para o limite temporal:

> Por consequência, antes da homologação do acordo pela autoridade judiciária competente, é perfeitamente possível que as partes resolvam se retratar da proposta, nos termos do art. 4º, §10, da Lei 12.850/13, hipótese em que as provas autoincriminatórias produzidas pelo colaborador não poderão ser utilizadas exclusivamente em seu desfavor.
> [...] À evidência, esta retratação só pode ocorrer até a homologação judicial do acordo. Fosse possível a retratação após sua homologação judicial, o Ministério Público poderia celebrar falso acordo de colaboração premiada, obtendo, por consequência da homologação judicial, todas as informações necessárias para a consecução de um dos objetivos listados nos incisos do art. 4º da Lei 12.850/13, para, na sequência, retratar-se do acordo, privando o colaborador da concessão do prêmio legal acordado.[272]

Não há previsão legal para o desfazimento unilateral da colaboração, como também não é isto normal aos contratos.

Cibele Fonseca justifica a distinção,[273] reforçando que a previsão legal de efeitos se dá apenas na retratação da proposta de acordo,[274] o que se conforma com precedente do Supremo Tribunal Federal:

> A proposta é retratável, nos termos do art. 4º, § 10, da Lei nº 12.850/13, mas não o acordo. Se o colaborador não mais quiser cumprir seus termos, não se cuidará de retratação, mas de simples inexecução de um negócio jurídico perfeito.

---

[272] LIMA, 2020, p. 901.

[273] FONSECA, 2017.

[274] Art. 4º, § 10 da Lei da Criminalidade Organizada.

(HC 127483, Relator(a): Min. DIAS TOFFOLI, Tribunal Pleno, julgado em 27/08/2015, PROCESSO ELETRÔNICO DJe-021 DIVULG 03-02-2016 PUBLIC 04-02-2016)

É a manifestação que preserva o princípio da irretratabilidade dos contratos. Firmado o ajuste, ele vincula as partes. O vínculo formado pelo negócio somente pode ser desfeito de igual modo – por nova negociação.

A distinção é necessária, pois ao prever a lei a retratação, evidentemente se direciona à proposta de contrato ainda em andamento – formalizado o negócio, é ele irretratável.

A consequência ao ser resolvido negócio jurídico, porém, não pode ser o desfazimento do acordo de colaboração com aproveitamento das provas pela acusação, como propõe Cibele Fonseca:

> Acatada a proposta pela outra parte, firma-se o acordo, que deve, portanto, ser cumprido, sob pena de rescisão, conforme já estabelecido no precedente do STF (Habeas Corpus nº 127.483 – PR). Veja-se que rescisão não se confunde com retratação, tampouco seus efeitos. A rescisão ocasionada pelo colaborador acarreta a perda dos seus benefícios, bem como a possibilidade de utilização de todas as provas já produzidas em seu desfavor, se ainda não tiver sido prolatada a sentença; ou o cumprimento da pena imposta na sentença, se esta já foi proferida.[275]

Como se salientou, o precedente do Supremo Tribunal Federal (HC 127)[483] apenas indica a regra dos contratos bilaterais de serem irretratáveis, salvo novo acordo das partes. Não há distinção indicada quanto à diferença de efeitos. De outro lado, tampouco o Habeas Corpus nº 120,[454] do Superior Tribunal de Justiça, serve de paradigma, pois excluiu efeitos a uma colaboração resolvida onde o juiz não usou provas do colaborador:

> Não obstante tenha havido inicial colaboração perante a autoridade policial, as informações prestadas pelo Paciente perdem relevância, na medida em que não contribuíram, de fato, para a responsabilização dos agentes criminosos. O magistrado singular não pôde sequer delas se utilizar para fundamentar a condenação, uma vez que o Paciente se retratou em juízo. Sua pretensa colaboração, afinal, não logrou alcançar a utilidade que se pretende com o instituto da delação premiada, a ponto de justificar a incidência da causa de diminuição de pena.
> (HABEAS CORPUS nº 120.454 - RJ (2008/0249917-0), Relatora MINISTRA LAURITA VAZ, j. 23/02/2010)

---

[275] FONSECA, 2017, p. 155.

Sendo aproveitadas as provas já trazidas pelo colaborador antes de ser resolvido o negócio jurídico, deve imperar o equilíbrio, o não aproveitamento de vantagens sem causa.

Não podem as partes de qualquer contrato, mesmo de direito público, aproveitar-se de obrigações prestadas pela outra parte sem compensação. Em contratos bilaterais, a proposital não continuidade de cumprimento faz ser o contrato resolvido, voltando as partes à situação anterior, devolvendo inclusive o que tiverem pagado umas às outras – retiram-se as vantagens que o contratou provisoriamente gerou. Se impossível a restituição, buscará a negociação ou decisão judicial restabelecer o equilíbrio.

Não há equilíbrio em aproveitar-se a acusação das provas do colaborador e não lhe conceder favor de pena. Isto viola a bilateralidade, a proporção de vantagens auferidas pelas partes em razão das prestações cumpridas enquanto vigente o negócio jurídico.

Pior, não somente violaria o equilíbrio do contrato, mas seria até possível má-fé estatal aproveitar-se a acusação de provas trazidas pelo colaborador em seu desfavor.

É fato que acordos de colaboração têm muitas vezes previsto cláusula nesse sentido – do aproveitamento estatal das provas, inclusive contra o colaborador, no caso deste deixar de cumprir as obrigações assumidas –, mas se tem então hipótese de cláusula exorbitante, não justificável.

As cláusulas exorbitantes são típicas de contrato administrativo, com prerrogativa de Administração Pública, e ao tratar de persecução criminal negociada, essa condição se faz presente. Ocorre que as cláusulas exorbitantes são então vinculadas à autoexecutoriedade - aplicação de penalidades administrativas, a retomada da concessão e a responsabilização do contratado sem necessidade de recurso ao Poder Judiciário.

Embora exista interesse social na condenação de culpados de crimes, isso não pode ocorrer por abuso, pelo aproveitamento de vantagens contratuais sem contraprestação. Gasparini bem ressalta que cláusulas exorbitantes não se constituem em licença para abusos, arbitrariedades ou excessos contra o contratado, valendo mais o império da lei em um Estado Democrático de Direito.[276]

---

[276] GASPARINI, 2010.

Nesse sentido já decidiu o Superior Tribunal de Justiça, por sua Corte Especial:

> SUSPENSÃO DE LIMINAR E DE SENTENÇA - LEI MUNICIPAL N° 1.240/01 - INSTITUIÇÃO DE "PASSE LIVRE" PARA PESSOAS CARENTES - MANUTENÇÃO DO EQUILÍBRIO ECONÔMICO-FINANCEIRO - OFENSA À ORDEM E SEGURANÇA PÚBLICA NÃO CONFIGURADOS.
> 1. Mesmo nos contratos administrativos, ao poder de alteração unilateral do Poder Público contrapõe-se o direito que tem o particular de ver mantido o equilíbrio econômico-financeiro do contrato, considerando-se o encargo assumido e a contraprestação pecuniária garantida pela administração.
> 2. No pedido de suspensão não se analisa o mérito da controvérsia, cuja apreciação deve se dar nas vias recursais ordinárias.
> 3. Sem a demonstração do risco de dano alegado, impõe-se o indeferimento do pedido de suspensão proposto como sucedâneo recursal. Precedentes.
> 4. Agravo Regimental não provido.
> STJ, AgRg na SUSPENSÃO DE LIMINAR E DE SENTENÇA N° 79 - SP (2005/0010544-9), Corte Especial, por unanimidade, Relator MINISTRO EDSON VIDIGAL, j. 29/06/2005)

Assim, como deve ser assegurado o equilíbrio do contrato mesmo ante inadimplemento voluntário, evitando o enriquecimento sem causa, também no negócio jurídico da colaboração premiada isso precisa ocorrer: ou se retiram todas as provas trazidas pelo colaborador (não são elas valoradas na culpa de quaisquer acusados), ou são elas aproveitadas com compensação proporcional de redução de pena – o que já prevê a lei para a retratação, bem revelando a necessidade de manutenção do equilíbrio da colaboração.

Saindo do prisma civilista, também pelos princípios do processo penal deve dar-se o beneficiamento proporcional do colaborador inadimplente. A carga da culpa no processo penal é exclusiva da acusação, de modo que quando deixa o colaborador de aliviar essa carga simplesmente faz retornar o processo ao seu caminho normal: o ônus probatório do Ministério Público. Não pode o órgão acusador pretender prejuízos por deixar de ter ajuda de réus na demonstração da culpa, pois simplesmente volta a ter a carga probatória legal.

Aceitando o réu reunir provas da culpa, sua e de corréus, sua posterior não continuidade na colaboração apenas restabelece à inteireza a regra da carga probatória processual e sua conduta volta a ser de simples acusado, com direito à defesa negativa, por um simples não agir.

Analogamente se o confidente volta atrás na confissão, não perde direito à atenuação da pena quando é essa confissão valorada como prova de sua culpa. Aproveitando o estado da prova do acusado em face de terceiros – e jamais contra o próprio colaborador –, deverá fazer proporcionalmente incidir os favores de pena na dosimetria.

Como a prova em verdade não tem *locus*, em princípio, nos acordos de colaboração, que são diretamente meios de sua obtenção – embora admitam a juntada de documentos e provas outras –, deverão de todo modo essas provas ser juntadas à ação penal, que é onde serão contraditadas e valoradas. As provas juntadas não poderão ser utilizadas contra o acusado, que as forneceu pela confiança no acordo entabulado, mas serão aproveitadas frente a terceiros.

Em regra, nas discussões sobre desfazimento do acordo isto se dá por imputação de culpa ao colaborador, que volta a praticar crimes, que dolosamente deixa de revelar crimes ou coautores da organização criminosa, ou ainda que deixe de fornecer dados prometidos para a recuperação do produto, ou de participar como informante em processos de outros.

Para essa definição de descumprimento ou culpa, não previu a lei procedimento. A tradição forense tem sido da imputação do descumprimento pelo Ministério Público, com decisão judicial a seguir. Primeiro, como decisão gravosa ao colaborador, indispensável é o contraditório – de falas e provas. Não há como admitir gravames dentro do processo sem que antes possa manifestar-se e realizar provas (se o caso) a parte atingida – em urgências pode o contraditório ser postergado, mas não vedado.

Segundo, é necessária a motivação judicial definidora da valoração da culpa ou do descumprimento, com a caracterização de resolução do contrato e com as consequências incidentes. Assim se permitirá a impugnação da decisão que, sem recurso legal previsto, terá a via ao final dos ordinários recursos de apelação (embargos infringentes), recurso especial e extraordinário, além do caminho mais célere e anômalo do *habeas corpus*.

A usual limitação de conhecimento à valoração de fatos tornará acessível a definição de culpa apenas ao juízo de primeiro grau e tribunal de apelação, dando-se aos tribunais excepcionais acesso à valoração de direito, ainda que sobre fatos incontroversos. Assim, nos tribunais excepcionais apenas se definirá se a conduta certa do imputado caracteriza culpa ou descumprimento das obrigações processuais e se as consequências já definidas – de provas excluídas e sua inadmissibilidade contra o delator, de continuidade de investigações suspensas... – são lícitas.

A proporcionalidade como tema de direito e sobre fatos certos poderá ser objeto de deliberação dos tribunais excepcionais; a definição do grau concreto de cumprimento do acordo é matéria fática, acessível apenas aos juízos ordinários de primeiro grau e de apelação.

A discussão da culpa ou da condição de acordo descumprido é bem ressaltada por André Luís Callegari e Raul Linhares:

> O acordo de colaboração premiada é de prestação futura e, em certos casos, indefinida em sua totalidade (não há como, de antemão, se estabelecer todo o conteúdo a ser produzido, o que se vai delimitar com precisão no decorrer da instrução). Diante disso, é preciso que se compreenda que nem todo fato desaprovado pela autoridade celebrante deve importar em rescisão ou mesmo em revisão do acordo. Deve-se demonstrar a má-fé do colaborador, o dolo na conduta incompatível com a postura de colaboração. Para isso, é indispensável a instrução processual, garantindo-se a ampla defesa e o contraditório.[277]

Os princípios do contraditório e da motivação exigem efetivamente um procedimento com oportunização de provas e razões pelas partes, antes da decisão judicial de desfazimento do acordo. A falta do procedimento deve ser compreendida como causa de nulidade, ante prejuízos demonstrados.

---

[277] CALLEGARI; LINHARES, 2020, n.p.

LIMITES DA NEGOCIAÇÃO

A colaboração premiada é negócio jurídico estatal e, como tal, rege-se pelos princípios constitucionais da Administração Pública, pelos princípios do processo penal, pela legislação penal e processual penal, pelas regras do direito civil de negócios jurídicos e do contrato administrativo.

O tratamento como negócio estatal acarreta a limitação normativa correspondente. O que não possa ser admitido a um agente público, em um contrato civil ou administrativo, não poderá ser tampouco admitido na negociação premial. Parece evidente o limite, mas a prática reiteradamente o tem descumprido.

É necessário verificar até onde pode atuar o negociador estatal, se pode criar favores, penas ou ritos, se pode criar obrigações e prêmios não contidos na lei, se pode violar a impessoalidade, a eficiência ou a moralidade pública...

1. LIMITES LEGAIS

Como regra determinadora da ação pública, é a legalidade o primado limitador de qualquer agente público, em qualquer procedimento funcional. O princípio constitucional da legalidade[278] é repetido em todos os ramos do direito público e vem ao direito penal[279] e processual penal[280] com o prisma da interpretação estrita.

---

[278] "CF, art.5º, XXXIX - não há crime sem lei anterior que o defina, nem pena sem prévia cominação legal; [...]."

[279] "Art. 1º - Não há crime sem lei anterior que o defina. Não há pena sem prévia cominação legal."

[280] "Art. 1º O processo penal reger-se-á, em todo o território brasileiro, por este Código [...]."

A legalidade é regra de agir do administrador público. Mais relevante do que o resultado final de um ato administrativo, mais importante do que a boa intenção do agente, é imprescindível a formal adequação dos procedimentos para, também pelo meio, realizar o justo legal.

Cretella Júnior bem definiu a legalidade pelas seguintes proposições:

> a) Num Estado de Direito, ou seja, que se admite ser governado pelo direito, nenhuma autoridade pode tomar decisão individual que não se contenha nos limites fixados por uma disposição material, isto é, por uma lei no sentido material;
> b) Para que um país possua um Estado de Direito, é preciso que nele exista uma alta jurisdição, que reúna todas as qualidades de independência, imparcialidade e competência, diante da qual possa ser apresentado recurso de anulação contra toda decisão que tenha violado ou pareça ter violado o direito.[281]

A regra da lei prévia é fundamento não apenas de existência do crime, mas de sua pena e de todo o procedimento judicial – não pode o Estado-persecutor aplicar penas ou ritos sem previsão legal, mesmo a pretexto de beneficiar cidadãos. A lei é limite ao estado, que em opções pretensamente mais favoráveis acabará por fixar penas ou ritos perigosamente diferenciados (a aparência de proteção isto concretamente não garante), em tratamento não igualitário aos demais acusados e sem legitimidade institucional para a criação.

Exigir ao magistrado e ao Ministério Público a estrita observância da lei é medida mínima para a atuação persecutória.

1.1. FAVORES EXTRALEGAIS

As leis reguladoras da colaboração premiada sempre previram favores legais específicos, de redução da pena, de seu cumprimento em regime menos gravoso, entre outros – sempre delimitados os favores estatais permitidos.

Assim se fez no capítulo "Caracteres estáveis da colaboração premiada", com o exame da evolução legal desse instituto. Passa a prática da colaboração premiada, porém, a criar favores não previstos em lei. São favores processuais de suspensão do processo, liberdade provisória, dispensa de fiança ou de obrigações de depor ou de realizar determinadas provas pessoais, previsão de invalidade do acordo por sua publicização. São favores penais igualmente amplos, de exclusão do perdi-

---

[281] CRETELLA JÚNIOR, 1967, p. 17.

mento de bens, exclusão de recursos ou da coisa julgada. São favores até mesmo para fora dos limites da lide penal, como a não persecução por crimes de outros feitos – e juízos! –, do delator e de parentes – ! – e de dispensa parcial do dever de reparação dos danos.

> Todavia, nos acordos firmados no âmbito da operação Lava Jato, percebe-se o *total afastamento das previsões normativas acerca dos benefícios possíveis ao colaborador*. A prática tem se caracterizado pela determinação quase exata das punições a serem aplicadas, em regimes e progressões totalmente estranhos ao ordenamento jurídico brasileiro.[282]
> Por outro lado, as práticas negociais brasileiras também têm autorizado cláusulas que admitem *a manutenção de bens originários das atividades ilícitas em poder do acusado ou de seus familiares*. Em âmbito da operação LavaJato, firmou-se acordo que permitiu a permanência de bens produtos/proveitos de crimes com familiares do delator, como carros blindados e imóveis, sob a justificativa de caracterizarem "medida de segurança durante o período em que o colaborador estiver preso" (cláusula 7a, §§ 3º, 4º, 5º, e 6º, acordo na Pet. 5.244 STF).
> Esses dispositivos foram impugnados, perante o STF, por corréus delatados nas colaborações premiadas. Contudo, no HC 127.483, *a corte sustentou a sua legalidade por três motivos*: a) as convenções de Mérida e Palermo, introduzidas no ordenamento brasileiro, autorizam tais medidas a partir de uma interpretação teleológica de seus dispositivos; b) a partir da lógica do "quem pode o mais, pode o menos", já rebatida anteriormente, não haveria impedimento a outros tipos benefícios, ao passo que pode ser concedido até o perdão judicial ou o não oferecimento da denúncia; e c) tendo em vista que o colaborador tem direito à proteção, o que será garantido pelo Estado posteriormente, não há motivo para vedar medidas imediatas nesse sentido.[283]

A justificativa da razoabilidade, do menor dano gerado ao processado, efetivamente se funda no argumento de que como poderia ser negociada até a não persecução penal, favores menores não estariam vedados. Volta a necessidade de ser lembrado, porém, que juiz e promotor não fazem negociações de direitos seus, mas que negociam o direito de persecução penal que recebeu o Estado das vítimas, da sociedade, que demandam uma resposta controlada (nos limites fixados pelo legitimado legislador) e que não podem criar favores fora da autorização legal.

Nesse sentido manifestaram-se Canotilho e Brandão, ao considerar proibida a negociação de favores não previstos em lei:

---

[282] VASCONCELOS, 2018, p. 168.
[283] VASCONCELOS, 2018, p. 171.

Pelo que já se adiantou, bem se compreende que o primado do *princípio da legalidade* deva aqui valer em coda a sua plenitude. Desde logo, deve valer no plano material, com o seu sentido próprio de que "só a lei é competente para definir crimes [...] e respectivas penas". Possíveis exclusões ou atenuações de punição de colaboradores fundadas em acordos de colaboração premiada só serão admissíveis se e na estrita medida em que beneficiem de directa cobertura legal, como manifestação de uma clara vontade legislativa nesse sentido. Dito de outro modo: é terminantemente proibida a promessa e/ou a concessão de vantagens desprovidas de expressa base legal.[284]

Embora em um negócio jurídico possam as partes livremente negociar, isto se dá no limite da lei e da disponibilidade patrimonial. Não se pode negociar o que seja objeto ilícito, pois nossa legislação civil[285] expressamente isto impediu – e favores estatais não autorizados são ilícitos! Não pode o negociador estatal dispor do que não foi legalmente autorizado.

Bottini também manifesta a impossibilidade de inventarem-se favores ou condições para a colaboração premiada:

> Se é certo que tudo aquilo que a lei não proíbe é lícito ao indivíduo realizar, também é certo que os agentes públicos só podem atuar nos limites que a lei estabeleceu. Entretanto, as cláusulas acima mencionadas fogem completamente aos limites estabelecidos pela Lei 12.850/2013 e a discricionariedade com que foram redigidas tais cláusulas não possui previsão legal. Com efeito, as hipóteses da lei são taxativas, não exemplificativas. São fruto de uma ponderação do legislador sobre quais benefícios deveriam ser concedidos para estimular o criminoso a cooperar, e quais não deveriam ser concedidos.[286]

Callegari e Linhares relacionam precedentes da Suprema Corte que admitiram a criação de penas mais favoráveis ao acusado[287] e outros julgados onde foi exigida a vinculação à lei,[288] concluindo que:

---

284 CANOTILHO; BRANDÃO, 2016, p. 24.
285 "Código Civil, art. 104. A validade do negócio jurídico requer: [...] II - objeto lícito, possível, determinado ou determinável; [...]."
286 BOTTINI, 2016, p. 377.
287 PET 289, Ministro Roberto Barroso.
288 Pet 7074, voto do Ministro Gilmar Mendes; PET 7265, Ministro Ricardo Lewandowski.

> [...] esse tema é vacilante nos entendimentos dos ministros do Supremo Tribunal Federal, havendo instrumento normativo expedido pelo Ministério Público Federal no sentido de se desconsiderar qualquer vinculação ao rol legal de sanções premiais.[289]

Ao negócio jurídico incidem os três requisitos da lei civil, plenamente aplicáveis a todo negócio jurídico, mesmo àquele promovido pelo Estado.

A capacidade do agente negociador é o requisito de menor preocupação, porque sua falta para o cidadão geraria a inimputabilidade penal e a decorrente falta do interesse de negociar a colaboração criminal. A forma lícita representa o já ressaltado dever de limitação à lei. Já o objeto lícito traz relevantes indagações sobre a possibilidade de negociar-se pena ou regimes não previstos em lei, de negociar-se não persecução criminal ampla e até frente a terceiros, de negociar-se inclusive o produto do crime... Como admitir o Estado que o criminoso confesso mantenha propriedade de coisa ilícita?

> Firmado em 24.09.2014, o acordo de colaboração premiada entre o Ministério Público Federal e Alberto Youssef também concede diversos benefícios não previstos pela Lei 12.850/2013, dentre eles os seguintes:
> 1) Fixação do tempo máximo de cumprimento de pena privativa de liberdade, independente das penas cominadas em sentença, em no mínimo 3 (três) e no máximo 5 (cinco) anos, a ser cumprida em regime fechado, com progressão automática para o regime aberto, mesmo que não estejam presentes os requisitos legais (Cláusula 5.ª, III e V);
> 2) A permissão de utilização, pelas filhas do colaborador, de bens que são, declaradamente, produto de crime, durante o tempo em que ele estiver preso em regime fechado (Cláusula 7.ª, h e i e § 3.º);
> 3) A liberação de quatro imóveis e um terreno, que seriam destinados ao juízo a título de multa compensatória, caso os valores recuperados com o auxílio do colaborador superem em 50 vezes o valor dos imóveis (Cláusula 7.ª, § 4.º);
> 4) A liberação de um imóvel em favor da ex-mulher do colaborador e de outro imóvel em favor das filhas do colaborador, sem que esteja claro se tais imóveis são oriundos de crime ou não (Cláusula 7.ª, §§ 5.º e 6.º).[290]

É a negociação de pena, de execução penal (sem saber como se dará o comportamento ou incidentes nessa fase), de uso de produto do crime e de propriedade sobre produto do crime.

---

289 CALLEGARI; LINHARES, 2019, p. 138.
290 BOTTINI, 2016, p. 376-377.

Outro possível foco de ilicitude é a negociação da liberdade processual. O réu recebe a promessa de liberdade se colaborar: é a admissão então de que ou requisitos de prisão não haviam (e a prisão era ilegal), ou que se encontram presentes, mas isto não se observará acaso colabore. Transforma-se então a prisão de garantia processual em instrumento de negociação.

Tampouco poderá o colaborador ser preso por deixar de colaborar, pois novamente não se discutiriam requisitos da preventiva, mas sim se faria da prisão instrumento de coerção:[291]

---

[291] No mesmo sentido:

"HABEAS CORPUS. OPERAÇÃO CAPITU. PRISÃO TEMPORÁRIA. ORGANIZAÇÃO CRIMINOSA. LAVAGEM E OCULTAÇÃO DE BENS, DINHEIRO E VALORES.

FUNDAMENTAÇÃO INIDÔNEA. AUSÊNCIA DE CONTEMPORANEIDADE.

IMPRESCINDIBILIDADE ÀS INVESTIGAÇÕES NÃO CONSTATADA. CONSTRANGIMENTO ILEGAL. ART. 580 DO CPP. IDENTIDADE FÁTICO-PROCESSUAL. APLICABILIDADE. HABEAS CORPUS CONCEDIDO.

1. Não é lícita a prisão, preventiva ou temporária, por descumprimento do acordo de colaboração premiada, extraindo-se, por esse motivo, efetiva situação de ilegalidade. Precedentes.

2. Embora se indique grave crime praticado por organização criminosa voltada para a prática de delitos contra a Administração Pública, trata-se de fatos do ano de 2014 e mesmo a indicada ação de limpeza geral de documentos é de 07 de janeiro de 2015, não autorizando a prisão temporária em novembro de 2018 (quase quatro anos após), possuindo atualidade apenas a ocultação ou mentira sobre fatos da colaboração premiada.

3. A imprescindibilidade às investigações, requisito inerente à decretação da prisão temporária, visualizada através da demonstração concreta de risco à apuração em desenvolvimento, não é satisfeita pela omissão de plena colaboração no acordo negociado da delação premial.

4. Verificando-se que a fundamentação para a custódia foi a mesma para os demais investigados, que se encontram na mesma situação fático-processual do paciente, deve ser aplicada a regra do art. 580 do CPP.

5. Habeas corpus concedido, para a soltura do paciente, RODRIGO JOSE PEREIRA LEITE FIGUEIREDO, com extensão dos efeitos da decisão, nos termos do art. 580 do CPP, para também determinar a soltura de JOESLEY MENDONÇA BATISTA, DEMILTON ANTONIO DE CASTRO, FLORISVALDO CAETANO DE OLIVEIRA, RICARDO SAUD, ODO ADÃO FILHO, WALTER SANTANA ARANTES e MAURO LUIZ RODRIGUES DE SOUZA e ARAÚJO, EDUARDO CONSENTINO DA CUNHA, ILDEU DA CUNHA PEREIRA, MATEUS DE MOURA LIMA GOMES, JOSÉ FRANCISCO FRANCO DA SILVA OLIVEIRA, CLÁUDIO SOARES DONATO, WALDIR ROCHA PENA, JOÃO LÚCIO

HABEAS CORPUS. PROCESSO PENAL. PRISÃO PREVENTIVA. ACORDO DE COLABORAÇÃO PREMIADA. DESCUMPRIMENTO. CAUSA DE IMPOSIÇÃO DE PRISÃO PROCESSUAL. DESCABIMENTO. ORDEM CONCEDIDA. 1. A prisão processual desafia a presença de algum dos requisitos previstos no art. 312 do CPP. 2. Inexiste relação necessária entre a celebração e/ou descumprimento de acordo de colaboração premiada e o juízo de adequação

MAGALHÃES BIFANO, ANTÔNIO EUSTÁQUIO ANDRADE FERREIRA, MARCELO PIRES PINHEIRO, FERNANDO MANUEL PIRES PINHEIRO, o que não impede a fixação de medida cautelar diversa da prisão, por decisão fundamentada.

(HC 479.227/MG, Rel. Ministro NEFI CORDEIRO, SEXTA TURMA, julgado em 12/03/2019, DJe 18/03/2019)

PROCESSO PENAL. HABEAS CORPUS. CONCUSSÃO E LAVAGEM DE DINHEIRO. PRISÃO PREVENTIVA. SÚMULA 691/STF. SUPERAÇÃO. FUNDAMENTAÇÃO DEFICIENTE. FRUSTRAÇÃO NA REALIZAÇÃO DE DELAÇÃO PREMIADA NÃO AUTORIZA A IMPOSIÇÃO DE SEGREGAÇÃO CAUTELAR. EMBARAÇO À INSTRUÇÃO. AUSÊNCIA DE COMPROVAÇÃO.

1. Embora a Súmula 691 do STF vede a utilização de habeas corpus impetrado contra decisão de relator que, em writ impetrado perante o eg. Tribunal de origem, indefere o pedido liminar, admite-se, em casos excepcionais, configurada flagrante ilegalidade, a superação do entendimento firmado no referido enunciado sumular.

2. A validade da segregação cautelar está condicionada à observância, em decisão devidamente fundamentada, aos requisitos insertos no art. 312 do Código de Processo Penal, revelando-se indispensável a demonstração do que consiste o periculum libertatis.

3. No caso, o decreto de prisão preventiva carece de fundamentação concreta, pois o descumprimento de acordo de delação premiada ou a frustração na sua realização, isoladamente, não autoriza a imposição da segregação cautelar (Precedente do Supremo Tribunal Federal).

4. Ademais, não há indicação concreta de que o paciente poderia causar embaraço à instrução probatória, mas tão somente meras conjecturas destituídas de base empírica.

5. Na linha da orientação firmada no âmbito desta Corte, revogada a prisão cautelar, como no caso, a imposição de nova prisão provisória reclama a indicação de fatos novos, situação não ocorrente na espécie.

6. Ordem concedida para, confirmada a liminar, determinar que o paciente ARNALDO AUGUSTO PEREIRA responda solto ao processo, se por outro motivo não estiver preso, sem prejuízo de que seja decretada nova custódia, com base em fundamentação concreta, bem como de que sejam impostas outras medidas cautelares constantes do art. 319 do Código de Processo Penal pelo Juízo local, caso demonstrada sua necessidade.

(HC 396.658/SP, Rel. Ministro ANTONIO SALDANHA PALHEIRO, SEXTA TURMA, julgado em 27/06/2017, DJe 01/08/2017)"

de medidas cautelares gravosas. 3. A teor do art. 316, CPP, a imposição de nova prisão preventiva desafia a indicação de base empírica idônea e superveniente à realidade ponderada no momento da anterior revogação da medida prisional. 4. Ordem parcialmente concedida, com confirmação da liminar deferida.
(HC 138207, Relator(a): EDSON FACHIN, Segunda Turma, julgado em 25/04/2017, PROCESSO ELETRÔNICO DJe-141 DIVULG 27-06-2017 PUBLIC 28-06-2017)

Prisão não pode ser objeto de negociação, é garantia vinculada e extrema de proteção ao processo e à sociedade. A colaboração do acusado não é inovação jurídica ou fática que exclua ou minore os riscos antes judicialmente admitidos. Não se negocia com a prisão, sob pena de tornar-se essa cautelar em travestida e abusiva tortura como instrumento de negociação.

1.2. DEVERES EXTRALEGAIS

A negociação de obrigações do acusado também possui limite legal. O propósito da colaboração premiada é fixado em lei:[292] revelação de crimes, autores e da estrutura criminosa, salvamento da vítima ou produto de crime, e prevenção de infrações penais desta organização criminosa.

Embora sedutora possa ser a ideia da inclusão de outros favores, sempre favoráveis à sociedade, com a descoberta e prova de crimes, não podem ser adicionados favores fora dos limites da lei. A permissão

---

[292] "Lei nº 12.850/2013.

Art. 4º O juiz poderá, a requerimento das partes, conceder o perdão judicial, reduzir em até 2/3 (dois terços) a pena privativa de liberdade ou substituí-la por restritiva de direitos daquele que tenha colaborado efetiva e voluntariamente com a investigação e com o processo criminal, desde que dessa colaboração advenha um ou mais dos seguintes resultados:

I - a identificação dos demais coautores e partícipes da organização criminosa e das infrações penais por eles praticadas;

II - a revelação da estrutura hierárquica e da divisão de tarefas da organização criminosa;

III - a prevenção de infrações penais decorrentes das atividades da organização criminosa;

IV - a recuperação total ou parcial do produto ou do proveito das infrações penais praticadas pela organização criminosa;

V - a localização de eventual vítima com a sua integridade física preservada."

de criativa inventividade conduziria ao risco de ajustes desarrazoados, desproporcionais ou não passíveis de aferição.

São bem intencionadamente criados deveres aos colaboradores de depor em processos de corréus, por crimes quaisquer revelados, deveres de reparar danos do crime, de assistência às vítimas, de regularização fiscal ou ambiental, entre outros. Como se controlará o cumprimento do acordo de depor em outros processos quando já concluído o feito criminal com a fixação da pena negociada? Claramente não se poderá desfazer a coisa julgada para aumentar a pena do colaborador que deixar de testemunhar no futuro em novos processos.

Como obrigar o colaborador a ressarcimentos não previstos em lei? Embora seja a reparação do dano efeito automático da condenação,[293] especialmente em matéria ambiental,[294] ao juiz criminal apenas caberá a estipulação do valor mínimo[295] e não a delimitação total dos danos materiais e morais. Ao serem negociados valores de reparação passa o processo penal a admitir discussões fora de seu limite: relevância do dano, número de vítimas, possibilidade de quitação parcial ou total para efeitos de responsabilização civil. Enfim, discute-se na persecução criminal o que não é seu objeto e por negociação que sequer envolve todos interessados.

Ademais, dependendo do momento da negociação passa o colaborador a ser forçado pelo estado a praticar conduta redutora de sua pena, pois o ressarcimento do dano pode configurar atenuante no crime ambiental[296] ou a minorante do arrependimento posterior.[297]

---

[293] "Código Penal, art. 91 - São efeitos da condenação:
I - tornar certa a obrigação de indenizar o dano causado pelo crime; [...]."

[294] "Lei Ambiental (nº 9.605/90), art. 20. A sentença penal condenatória, sempre que possível, fixará o valor mínimo para reparação dos danos causados pela infração, considerando os prejuízos sofridos pelo ofendido ou pelo meio ambiente."

[295] "Código de Processo Penal, art. 387. O juiz, ao proferir sentença condenatória:
[...] IV - fixará valor mínimo para reparação dos danos causados pela infração, considerando os prejuízos sofridos pelo ofendido; [...]."

[296] "Lei Ambiental (nº 9.605/90), art. 14. São circunstâncias que atenuam a pena:
[...] II - arrependimento do infrator, manifestado pela espontânea reparação do dano, ou limitação significativa da degradação ambiental causada; [...]."

[297] "Código Penal, art. 16 - Nos crimes cometidos sem violência ou grave ameaça à pessoa, reparado o dano ou restituída a coisa, até o recebimento da denúncia ou da queixa, por ato voluntário do agente, a pena será reduzida de um a dois terços."

A previsão legal limitadora dos deveres do colaborador protege a um só tempo colaborador e sociedade da criatividade descontrolada e do natural risco de erro e abusos humanos.

1.3. PENA INVENTADA

O princípio da anterioridade da pena criminal é garantia contra o abuso estatal. Nossa Constituição Federal e nosso Código Penal repetem a regra democrática constante[298] de que a pena tem delimitação legal prévia, não se permitindo aumentá-la, reduzi-la ou simplesmente alterá-la.

Como já exposto, a proporcionalidade não justifica a aplicação de penas menos graves do que as legalmente previstas, em invenção violadora do dever estatal de persecução penal lícita e ao dever de isonomia com os demais perseguidos em igual situação típica. Mais relevante do que o resultado final, mais importante do que a boa intenção do juiz, é a formal adequação da pena:

> Mas mesmo a analogia não vem sendo observada, na medida em que se criam regras para os acordos; regras maculadas, porque fundadas em premissas ilegais e inconstitucionais (apesar de estarem recheadas de boa vontade, pode-se dizer). Tem sido comum, em processos onde as pessoas são acusadas por crimes contra o sistema financeiro nacional e de lavagem de dinheiro, a utilização de um delator premiado, verdadeiro JOAQUIM SILVÉRIO DOS REIS pronto a desmontar as mais profundas tramas em troca de alguns benefícios mais que indecorosos, ilegais e inconstitucionais como, p. ex., a imunidade em relação a todos os crimes cometidos, onde se prometeria o não-exercício da ação penal em relação ao delator, algo escancaradamente contra a obrigatoriedade.[299]

Embora crescente o excepcionamento à obrigatoriedade, não se pode permitir excepcionamento à lei como limite da persecução criminal.

---

[298] Já na Declaração dos Direitos do Homem e do Cidadão, seu artigo 8° prevê que : "Ninguém pode ser punido senão em virtude de uma lei estabelecida e promulgada anteriormente ao delito e legalmente publicada".

[299] COUTINHO; CARVALHO, 2006, p. 5-6.

A pena na colaboração premiada vem como favor judicial na Lei da Criminalidade Organizada,[300] em obediência ao princípio da jurisdicionalidade, onde se compreende que apenas ao juiz é dado dosar e fixar a pena do condenado.

Não deixou essa lei de estabelecer os limites de favores de pena, restritivamente indicados como sendo o perdão judicial, a redução em até 2/3 (dois terços) da pena privativa de liberdade ou sua substituição por restritiva de direitos. Apenas nesse limite está contida a negociação da colaboração premiada. Nem o juiz e, menos ainda, nem o Ministério Público, poderão criar penas diferenciadas dos favores legais:

> Como exemplo da prática atual, em um dos termos homologados, fixou-se que, ao se atingir o montante de 30 anos de prisão nas penas unificadas em sentenças definitivas, a sanção imposta seria cumprida "em regime fechado por lapso não superior a 5 (cinco) anos e não inferior a 3 (três) anos", com posterior progressão "diretamente para o regime aberto, mesmo que sem o preenchimento dos requisitos legais" (cláusula 5ª, incisos I, II, III e V, acordo na Pet. 5.244 STF). De modo semelhante, em outra colaboração

---

[300] Art. 4º O juiz poderá, a requerimento das partes, conceder o perdão judicial, reduzir em até 2/3 (dois terços) a pena privativa de liberdade ou substituí-la por restritiva de direitos daquele que tenha colaborado efetiva e voluntariamente com a investigação e com o processo criminal, desde que dessa colaboração advenha um ou mais dos seguintes resultados:
I - a identificação dos demais coautores e partícipes da organização criminosa e das infrações penais por eles praticadas;
II - a revelação da estrutura hierárquica e da divisão de tarefas da organização criminosa;
III - a prevenção de infrações penais decorrentes das atividades da organização criminosa;
IV - a recuperação total ou parcial do produto ou do proveito das infrações penais praticadas pela organização criminosa;
V - a localização de eventual vítima com a sua integridade física preservada.
§ 1º Em qualquer caso, a concessão do benefício levará em conta a personalidade do colaborador, a natureza, as circunstâncias, a gravidade e a repercussão social do fato criminoso e a eficácia da colaboração.
§ 2º Considerando a relevância da colaboração prestada, o Ministério Público, a qualquer tempo, e o delegado de polícia, nos autos do inquérito policial, com a manifestação do Ministério Público, poderão requerer ou representar ao juiz pela concessão de perdão judicial ao colaborador, ainda que esse benefício não tenha sido previsto na proposta inicial, aplicando-se, no que couber, o art. 28 do Decreto-Lei nº 3.689, de 3 de outubro de 1941 (Código de Processo Penal).

acordou-se pena de prisão domiciliar por um ano (com tornozeleira eletrônica); zero a dois anos de privação de liberdade em regime semiaberto; e posterior progressão para regime aberto para o restante da pena (cláusula 5a, inc. I, acordo na Pet. 5.210 STF).[301]

Também o Ministro Gilmar Mendes ressaltou na Pet 7.074, serem vedadas as invenções de penas:

> Também venho enfatizando a necessidade de estrito cumprimento da lei quanto aos benefícios passíveis de negociação e quanto à competência jurisdicional para dosar a sanção premial.
> O estabelecimento de balizas legais para o acordo é uma opção de nosso sistema jurídico, para assegurar a isonomia e evitar a corrupção dos imputados, mediante incentivos desmesurados à colaboração, e dos próprios agentes públicos, aos quais se daria um poder sem limite sobre a vida dos imputados.

Realmente, não há como compreender a negociação de penas privativas de liberdade com reduções maiores do que 2/3 (dois terços) – ou a pena tem redução até esse patamar, ou até se requer o perdão judicial. Não podem os representantes estatais conceder favores de pena ilegais!

É comum a fixação de pena concretizada, o que será discutido no próximo capítulo, pela violação ao princípio da jurisdicionalidade da pena e pela criação da figura inquisitória, mas neste ponto a preocupação já é com a negociação de penas não previstas em lei.

Penas negociadas têm sido homologadas em patamares diferenciados do perdão ou redução até 2/3 (dois terços). É inaceitável criação negociada de penas, que, inobstante concretamente favorável ao condenado, representa violação direta à segurança jurídica, à isonomia e ao princípio da legalidade.

Pelo princípio da legalidade da pena, não poderá o Estado impor resposta penal diversa daquela cominada. Não se podem impor penas inventadas, penas melhoradas, mesmo sob a justificativa de favorecimento ao condenado.

Chega a ser mais comum a criação do regime prisional, onde a pena passa a ser cumprida de modo e em local diferentes daqueles previstos na lei. O regime fechado, a ser pelo Código Penal cumprido "[...] em estabelecimento de segurança máxima ou média [...]",[302] que é a

---

[301] VASCONCELOS, 2018, p. 168.
[302] Art. 33, § 1º.

penitenciária,[303] na negociação muitas vezes se transforma em regime fechado "diferenciado" e passa a ser cumprido na residência do condenado. É a criação de pena por negociação através de quem não se encontra autorizado por lei ou por mandato popular.

Com essa criação de pena, em concreto e em regimes inventados, passa-se a uma negociação sem limites, onde o negociador estatal bem poderá criar penas com parcial privação da liberdade, com férias, com detração diferenciada, com regimes de privação da liberdade apenas formais. Não há limite à criatividade pessoal dos negociadores, mas também não há limitação ao dano social, à legitimidade da representação legislativa, ao judiciário que abandona sua função de dosimetria...

Assim é que Canotilho e Brandão vieram a considerar proibida a criação de penas ou regimes não previstos em lei:

> Na verdade, o princípio da separação de poderes, que se procura garantir e efectivar através da prerrogativa de reserva de lei formal insira no princípio da legalidade penal, seria frontal e irremissivelmente abatido se ao poder judicial fosse reconhecida a faculdade de ditar a aplicação de sanções não previstas legalmente ou de, sem supedâneo legal, poupar o réu a uma punição.[304]

Sendo a lei suporte necessário para a persecução criminal e para a imposição de penas, não se podem criar respostas penais, mesmo a pretexto de se favorecer ao acusado.

Não se pode pensar em Estado de direito com persecução criminal ilimitada, sem respeito aos direitos como cidadão e como processado, ou sem preservar o interesse social na legítima persecução e apenamento dos culpados.

Pode o agente estatal negociador acordar com o acusado redução máxima ou de menor quantidade da pena, mas esse montante de redução deverá dar-se de acordo com os limites legais[305] e princípios constitucionais aplicáveis a toda ação administrativa.

Pelo princípio da legalidade da pena, não poderá o Estado impor resposta penal diversa daquela cominada. Não se podem impor penas inventadas, penas melhoradas, mesmo sob a justificativa de favorecimento ao condenado.

---

[303] Art. 87 da Lei de Execução Penal.
[304] CANOTILHO; BRANDÃO, 2016, p. 24.
[305] Art. 4º da Lei nº 12.850/13.

É de se ressaltar que inclusive em limitações provisórias no processo penal, como nas medidas cautelares penais (que vigem apenas durante o processo, ou mesmo parte dele), se tem exigido o limite da legalidade. A Organização das Nações Unidas (ONU) estabeleceu nas recomendações das Regras de Tóquio que às cautelares penais incide o limite da legalidade, em seu item 3.1: "A adoção, a definição e a aplicação de medidas não privativas de liberdade devem ser prescritas por lei."

Em diversos países é expressa a exigência de lei prévia e delimitadora para as cautelares penais. A França estabelece em seu "Code de Procédure Pénale", no artigo 137, que as cautelares possuem requisitos equivalentes aos da detenção provisória, com previsão legal e *contrôle judiciaire*. No mesmo sentido legisla a Itália, ao fixar no "Codice di Procedura Penale", em seu artigo 274, dispondo que há tratamento igualitário entre penas e medidas cautelares, inclusive no fundamento de lei prévia. Finalmente, a exigência da legalidade vem expressa em Portugal no artigo 204 do Código de Processo Penal, quando fixar requisitos estritos às cautelares penais.

Se já para restrições provisórias é exigida a autorização de lei, com maior razão não se poderá admitir a possibilidade de criação estatal de uma pena criminal.

1.4. EXECUÇÃO IMEDIATA DA PENA

O rito processual é garantia individual. Não se podem admitir persecuções criminais sem fundamento estrito na lei e os riscos de eventual descumprimento dessa garantia poderão ser inclusive maiores do que os riscos da violação da legalidade no Código Penal. O processo penal é garantia, e fundamental!

Assim reconheceu nossa Constituição Federal ao incorporar diversos princípios e regras fundamentais de proteção na persecução criminal. Releva dentre elas a presunção de não culpabilidade, no artigo 5º, inciso LVII, onde declara que "[...] ninguém será considerado culpado até o trânsito em julgado de sentença penal condenatória."

A não culpabilidade mais recentemente vinha sendo compreendida como obstáculo à execução provisória da pena criminal, pois ainda não definida como certa a culpa e porque incompatível o critério de provisoriedade em pena criminal – irrepetível e irreparável.

Definiu em 2016 o Supremo Tribunal Federal,[306] porém, que a gradual admissão da culpa se daria de modo suficiente com a condenação em juízo de apelação, a permitir desde então a execução provisória da pena criminal. Não obstante o grave retrocesso interpretativo em tema de garantia individual constitucional, agora com as colaborações premiadas mais recentes uma novidade surge: a execução imediata da pena negociada.

A pena não somente é fixada de modo concreto pelo negociador estatal – que não é juiz –, como é ajustado seu cumprimento já com a homologação judicial. Assim, poderá de fato ser iniciado o cumprimento da pena por quem não foi condenado e bem poderá sequer ter sido denunciado, ou mesmo indiciado!

Se já se fazia difícil sustentar a prevalência do interesse social na execução antecipada de pena definida em apelação, na forma compreendida atualmente por nossa Suprema Corte, como justificar o interesse social em uma execução antecipada (e muito antecipada) de pena negociada?

Como se reparar a execução da pena por quem não vier a ser condenado, nem mesmo na sentença de primeiro grau? Como justificar a violação a todos preceitos processuais de garantia da pena após o devido processo legal (*nulla poena sine judicio*)?

Pela impossibilidade de execuções imediatas, também se manifestaram Canotilho e Brandão por sua inadmissão:

> O início de uma pena criminal, ainda para mais por simples e directa determinação do Ministério Público, sem que haja uma sentença judicial que a decrete configura uma autêntica aplicação de pena *sine judictio* e *sine judex*. Nada que, obviamente, se possa aceitar num Estado de direito. A jusestadualidade que deve caracterizar a República Federativa do Brasil e

---

[306] Ementa: CONSTITUCIONAL. HABEAS CORPUS. PRINCÍPIO CONSTITUCIONAL DA PRESUNÇÃO DE INOCÊNCIA (CF, ART. 5º, LVII). SENTENÇA PENAL CONDENATÓRIA CONFIRMADA POR TRIBUNAL DE SEGUNDO GRAU DE JURISDIÇÃO. EXECUÇÃO PROVISÓRIA. POSSIBILIDADE. 1. A execução provisória de acórdão penal condenatório proferido em grau de apelação, ainda que sujeito a recurso especial ou extraordinário, não compromete o princípio constitucional da presunção de inocência afirmado pelo artigo 5º, inciso LVII da Constituição Federal. 2. Habeas corpus denegado.

(HC 126292, Relator(a): Min. TEORI ZAVASCKI, Tribunal Pleno, julgado em 17/02/2016, PROCESSO ELETRÔNICO DJe-100 DIVULG 16-05-2016 PUBLIC 17-05-2016)

comandar a acção de todos os seus órgãos não consente que um réu sofra a execução de uma pena criminal sem um prévio e devido processo penal (art. 5.º, LIV, da Constituição Brasileira).[307]

A possibilidade de o Ministério Público negociar a pena concreta, com execução imediata, restaura indevidamente um modelo inquisitório de processo, com concentração de todos poderes no órgão acusador, que agora até determina imediata execução da pena.

Esse é o mais danoso quadro processual: a pena negociada pelo agente acusador, parcial, é executada desde logo, por colaborador que pode sequer vir a ser denunciado ou condenado. É a confusão agora não apenas de funções processuais, mas de fases e garantias processuais. É a execução pela culpa de um crime que pode sequer ainda ter indícios de autoria, justificadores da acusação penal.

A pena fixada pelo acordo é executada até mesmo sem processo formado, com riscos de absolvição, extinção da punibilidade ou revisões judiciais posteriores do próprio acordo!

No Brasil, é do Judiciário a obrigação legal de determinar o cumprimento da execução penal,[308] até mesmo com a expedição da competente carta de guia. Nosso modelo processual e nossa legislação não permitem a imposição de pena concretizada e imediatamente executada pela acusação penal,[309] mesmo que indevida e sofregamente homologada.

2. O PROCESSO PENAL COMO LIMITADOR PRINCIPIOLÓGICO

Os princípios processuais penais servem como balizas normativas e de interpretação da regularidade do agir persecutório estatal. Não se trata de mera forma, mera sequência de atos, mas de normações para aquisição de um resultado justo, por meio que também precisa ser justo.

---

307 CANOTILHO; BRANDÃO, 2016, p. 32.

308 Lei nº 7.210/84, art. 65. A execução penal competirá ao Juiz indicado na lei local de organização judiciária e, na sua ausência, ao da sentença.

309 Também na Alemanha, a Corte Constitucional admitiu a negociação da pena, mas com balizas e critérios sob controle judicial (BVerfG, Urt. v. 19. 3. 2013 – 2 BvR 2628/10, 2 BvR 2883/10, 2 BvR 2155/11. BVerfG, Neue Juristische Wochenschrift, 2013, pp. 1058-1072.

Processo é garantia substancial quando estabelece proteções principiológicas. Contraditório não é simples ordem de fala ou provas, é exigência de conhecimento pleno do que se imputa, para a possibilidade também completa do desdizer e do contraprovar. Imposição de pena é atividade vinculada quanto à competência, momento e dosimetria. Assim, entre outros regramentos, fixa o processo penal o limite do como realizar a justiça.

Na colaboração premiada, mesmo se dando a persecução criminal com apoio em negociação pelas partes, não deixam de incidir as contenções de princípios processuais. Não poderá a negociação estabelecer culpa sem processo – defesa ou contraditório –, pena sem processo, pena sem lei...

Zaffaroni ressalta o desassossego com o risco do descumprimento das garantias, ao manifestar "Talvez, respeitando as garantias, algum corrupto possa fugir ou ficar impune. Mas, quebrando as garantias, suja-se todo o procedimento, esse é o grande problema."[310]

O processo é limite à ação estatal e não permite admissão de abusos. O réu não possui disponibilidade para exclusão de garantias fundamentais.

2.1. MODELO INQUISITÓRIO

O pêndulo dos sistemas processuais oscila nas sociedades de acordo com o modelo político vigente e com o interesse momentâneo prevalente: de eficiência ou garantias individuais. Embora tenda o modelo político descentralizador de poder a utilizar o modelo acusatório, assim de matiz democrática, não há como apontar caminho evolutivo nas necessidades da população, que bem pode preferir restrições pelo medo. Não é salutar a admissão de retrocessos sociais pelo medo, mas há de se compreender esse desejo.

Diferenciam-se os modelos processuais especialmente pelas funções no processo e pela gestão da prova. O modelo inquisitório concentra as funções processuais de acusar e julgar em uma só pessoa – o inquisidor –, enquanto no modelo acusatório separa-se a função acusatório para que remanesça a função julgadora com exclusividade, assim permitindo a imparcial condução do processo e apreciação da prova de

---

[310] ZAFFARONI, 2019, n.p.

culpa. Na gestão da prova, atua o juiz do modelo inquisitório na busca da verdade, enquanto no modelo acusatório este ônus probatório é exclusivo da parte.

Maier assim ressalta como característica principal do sistema inquisitório:

> A característica fundamental do juízo inquisitivo reside na concentração do poder do processo em uma única mão, a do inquisidor, a semelhança da reunião dos poderes da soberania (administrar, legislar e julgar) em uma única pessoa, segundo o regime político do absolutismo. Perseguir e decidir não eram somente trabalhos que se concentravam no inquisidor, senão que representavam uma única e mesma tarefa; a de defender-se não era uma faculdade que se reconhecia ao perseguido, pois aquele que era culpado não o merecia, entretanto, se era inocente, o investigador probo o descobriria.[311]

Nossa Constituição Federal estabeleceu um sistema geral e com crescente prognóstico de implantação da proteção aos cidadãos, seja nos direitos individuais de saúde, educação e igualdade de opções, seja em direitos sociais de trabalho e segurança pública.

No processo, as garantias legais restaram alçadas a preceitos constitucionais, como proteção ao acusado, por um processo eficiente, mas justo em seu meio – é a admissão do processo acusatório, pelas sucessivas leis posteriores gradualmente implantado de modo mais completo no país. Assim é que estabelece nossa Constituição a autônoma função acusatória, o direito pleno de acesso à jurisdição e defesa, a fundamentação das decisões e a presunção de não culpabilidade: caracteres de um modelo acusatório.

Essa tendência acusatória mais completa, direcionada por nossa lei maior, não pode se perder pela eficiência negocial na investigação. Não pode o processo penal admitir que um órgão volte a concentrar poderes acusatórios e de julgador – isto, porém, passa a concretamente ocorrer na fixação de pena concreta e início antecipado da execução penal.

Embora clara tenha sido a distinção de poderes negociáveis na Lei da Criminalidade Organizada, estabelecendo ao ministério público apenas o favor de não persecução e conferindo ao juiz o favor de dosar a pena, a prática tem revelado a fixação de pena concreta nos acordos de colaboração premiada.

---

[311] MAIER, 2004.

Se o agente ministerial fixa a pena, cumpre em verdade atuação judicial, invade competência de órgão processual e assume o papel de inquisidor. Trata-se de ação concentradora de poderes que não atende aos requisitos de um devido processo legal acusatório, compromete uma ação persecutória estatal isenta e faz ressurgirem os riscos inquisitórios do abuso pela concentração de forças em único agente da persecução criminal – desaparecem controles de partes, esmaecem-se as possibilidades de revisão e tende o réu à coisificação.

Mais do que violação à lei, à jurisdicionalidade da função dosadora da pena, o estabelecimento de pena pelo órgão acusador durante negociação acaba por gerar direta violação ao modelo acusatório do processo: o Ministério Público investiga – por procedimento até específico e próprio –, acusa – mesmo antes da denúncia indicando os crimes que perseguirá, esperando-se sem excesso, sem *overcharging* –, admite culpa – que mesmo assumida pelo colaborador exigirá em nosso país o reconhecimento apenas ao final do processo judicial – e fixa pena – negociada –, agora até determinando seu cumprimento imediato – pena sem processo e sem condenação. É forte reunião de funções processuais, em claro formato inquisitório.

Realmente, em processo acusatório, não pode o próprio acusador fixar a pena, ainda que com a concordância do acusado. A separação das funções é forma de controle e limitação que não podem permitir concessões.

Não pode ser admitido em nosso modelo processual uma negociação onde um representante do Estado assuma todas as funções processuais, de parte acusadora a magistrado "imparcial" para a definição a culpa e da pena.

De outro lado, tampouco poderá o magistrado impedir a negociação da não persecução criminal. Não pode o juiz acusar, como se vê desde o direito processual inglês de Henrique II, quando instituído em 1.166 o *trial by jury*: o juiz "[...] não intervinha, a não ser para manter a ordem e, assim, o julgamento se transformava num grande debate, numa grande disputa entre acusador e acusado, acusação e defesa."[312]

Essa é competência e prerrogativa do agente ministerial, que não pode ser alterada pelo julgador. O controle do favor negociado de não denunciar somente poderia dar-se no próprio órgão acusatório, sob pena de tornar-se o juiz o inquisidor. Assim previu nosso Código de

---

[312] COUTINHO, 2010.

Processo Penal[313] na divergência quanto ao arquivamento do inquérito policial, para impedir que forçasse o juiz o ato de denúncia, tornando-se ele próprio o acusador de fato. Assim deve dar-se também na colaboração premiada, analisando o magistrado apenas a legalidade formal do acordo de não persecução criminal.

Tampouco interferirá o juiz no critério da negociação, salvo clara ofensa à proporcionalidade e isonomia. Se a negociação gera mais vantagens a um dos lados em princípio se dá o ajuste dentro da álea admitida do negócio. Como analogia, vale lembrar que mesmo uma licitação buscando o menor preço, poderá concluir pelo acolhimento de proposta maior do que encontrado no livre mercado, sem que isso represente ilegalidade. Ilegal será a diferenciação desarrazoada do preço, mas não o aparente prejuízo.

O ajuste razoável é buscado pelo negociador estatal, proporcionalmente dosando deveres e favores ao condenado, sem excessos injustificáveis. Não deve o magistrado assumir a função negociadora, substituindo-se ao discricionário negociar estatal.

Na separação das funções processuais de um modelo acusatório do processo penal, atuará o magistrado definindo culpa e aplicando a correspondente pena, nela fazendo inserir os parâmetros de redução negociados. O juiz não negocia o direito de ação e de defesa - de capacidade exclusiva das partes. Caberá ao magistrado na homologação verificar a regularidade, voluntariedade e, especialmente, a legalidade plena dos termos acordados, para na sentença examinar a proporcionalidade de cumprimento das promessas avençadas. Juiz define culpa e pena.

De outro lado, ao Ministério Público caberá representar o Estado na negociação dos parâmetros de redução da pena – até mesmo com perdão judicial –, a serem observados pelo magistrado na sentença. Poderá com prerrogativa exclusiva o Ministério Público negociar a não persecução criminal, controlada pelo juiz apenas na legalidade formal. Ministério Público negocia parâmetros de redução da pena, não define culpa ou pena e, menos ainda, determina início da execução.

---

313 Art. 28. Se o órgão do Ministério Público, ao invés de apresentar a denúncia, requerer o arquivamento do inquérito policial ou de quaisquer peças de informação, o juiz, no caso de considerar improcedentes as razões invocadas, fará remessa do inquérito ou peças de informação ao procurador-geral, e este oferecerá a denúncia, designará outro órgão do Ministério Público para oferecê-la, ou insistirá no pedido de arquivamento, ao qual só então estará o juiz obrigado a atender.

Bem salientou Roxin quanto aos riscos da concentração de poderes e funções no processo:

> No processo inquisitivo, o juiz intervém por si mesmo: ele detém, interroga, investiga e condena [...] porém, nesta configuração de processo existem sérios inconvenientes: por um lado, no processo inquisitivo, o juiz não é imparcial, mas se sente preponderantemente como órgão da persecução penal e, por outro lado, o acusado está praticamente indefeso.[314]

Não pode o magistrado assumir a função acusadora e não pode o Ministério Público assumir as funções de imposição de pena e de execução antecipada. O sistema acusatório não se compatibiliza com tão grande concentração e poderes processuais.

2.2. ANTERIORIDADE LEGAL DA PENA

A legalidade estrita penal exige certeza do que é proibido e das respostas estatais cabíveis. É segurança indispensável ao cidadão, que Roxin explica em termos simples:

> O princípio "não há delito sem lei" se completa com a fórmula "não há pena sem lei" (*nulla poena sine lege*). Isso quer dizer que é preciso não somente estar descrita uma conduta, mas também a classificação da pena e seu montante cabível precisam estar legalmente fixadas antes do fato.[315]

A previsão constitucional[316] e legal[317] apenas reproduzem a exigência de prévia lei limitadora da repressão estatal a fatos socialmente gravosos. Não se podem criar respostas estatais, mesmo com a concordância do acusado.

Ao tratar das cautelares penais, a Organização das Nações Unidas estabeleceu nas recomendações das Regras de Tóquio a vinculação das cautelares penais à legalidade.[318]

---

[314] ROXIN, 2000, p. 86. (tradução minha)

[315] ROXIN, 1997, p. 138. (tradução minha)

[316] Art.5º, XXXIX.

[317] Art. 1º do Código Penal.

[318] Item 3.1: "A adoção, a definição e a aplicação de medidas não privativas de liberdade devem ser prescritas por lei"

Não merece prosseguir em nosso país, pois, compreensão jurisprudencial permissiva de respostas penais (mesmo provisórias) não legitimadas por prévia norma legal. A justificativa da proporcionalidade não pode prevalecer sobre a segurança jurídica do fato criminoso certo, com pena plenamente discriminada.

E, como já exposto, se em cautelares a lei é limitação, não se pode compreender como possível a própria pena resultar de criação judicial ou, pior, de negociação promovida pelo agente acusador.

2.3. OUTROS PRINCÍPIOS DE INCIDÊNCIA

A construção gradual do procedimento de colaboração premiada, especialmente pela via jurisprudencial, acarreta discussão quanto à incidência de diversos princípios processuais penais.

Já o princípio do "[...] devido processo legal — também denominado de princípio do processo justo — está inserido na Lei Maior como vetor e base para os demais princípios, sendo ainda o elemento que garante a efetiva e regular aplicação do direito."[319] É a execução do conjunto de regras conformadoras do processo que o tornam devido e justo.

Assim, dúvidas relevantes surgem quando vem a ser alterado ou criado rito e garantias processuais, como na criação de pena, na antecipada execução da pena. Não se pode ter como justo processo onde o acusador acaba por fixar a pena, mesmo mediante negociação; não se pode ter como regular o processo onde a pena tem iniciado o cumprimento sem condenação ou até mesmo sem denúncia.

O contraditório, como alerta Pacelli, é garantia de paridade e simetria de falas e provas:

> O contraditório, então, não só passaria a garantir o direito à informação de qualquer fato ou alegação contrária ao interesse das partes e o direito à reação (contrariedade) a ambos – vistos, assim, como garantia de participação – mas também garantiria que a oportunidade da resposta pudesse se realizar na mesma intensidade e extensão.[320]

Não se pode ter como respeitado o contraditório, porém, quando, antes de esgotada a carga acusatória, inclusive através do colaborador, vem a ser chamado o acusado para manifestar-se e provar. É que atuará

---

[319] BONATO, 2001, p. 126.
[320] PACELLI, 2017, p. 45.

o réu sem ainda saber a carga probatória e argumentativa trazida pelo colaborador, interessado na condenação do acusado; há contraditório incompleto.

A defesa precisará atuar, em provas e razões, somente após cumprido o dever acusatório de apresentação completa das provas indicadoras do pleito de condenação. A defesa do acusado provará após e falará após, sejam as provas de culpa trazidas pelo Ministério Público, sejam apresentadas elas pelo colaborador.

Em termo simples, as testemunhas do colaborador serão ouvidas antes das testemunhas arroladas pelo acusado, o interrogatório do acusado será realizado após o interrogatório dos colaboradores – que deverão responder a perguntas do acusado – e as razões finais da defesa acontecerão após as razões do colaborador.

Observo que não chega a se transformar o colaborador em testemunha da acusação no mesmo processo, mas acumula o colaborador duplo interesse: em ser absolvido – mesmo colaborando para demonstração de sua culpa – e em cumprir as promessas de provas da culpa avençadas – para recebimento dos favores negociados. É réu e acusador ao mesmo tempo.

Recentemente a 2ª Turma do Supremo Tribunal Federal, por maioria, reconheceu ser nulo o processo onde seja exigido ao acusado manifestar-se em alegações finais simultaneamente ao colaborador (Ag no HC 157.627). É o reconhecimento de que embora formalmente permaneça o colaborador como acusado, materialmente atua também com interesse condenatório do delatado acusado.

A não autoincriminação (*nemo tenetur se detegere, nemo tenetur se ipsum accusare ou nemo tenetur se ipsum prodere*) também preocupa, não apenas pela prática de exigir-se ao colaborador que abra mão do direito às impugnações processuais, como pela própria previsão legal de que nos depoimentos o colaborador renuncia ao direito de silêncio.[321]

A declinação do direito de calar somente pode ser admitida como opção da própria defesa e sem impedimento de novas opções futuras. É que a consequência da mentira ou omissão da verdade plena será o desfazimento do acordo, mas este não constitui obstáculo para que o colaborador exercite no futuro novamente seu direito de silêncio,

---

[321] Art 4º, §14, da Lei nº 12.850/13.

de não autoincriminação. É situação similar ao acusado que decide confessar o crime – isto não o impede de no futuro alterar sua versão, calar, escolher o caminho da não incriminação própria.

A negociação é incompatível com a falta de colaboração plena, mas não é obstáculo ao exercício da garantia constitucional ao silêncio. O princípio da inafastabilidade do acesso à jurisdição é "[...] consagração da tutela judicial efetiva, que garante a proteção judicial contra lesão ou ameaça a direito."[322] Nada pode ser excluído da apreciação judicial, nem o próprio dano judicial.

Na colaboração premiada não se podem admitir acordos que impeçam ao acusado o direito de impugnações quaisquer, mesmo e especialmente ao uso de recursos. Se admite o réu sua culpa e colabora para demonstrar a culpa de corréus, por interesse em favores, não se exige por isso que o colaborador precise aquiescer com nulidades processuais e danos outros.

Outra decorrência direta deste princípio é tema a ser desenvolvido no capítulo "Controles necessários", onde se discutirá o acesso judicial pleno no controle da legalidade da colaboração premiada. Se o Judiciário enfrenta, por exemplo, até danos gerados de opções administrativas, sem substituir-se ao administrador, mas verificando desvios a regras e princípios, inclusive constitucionais, não se poderá excluir igual acesso aos termos da negociação premial.

Enfim, as garantias substanciais de proteção processual não restam afastadas pela admissão de culpa e pela colaboração do acusado – menos ainda podendo afetar aqueles atingidos pela delação. As garantias constitucionais sempre limitarão e conformarão a persecução válida em qualquer processo definidor da culpa penal.

3. A CONSTITUIÇÃO GARANTISTA

Ao erigir princípios processuais à categoria formal de norma constitucional, acaba nossa lei maior por tornar clara a importância maior e substancial das garantias ao acusado.

O grande número de disposições constitucionais protetivas se faz também presente nas garantias processuais penais. É encaminhamento atual e dirigente para um modelo acusatório do processo penal:

---

[322] MENDES, 2015, p. 401.

1. As relações expostas do direito processual penal com as concepções políticas fundamentais não põem só um problema interdisciplinar de conexão entre um pensamento estritamente jurídico – o do direito processual penal – e uma ciência cultural – a Ciência Política ou Teoria do Estado. Ao lado desta conexão há também a de dois ramos distintos do pensamento jurídico: o direito processual penal é, como se exprime H. HENKEL [6], verdadeiro direito constitucional aplicado. Numa dupla dimensão, aliás: naquela, já caracterizada, derivada de os fundamentos do direito processual penal serem, simultaneamente, os alicerces constitucionais do Estado, e naquela outra resultante de a concreta regulamentação de singulares problemas processuais ser conformada jurídico-constitucionalmente.[323]

No exame da colaboração premiada, os princípios constitucionais de garantia processual precisam ser sopesados na melhor interpretação dos limites desse instituto de obtenção de provas.

3.1. JURISDICIONALIDADE DA PENA

A Constituição Federal estabelece o princípio da individualização da pena[324] e nosso Código de Processo Penal estabelece essa função exclusivamente ao juiz.[325] São disposições normativas cumpridoras do mandado constitucional objetivado de um processo criminal acusatório, onde a função de julgar seja distinta e exclusiva a quem detém o poder de definição da culpa.

A distinção de favores na Lei da Criminalidade Organizada (Lei nº 12.850/13), pelo Ministério Público a não persecução penal e pelo juiz na dosimetria da pena, já revela a submissão necessário ao processo acusatório penal.

Nosso modelo tendente ao acusatório impede ao juiz acusar, prerrogativa do agente ministerial que não pode ser coagida pelo julgador. Preservando-se a separação das funções acusatória e julgadora, porém, tampouco poderá o agente ministerial fixar pena.

---

323 FIGUEIREDO DIAS, 1981.

324 "Art. 5º, XLVI - a lei regulará a individualização da pena [...]."

325 Código de Processo Penal, art. 59 - *O juiz*, atendendo à culpabilidade, aos antecedentes, à conduta social, à personalidade do agente, aos motivos, às circunstâncias e conseqüências do crime, bem como ao comportamento da vítima, estabelecerá, conforme seja necessário e suficiente para reprovação e prevenção do crime [...].

O risco de atuação inquisitória dá-se também quando o Ministério Público não apenas acusa, mas também venha a fixar pena. Efetivamente pela colaboração premiada pode o acusado concordar com a culpa ou com critérios de redução da pena – parâmetros de redução da pena a ser pelo juiz fixada. Não há previsão legal de pena concreta na negociação com o agente ministerial, nem isso poderia ocorrer ante a separação das funções processuais:

> Por isso, quem investiga não pode julgar e quem julga não pode investigar. São funções incompatíveis entre si. Num processo em que ao investigador não coubesse realizar o julgamento, o problema estaria solucionado, cada uma das funções ficaria a cargo de sujeitos distintos.
> Porém, tais qual vem sendo realizada a colaboração processual entre nós, ambas as funções estão sendo exercidas pelo Ministério Público. A investigação é realizada pelo Ministério Público, seja em conjunto com a polícia, seja com base em seus poderes de investigação. É o Ministério Público que irá escolher com quem celebrará a colaboração e, o que é mais relevante, que versão dos fatos será aceita. Há colaboradores que recebem imunidade e sequer serão processados; outros, mesmo sem terem sido investigados ou denunciados, já aceitam voluntariamente uma pena específica a ser cumprida, com a simples homologação do acordo. Não haverá instrução nem julgamento! É inegável que vivemos um retorno a um modelo de concentração de funções: o Ministério Público investigou, estabeleceu a verdade dos fatos, decidiu, estabelecendo a pena que foi aceita pelo colaborador resignado, e puniu. Como ocorria séculos atrás, a fogueira da inquisição continua acesa, só tendo sido trocado quem exerce o papel de inquisidor![326]

A fixação da pena pelo Ministério Público torna nele concentradas as funções persecutórias do processo e impede a revisão dos erros, pois da pena negociada não cabem recursos, enquanto da pena judicialmente fixada (mesmo com as reduções de pena negociadas) sempre será possível o acesso recursal.

Nesse sentido caminha Figueiredo Dias:

> [...] um acordo sobre a medida concreta da pena não pode ser considerado admissível, pois que tal significaria uma violação do princípio da culpa e aproximaria de novo o acordo da troca, negócio ou barganha. Ao tribunal, e só a ele, pertence ponderar todas as circunstâncias do caso que relevam para a culpa e a prevenção e, em função delas, encontrar o exacto quantum de pena.[327]

---

[326] BADARÓ, 2017, 143.

[327] DIAS, 2011, p. 51.

A Constituição Federal expressou as muito relevantes funções institucionais do Ministério Público, tornando certa na ação penal sua atividade de promover a ação penal, como agente provocador da jurisdição estatal.[328]

Canotilho e Brandão também se posicionaram pela não admissão da fixação de pena certa no acordo negociado:

> A jusestadualidade que deve caracterizar a República Federativa do Brasil e comandar a acção de todos os seus órgãos não consente que um réu sofra a execução de uma pena criminal sem um prévio e devido processo penal (art. 5.º, LIV, da Constituição Brasileira). Tal como não consente, por mor da reserva absoluta de jurisdição dos tribunais em matéria de aplicação e execução de penas criminais, que uma decisão dessa natureza seja tomada por um órgão externo ao poder judicial, como é o Ministério Público (art. 5.º, XXXV e LIII, da Constituição Brasileira).[329]

É o princípio da jurisdicionalidade ou da reserva da jurisdição. Atividades estatais mais fortemente invasivas ao núcleo de intimidade do cidadão, exigem motivada decisão judicial para sua restrição. Nada é mais invasivo do que a privação da liberdade pela imposição de pena.

No processo penal, apenas o juiz pode fixar pena. Trata-se de respeito não apenas ao modelo acusatório, como de preparo e delimitação técnica da função, garantia de imparcialidade e de acesso à revisão recursal.

O magistrado tem a exclusividade da definição da culpa e da pena, isento de pré-convencimentos inafastáveis a quem atua como parte – mesmo buscando a defesa da ordem jurídica –, que tenderiam a conduzir para definições mais brandas ou mais severas de culpa ou da resposta penal aplicada.

O risco de penas injustas é agravado pela impossibilidade de revisão recursal ao acordo homologado. A casuística já demonstrou negociação de pena em montante maior do que teria o acusado se diretamente condenado fosse – negociou-se pena muito alta, sem corretos critérios de dosimetria. A casuística já demonstrou penas concretizadas em patamares proporcionalmente muito pequenos, com discutíveis critérios de favorecimento ao colaborador.

---

328 "Art. 129. São funções institucionais do Ministério Público:
I - promover, privativamente, a ação penal pública, na forma da lei; [...]."
329 CANOTILHO; BRANDÃO, 2016, p. 32.

Deixar a uma das partes da causa, acusação ou defesa, a função definidora da culpa ou da pena é abandonar a garantia do julgamento imparcial e justo.

No Supremo Tribunal Federal o Ministro Ricardo Lewandowski, em recente precedente, rejeitou negociação onde era fixada concretamente a pena concreta pelo Ministério Público:

> No entanto, como é de conhecimento geral, o Poder Judiciário detém, por força de disposição constitucional, o monopólio da jurisdição, sendo certo que somente por meio de sentença penal condenatória, proferida por magistrado competente, afigura-se possível fixar ou perdoar penas privativas de liberdade relativamente a qualquer jurisdicionado.
> [...] O mesmo se diga em relação ao regime de cumprimento da pena, o qual deve ser estabelecido pelo magistrado competente, nos termos do disposto no art. 33 e seguintes do Código Penal, como também no art. 387 do Código de Processo Penal, os quais configuram normas de caráter cogente, que não admitem estipulação em contrário por obra da vontade das partes do acordo de colaboração.
> [...] Ora, validar tal aspecto do acordo, corresponderia a permitir ao Ministério Público atuar como legislador. Em outras palavras, seria permitir que o órgão acusador pudesse estabelecer, antecipadamente, ao acusado, sanções criminais não previstas em nosso ordenamento jurídico, ademais de caráter híbrido.[330]

Embora inicialmente tenha o órgão acusatório interposto recurso contra essa decisão, acabou por não ser levado o mérito ao julgamento colegiado da Suprema Corte, impedindo-se o exame definitivo quanto à negociação ministerial definidora de pena.

A mesma delimitação legal que dá ao Ministério Público a prerrogativa de decidir em negociação por não denunciar, também é clara ao conceder ao juiz a prerrogativa de dosar e fixar a pena (ainda que com patamares de redução acordados) na colaboração premiada. Isto garante a separação das funções processuais e limita poderes de modo seguro ao acusado e à sociedade.

A jurisdicionalidade da dosimetria da pena é garantia processual necessária à imparcial definição da culpa e da resposta criminal, que não se pode afastar mesmo com a concordância do réu.

---

[330] Petição 7265/STF.

3.2. PRINCÍPIOS DA ADMINISTRAÇÃO PÚBLICA

A necessidade de orientação e controle levaram os fundamentos da ação pública à expressão constitucional. Não pode ser cumprida a função de Estado sem publicidade, legalidade, impessoalidade, moralidade e eficiência.

Muito se tem tratado sobre a administração na criação e execução das políticas públicas, na ação social, na afirmação das promessas constitucionais... Pouco se observa, porém, que a ação judicial também é exercício de função estatal,[331] menos ainda se percebe que atos existem no processo judicial onde atua o magistrado como efetivo gestor – na guarda e alienação de bens, na escolha de peritos, na destinação da prestação pecuniária e, foco deste exame, no trato da negociação de colaboração premiada.

A colaboração premiada é favor de não persecução ou de redução da pena para autor do crime que, além da confissão, revela e traz provas de outros agentes e produtos do crime.

Como negócio jurídico processual, os negociadores estatais e o acusado colaborador concordam com deveres e favores correspondentes, por critérios subjetivos, variáveis e com larga discricionariedade. É estipulação de contrato administrativo dentro de um processo judicial.

É nessa atuação negocial que precisam ser observados os princípios constitucionais que regem a administração pública. Especialmente onde há margem discricionária, mais é exigido do agente estatal o respeito a um agir de interesse coletivo.

A negociação será realizada conforme as permissões legais, especialmente aquelas contidas no detalhamento trazido pela Lei de Organizações Criminosas, mas como ato estatal precisará atender já inicialmente ao alcance dos direcionamentos do artigo 37 de nossa Carta Magna, como ato da Administração Pública.

3.2.1. A EFICIÊNCIA

É a eficiência princípio constitucional de melhor gestão pública, realizando os fins da administração em menor tempo, com menores custos. Alexandre de Moraes assim o define:

---

[331] E o artigo 37 da Constituição Federal isto torna certo ao prever a incidência dos princípios a *"qualquer dos Poderes da União"*.

Assim, princípio da eficiência é o que impõe à administração pública direta e indireta e a seus agentes a persecução do bem comum, por meio do exercício de suas competências de forma imparcial, neutra, transparente, participativa, eficaz, sem burocracia e sempre em busca da qualidade, primando pela adoção dos critérios legais e morais necessários para melhor utilização possível dos recursos públicos, de maneira a evitarem-se desperdícios e garantir-se maior rentabilidade social.[332]

Se a toda ação estatal é exigida a busca da eficiência, não pode a persecução criminal isto dispensar. É dever do Estado substituir-se à sociedade na investigação e condenação de criminosos, sempre conforme os critérios legais.

Na criminalidade organizada, a investigação e a demonstração de culpa se constituem em aspecto especialmente difícil. A especialização e compartimentação, típicas no crime organizado, tornam difícil demonstrar quem esse crime comete e como o realiza na organização.

A Lei da Criminalidade Organizada prevê inclusive especiais meios investigatórios para a mais eficiente detecção dos crimes; a colaboração premiada, a captação ambiental de sinais, a ação controlada e a infiltração policial, além da quebra de sigilos e cooperação de órgãos estatais.[333]

---

[332] MORAES, 1999, p. 30.

[333] Lei nº 12.850/13, art. 3º "Em qualquer fase da persecução penal, serão permitidos, sem prejuízo de outros já previstos em lei, os seguintes meios de obtenção da prova:

I - colaboração premiada;

II - captação ambiental de sinais eletromagnéticos, ópticos ou acústicos;

III - ação controlada;

IV - acesso a registros de ligações telefônicas e telemáticas, a dados cadastrais constantes de bancos de dados públicos ou privados e a informações eleitorais ou comerciais;

V - interceptação de comunicações telefônicas e telemáticas, nos termos da legislação específica;

VI - afastamento dos sigilos financeiro, bancário e fiscal, nos termos da legislação específica;

VII - infiltração, por policiais, em atividade de investigação, na forma do art. 11;

VIII - cooperação entre instituições e órgãos federais, distritais, estaduais e municipais na busca de provas e informações de interesse da investigação ou da instrução criminal."

Sempre que pesa mais forte a balança para o lado da eficiência, porém, mais leves – frágeis) restam as garantias individuais. A quebra de sigilos viola a intimidade em prol da eficiência, a infiltração policial e a ação controlada reduzem as garantias sociais de que o Estado encontra-se realmente reprimindo crimes (traz a possibilidade de desvios de finalidade da ação) e a colaboração premiada restringe (ainda que se possa argumentar validamente) o direito de defesa.

De todos esses meios de obtenção de prova, é a colaboração premiada o que melhor desempenho tem mostrado no país. Na última década, grandes operações policiais demonstraram eficiência na descoberta de graves crimes praticados por grupos criminosos estruturados, com frequência a partir de delações.

Na conhecida operação lava jato, já foram condenadas 188 pessoas, registrados 395 pedidos de cooperação internacional com 50 países e obtida a recuperação de aproximadamente R$ 12 bilhões para os cofres públicos. Como meio de prova, 134 delações premiadas foram realizadas.[334] Há preocupação com abusos persecutórios, mas sem dúvida é extremamente alta a eficiência investigatória e probatória.

3.2.2. A IMPESSOALIDADE, MORALIDADE E PUBLICIDADE

A impessoalidade é constitucional princípio da administração pública, que exige darem-se as opções do agente público sem interesse pessoal. Justen Filho bem esclarece:

> A impessoalidade é uma faceta da isonomia, tomando em vista especificamente a aplicação da lei pelo Estado. [...] O conteúdo essencial do princípio reside em impedir que algum sujeito receba tratamento mais vantajoso ou prejudicial do que o reservado para o conjunto da população.[335]

A ação negociadora do agente público (delegado ou promotor) com o autor do fato precisa dar-se nos limites da impessoalidade, sem favorecer amigos ou interesses, anormalmente alterando a fixação e os termos do acordo.

---

334 RICHTER, André. Lava Jato completa 4 anos neste sábado; veja números da operação. Agência Brasil, 17 mar. 2018. Disponível em: http://agenciabrasil.ebc.com.br/politica/noticia/2018-03/lava-jato-completa-4-anos-neste-sabado-veja-numeros-da-operacao. Acesso em: 11 set. 2020.

335 JUSTEN FILHO, 2016, p. 64.

Não se pode permitir o uso da função pública para fins privados e isto a impessoalidade impede. Na negociação o objetivo interesse público há de regular a proposta e seus termos.

Não se trata de régua exata, que impeça diferenciações casuísticas, mas estas precisarão ser expressamente indicadas. Se é especialmente relevante o dano social do crime, o proveito restituído, a proteção das vítimas, ou outro motivo idôneo de distinção, isto precisará constar de fundamento específico, para justificar a diferenciada concessão de favores além ou aquém dos já fixados em situações símiles.

A ponderação do quanto ceder, prometer, é proporcionalmente controlada, no sopesar daquilo que é preciso, como forma de melhor manter a ordem jurídica e de solver o justo do caso concreto:

> Afirmar que a natureza dos princípios implica a máxima da proporcionalidade significa que a proporcionalidade, com suas três máximas parciais da adequação, da necessidade (mandamento do meio menos gravoso) e da proporcionalidade em sentido estrito (mandamento do sopesamento propriamente dito), decorre logicamente da natureza dos princípios, ou seja, que a proporcionalidade é deduzível dessa natureza.[336]

A dificuldade da subjetividade da negociação não pode impedir a revisão de seus motivos e especialmente de critérios diferenciadores de negociações similares, evitando o desvio funcional em razão de inimizades ou interesses.

Revelada a distinção do favor pelas pessoas em negociação, há violação da impessoalidade, a exigir a não admissão – ou alteração – do acordo.

A moralidade também é expressão constitucional do agir administrativo. É princípio que vem como o agir correto, aceito como caminho do bem para a Administração e para a sociedade. A respeito, Justen Filho esclarece:

> A moralidade consiste na exigência de compatibilidade da atividade administrativa com os valores éticos genericamente considerados.
> [...] O princípio da moralidade interdita a obtenção de vantagens não respaldadas pela boa-fé. Exclui a legitimidade de condutas fundadas em subterfúgios, no aproveitamento da ausência de conhecimento ou de condições de defesa do próximo.

---

[336] ALEXY, 2003, p. 117.

O princípio da moralidade exige que a atividade administrativa seja desenvolvida de modo leal e que assegure a toda a comunidade a obtenção de vantagens justas.[337]

Di Pietro acrescenta:

> Mesmo os comportamentos ofensivos da **moral comum** implicam ofensa ao princípio da moralidade administrativa (cf. Manoel de Oliveira Franco Sobrinho, 1974:11).
> Além disso, o princípio deve ser observado não apenas pelo administrador, mas também pelo particular que se relaciona com a Administração Pública.[338]

Esse padrão de conduta do bem e do correto nos vínculos da administração precisará incidir na negociação da colaboração premiada. Os negociadores estatais agirão necessariamente de acordo com o que se aceita como certo na ordem administrativa e com o que se aceita como devido na sociedade. É o bem administrativo e social.

Não pode a colaboração premiada dar-se fora do padrão da administração, como na forma de negociação ou favores não usualmente adequados. Não pode a colaboração dar-se fora da noção social do bem e do correto.

Se não é vinculado o direito ao conceito social da moral, não pode de outro lado ser admitido como padrão de conduta administrativa aquilo que viole gravemente o estado de moral estável em uma sociedade. Acordos que gerem sensação de impunidade, de desproporção,[339] ferem a moralidade administrativa.

---

[337] JUSTEN FILHO, 2016, p. 65.

[338] DI PIETRO, 2012, p. 79.

[339] Emília Malacarne e Juliana Malafaia, em artigo intitulado A incômoda im(p)unidade dos irmãos Joesley e Wesley Batista, discute a sensação social de impunidade nesse acordo: "Apesar de cada vez mais comum, a reação social após a divulgação do acordo de colaboração dos irmãos Batista destoou dos demais casos verificados até o momento. Após o alvoroço causado pelas informações veiculadas pela imprensa durante as últimas duas semanas, passou-se a levantar questionamentos quanto às sanções impostas aos irmãos Batista, ou melhor, quanto às sanções não impostas. Restou indigesto aos brasileiros que participantes confessos de esquema criminoso que teria gerado prejuízo bilionário aos cofres públicos estejam, hoje, assistindo ao caos do sistema político e econômico do país no conforto de seus luxuosos apartamentos nova-iorquinos."

Finalmente, o princípio da publicidade é ínsito à ação democrática. Todo ato administrativo, salvo justificável excepcionalmente casuístico, deve permitir o conhecimento e controle daqueles diretamente interessados e também de toda sociedade.

A negociação da colaboração premiada não traz características de sigilo. A lei apenas prevê sigilo das investigações em desenvolvimento,[340] como medida excepcional.[341] Não há como justificar a falta de transparência na inadmissão de acesso aos termos do acordo negociado, embora essa tenha sido a compreensão de nosso Supremo Tribunal Federal,[342] ao indicar que no negócio personalíssimo da colaboração premiada apenas seus negociadores é que estariam diretamente interessados nesse acordo, inacessível à sociedade e mesmo aos delatados.

Não há como negar, porém, o interesse de delatados controlarem a proporcionalidade dos favores ofertados. Para além da validade do acordo desproporcional, passam os delatados a poder questionar o interesse do delator ante especiais ou anormais favores prometidos.

Delatados possuem legítimo interesse de conhecer o trâmite e os favores ofertados para a colaboração premiada (ressalvada investigação em desenvolvimento). A sociedade precisa ter pleno acesso ao agir administrativo para controlá-lo e criticá-lo. Nesse sentido:

> Consagra nisto o dever administrativo de manter plena transparência em seus comportamentos. Não pode haver em um Estado Democrático de Direito, no qual o poder reside no povo (art. 1º, parágrafo único, da Constituição), ocultamento aos administrados dos assuntos que todos interessam, e muito menos em relação aos sujeitos individualmente afetados por alguma medida.[343]

---

340 Art. 7º.

341 Art. 23.

342 6. Por se tratar de negócio jurídico personalíssimo, o acordo de colaboração premiada não pode ser impugnado por coautores ou partícipes do colaborador na organização criminosa e nas infrações penais por ela praticadas, ainda que venham a ser expressamente nominados no respectivo instrumento no "relato da colaboração e seus possíveis resultados" (art. 6º, I, da Lei nº 12.850/13).
(HC 127483, Relator(a): Min. DIAS TOFFOLI, Tribunal Pleno, julgado em 27/08/2015, PROCESSO ELETRÔNICO DJe-021 DIVULG 03-02-2016 PUBLIC 04-02-2016)

343 MELLO, 2013, p. 117.

Embora na colaboração premiada a promessa de prova da culpa de terceiros efetivamente seja sensível à publicidade, pela indicação de crimes que podem vir a não ser provados, isto em verdade já se dá – em menor grau – na própria investigação criminal. E, de regra, admitem nossos tribunais como prevalente o princípio da publicidade mesmo no inquérito policial.[344]

Quanto às provas decorrentes da colaboração premiada, já não se tem divergências quanto à incidência plena da publicidade. A Lei da Criminalidade Organizada prevê públicas as provas, em regra a partir do recebimento da denúncia[345] e isto tem confirmado o Supremo Tribunal Federal.

Impessoalidade, moralidade e publicidade, princípios delimitadores de toda ação estatal, aplicam-se à inteireza nos acordos de colaboração premiada, que precisarão ser negociados sem desvios de interesses pessoais, por um prisma do correto e usualmente admitido, com fiscalização e controles das partes e da sociedade.

3.2.3. PROPORCIONALIDADE E ISONOMIA

A proporcionalidade é medida do necessário, por qualquer de suas consagradas dimensões: necessidade, adequação e proporcionalidade em sentido estrito. O exagero nos meios ou no quanto, a desproporção entre vantagens e prejuízos gerados pela medida, conduzem o intérprete ou aplicador a norma limites concretos de contenção: o agir conforme preciso e indispensável. Nesse sentido explicita Barroso:

> Em resumo sumário, o princípio da razoabilidade permite ao Judiciário invalidar atos legislativos ou administrativos quando: a) não haja adequação entre o fim perseguido e o instrumento empregado (adequação); b) a medida não seja exigível ou necessária, havendo meio alternativo menos gravoso para chegar ao mesmo resultado (necessidade/vedação do excesso); c) não haja proporcionalidade em sentido estrito, ou seja, o que se perde com a medida é de maior relevo do que aquilo que se ganha (proporcionalidade em sentido estrito).[346]

---

[344] CPP, art. 20. A autoridade assegurará no inquérito o sigilo necessário à elucidação do fato ou exigido pelo interesse da sociedade.

[345] Art. 7º. § 3º.

[346] BARROSO, 2018, p. 168.

Ávila salienta o caráter sistêmico[347] do princípio:

> O chamado princípio da proporcionalidade não consiste num princípio, mas - como adiante esclarecido - num *postulado normativo aplicativo*. A partir dessa constatação ficará claro porque a tentativa de explicação do seu fundamento jurídico-positivo de validade tem sido tão incongruente: é que ele não pode ser deduzido ou induzido de um ou mais textos normativos, antes resulta, por implicação lógica, da estrutura das próprias normas jurídicas estabelecidas pela Constituição brasileira e da própria atributividade do Direito, que estabelece proporções entre bens jurídicos exteriores e divisíveis.[348]

Seja como postulado aplicativo, seja como regra solucionadora na colisão de direitos, vem a proporcionalidade a evitar o abuso, o desnecessário:

> [...] empregada especialmente nos casos em que um ato estatal, destinado a promover a realização de um direito fundamental ou de um interesse coletivo, implica a restrição de outro ou outros direitos fundamentais. O objetivo da proporcionalidade [...] é fazer com que nenhuma restrição a direitos fundamentais tome dimensões desproporcionais.[349]

Na lei há limitações expressas aos favores e deveres passíveis de negociação. Não poderão os agentes negociadores sair dos limites legais da colaboração premiada. Como negociação que é, porém, admitirá aos participantes acordarem dentro dos limites legais. É nessa amplitude de negociação legal que se insere o exame da proporcionalidade.

Como esclarece Suzana de Toledo Barros, "A questão da ponderação é, portanto, uma questão de controlabilidade do resultado restritivo que se adote para um direito em conflito."[350] É a admissão de que poderão os negociadores estatais propor maior ou menor redução de pena, mas que para isso definirem precisarão sopesar a importância dos deveres assumidos pelo colaborador, a partir dos critérios já em

---

[347] Também assim caminha Alexy, no sopesar daquilo que é preciso, como forma de melhor manter a ordem jurídica e de solver o justo do caso concreto: "Afirmar que a natureza dos princípios implica a máxima da proporcionalidade significa que a proporcionalidade, com suas três máximas parciais da adequação, da necessidade (mandamento do meio menos gravoso) e da proporcionalidade em sentido estrito (mandamento do sopesamento propriamente dito), decorre logicamente da natureza dos princípios, ou seja, que a proporcionalidade é deduzível dessa natureza." Cf.: ALEXY, 2003, p. 117.

[348] ÁVILA, 1999, p. 153.

[349] SILVA, 2002, p. 23.

[350] BARROS, 2003, p. 177.

lei fixados como orientação – personalidade do agente, natureza, circunstâncias, gravidade e repercussão social do crime, além da eficácia da colaboração.[351]

Não deve o negociador estatal conceder favores desproporcionais ao resultado da colaboração, dosando bem as vantagens probatórias trazidas pelo colaborador e o ganho social decorrente.

Tem sido a proporcionalidade utilizada como fundamento para a criação de penas e regimes prisionais. A proposição é de que poderia o juiz conceder até mesmo o perdão judicial, de modo que seria até favorável ao colaborador a imposição de pena inventada menos gravosa.

A argumentação é de que cumpre a legalidade função limitadora do agir estatal em favor do cidadão, não podendo por decorrência servir para prejudicá-lo. Se a lei prevê medidas mais gravosas do que as proporcionalmente fixadas na colaboração premiada, obrigar ao cumprimento da lei seria usar de um direito constitucional para prejudicar ao cidadão – e direitos jamais poderiam ser forçados em prejuízo de seu titular. É do condenado o direito a não ter pena sem previsão em lei, mas se a ampliação criadora do favor se dá justamente em benefício do cidadão, não seria de seu interesse o cumprimento desse direito.

Esse tem sido o critério judicialmente admitido de criar medidas cautelares penais sem fundamento em lei. No tópico específico dos limites legais, porém, já se ressaltou que mesmo com bons propósitos ao cidadão, não pode o agir estatal dar-se fora das limitações legais, que justamente proporcionam segurança, isonomia e o devido processo legal. De resto, na sentença voltará a ser utilizado o princípio da proporcionalidade para aferição do cumprimento dos termos acordados. Cumpridos os deveres do colaborador, integral será o benefício negociado; cumpridas parcialmente as promessas do colaborador, proporcionalmente reduzidos serão os favores acordados.

Finalmente, a isonomia de tratamento público aos cidadãos exige também na colaboração premiada um dever de regularidade de tratamento. Aos colaboradores em similar situação de promessas e danosidade dos crimes, similares também deverão ser os deveres e favores negociados.

---

[351] Lei da Criminalidade Organizada, art. 4º, § 1º Em qualquer caso, a concessão do benefício levará em conta a personalidade do colaborador, a natureza, as circunstâncias, a gravidade e a repercussão social do fato criminoso e a eficácia da colaboração.

A igualdade constitucional é abordada pelo prisma material em seu artigo 5º, já no *caput*, com a previsão de que "Todos são iguais perante a lei, sem distinção de qualquer natureza [...]." É igualdade de direitos e oportunidades, proibindo-se diferenciações arbitrárias e não justificáveis.

Segue nossa Constituição detalhando a igualdade racial,[352] igualdade entre os sexos,[353] igualdade de credo religioso,[354] igualdade jurisdicional,[355] igualdade trabalhista,[356] igualdade política[357] e igualdade tributária.[358] São explicitações da regra proibitiva de diferenças não justificáveis nos valores constitucionais.

No processo penal a igualdade é aferida pela exigência de rito idêntico a todos; no direito penal se dá a igualdade por exigência de ação conforme o direito a todos em igual situação e por critérios uniformes na dosimetria e na execução da pena.

Na colaboração premiada a mesma regra de igualdade incidirá, para impedir favores ou deveres anormais a outros colaboradores em situação símile – no mesmo ou em outros processos. A subjetividade casuística impede aproximações objetivas, mas um critério geral de similaridade de tratamento permitirá melhor o controle.

Assim já se dá claramente na dosimetria da pena, onde mesmo presentes critérios na lei é ampla a discricionariedade judicial. Incide a revisão recursal nesse caso como órgão da segurança jurídica uniformizadora, evitando graves desvios da dosimetria.

Igual medida gradualmente deverá incidir nas colaborações premiadas. Embora deva o negociador agir de modo isonômico ante situações similares, apenas por um controle revisional – que no próximo capítulo será discutido – é que se poderá controlar os desvios de negociação.

Sem controle posterior, é diretamente do negociador o dever de velar pela negociação isonômica, exigindo deveres usuais à situação e concedendo proporcionais favores estatais também usuais. A distinção de tratamento negocial exigirá fundamentação justificadora desse desvio.

---

352 Artigo 4º, inciso VIII.
353 Artigo 5º, inciso I.
354 Artigo 5º, inciso VIII.
355 Artigo 5º, inciso XXXVIII.
356 Artigo 7º, inciso XXXII.
357 Artigo 14.
358 Artigo 150, inciso III.

CONTROLES NECESSÁRIOS

Todo poder exige limites e controles. É da natureza humana a compreensão egoística, de superioridade moral sobre todos e, daí, os abusos:

> Mas é uma experiência eterna que todo homem que tem poder é levado a abusar dele. Vai até encontrar os limites. Quem diria! A própria virtude precisa de limites.
> Para que não possam abusar do poder, precisa que, pela disposição das coisas, o poder freie o poder.[359]

Se a livre convicção judicial é garantia para a jurisdição, seu controle se dá pelos recursos – controle institucional interno. Se o administrador possui discricionariedade de escolhas, os excessos serão fiscalizados pela sociedade e pelo legislativo, sendo os reclamos levados ao controle pelo Judiciário – controle externo à instituição. Todo poder precisa ser controlado.

O poder de inciativa persecutória penal é extremamente relevante: identificar a justa causa para processar pessoas e para buscar sua condenação, afeta não somente a liberdade dos cidadãos, mas seu estado de espírito, sua imagem... Precisa o Ministério Público também submeter-se a limites e controles.

Já atua o Conselho Nacional do Ministério Público (CNMP) no controle administrativo da instituição,[360] ficando suas decisões sob valoração exterior do Supremo Tribunal Federal.[361] A atividade fim ministe-

---

359 MONTESQUIEU, 2004, p. 167.

360 "Constituição Federal, art. 130-A, § 2º Compete ao Conselho Nacional do Ministério Público o controle da atuação administrativa e financeira do Ministério Público e do cumprimento dos deveres funcionais de seus membros [...]."

361 "Constituição Federal, art. 102. Compete ao Supremo Tribunal Federal, precipuamente, a guarda da Constituição, cabendo-lhe:

I - processar e julgar, originariamente:

[...]

rial, porém, possui raros controles internos, como no caso do princípio devolutivo, onde a manifestação de arquivamento da investigação criminal pode ser revista pela Chefia do órgão[362] e no arquivamento da ação civil pública,[363] então com revisão pelo Conselho Superior.

Se de um lado pode ser preocupante a invasão da convicção funcional do agente ministerial, que sem dúvida precisa ter preservado seu livre convencimento jurídico, de outro lado não se pode admitir o poder incontido, de agir nos procedimentos quaisquer que escolher, perseguindo quem entender, impondo advertências, sanções administrativas e ameaças formais de interposição de ações de responsabilização, sem que a manifestação de mérito ministerial esteja também sujeita a recursos, a controles.

A atuação sem controle na colaboração premiada é apenas mais uma das facetas demonstradoras de que, como qualquer poder, a ação ministerial precisa de controles.

---

r) as ações contra o Conselho Nacional de Justiça e contra o Conselho Nacional do Ministério Público;

362 "Código de Processo Penal, art. 28. Se o órgão do Ministério Público, ao invés de apresentar a denúncia, requerer o arquivamento do inquérito policial ou de quaisquer peças de informação, o juiz, no caso de considerar improcedentes as razões invocadas, fará remessa do inquérito ou peças de informação ao procurador-geral, e este oferecerá a denúncia, designará outro órgão do Ministério Público para oferecê-la, ou insistirá no pedido de arquivamento, ao qual só então estará o juiz obrigado a atender."

363 "Lei da Ação Civil Pública (nº 7.347/85), art. 9º Se o órgão do Ministério Público, esgotadas todas as diligências, se convencer da inexistência de fundamento para a propositura da ação civil, promoverá o arquivamento dos autos do inquérito civil ou das peças informativas, fazendo-o fundamentadamente.

§ 1º Os autos do inquérito civil ou das peças de informação arquivadas serão remetidos, sob pena de se incorrer em falta grave, no prazo de 3 (três) dias, ao Conselho Superior do Ministério Público.

§ 2º Até que, em sessão do Conselho Superior do Ministério Público, seja homologada ou rejeitada a promoção de arquivamento, poderão as associações legitimadas apresentar razões escritas ou documentos, que serão juntados aos autos do inquérito ou anexados às peças de informação.

§ 3º A promoção de arquivamento será submetida a exame e deliberação do Conselho Superior do Ministério Público, conforme dispuser o seu Regimento.

§ 4º Deixando o Conselho Superior de homologar a promoção de arquivamento, designará, desde logo, outro órgão do Ministério Público para o ajuizamento da ação."

1. CONTROLE INTERNO MINISTERIAL

Até para preservação maior da própria instituição ministerial, devem dela partir os controles e revisões dos atos de seus membros.

A aparente limitação do agir pelo controle torna-se em verdade protetora. É com a confirmação da atuação legal que se poderão impor com maior força as manifestações dos agentes ministeriais. Enquanto atua isoladamente, é o membro do Ministério Público naturalmente questionado sobre suas escolhas, mas quando passa o órgão a reconhecer que são corretas as opções de seu agente, deixa de ser essa escolha a manifestação de um, para ser a manifestação efetivamente do órgão. Deixam de ser a unidade e indivisibilidade princípios institucionais abstratamente arguidos, para se transformarem em admissão casuística da validade de atos dos Promotores de Justiça.

Com o controle, com a possibilidade de revisão das escolhas isoladas dos agentes ministeriais, não ser reduz em força o Ministério Público; ao contrário, se agiganta pela confirmação de que se tem um ato efetivamente coletivo, admitido como correto pela instituição.

Sem dúvida não será possível efetivar controle de todos atos e opções ministeriais, mas os atos mais relevantes, que estejam sob exclusivo critério do representante ministerial, precisarão submeter-se ao controle. Trata-se de regra de validação, de concreção à unidade institucional e de democracia.

1.1. INDEPENDÊNCIA FUNCIONAL, CONTROLE E REVISÃO

O princípio institucional da independência funcional é simples transposição ao agente acusador penal da garantia de livre convencimento aplicável ao magistrado. Deve o promotor ter assegurada a prerrogativa de convencer-se sobre as provas, estratégias e pedidos durante o processo, sem interferências ou pressões:

> A *magistratura do Ministério Público*, ao contrário, detém privativamente uma parcela das funções estatais. Em vista disso, tem poder de decisão sem sujeição a ordens hierárquicas, como ocorre nas relações administrativas [...].[364]

---

[364] RIBEIRO, 2003, p. 109.

Não é a independência funcional, porém, prerrogativa de não revisão, de ausência de controle. Na analogia ao magistrado, este é livre para convencer-se no processo, mas suas decisões são controláveis (diretamente pelas partes) e revisáveis na via recursal, seguindo após no processo conforme decidirem as instâncias revisoras. Controle e revisão não são diminuições da independência.

Esse primeiro e relevante aspecto é digno de destaque, por tender a ação isolada dos promotores a fazer com que o agente se considere o único e último a realizar o exame de justo do caso. Em cada procedimento, em cada gabinete, o agente ministerial escolhe em que atuará dentre os inúmeros reclamos e necessidades sociais, assim como quais recomendações, advertências ou ameaças processuais realizará em intervenções controladoras de abusos administrativos ou ambientais. Tende assim a ver como afronta a sua independência a intervenção de terceiros que lhe afirmem incorretas suas opções, sugiram outras preferências sociais, revisem suas ordens e conclusões técnicas.

A possibilidade, que necessidade deve ser, de uma manifestação isolada ser controlada e revista não retira do agente ministerial o pleno poder decisório; apenas se o submete à garantia da revisão dos erros, como é natural a toda ação administrativa.

Sobre a independência funcional, explica Mazzilli "[...] que é a liberdade com que estes (os agentes do Ministério Público) exercem seu ofício agora em face de outros órgãos da própria instituição do Ministério Público."[365]

Já a autonomia funcional, conforme Teixeira, estaria no poder regulamentar para a atuação dos membros do Ministério Público, de modo que depois da lei, a atividade-fim dos membros da Instituição pode ser regrada pela própria Instituição, e esses atos regulamentadores não estão sujeitos a controle hierárquico por parte de outra autoridade fora da instituição.[366]

Meirelles também distingue independência e autonomia funcional, esclarecendo: "Independência é de caráter absoluto; a autonomia é relativa a outro órgão, agente ou Poder. Ora, no que concerne ao desempenho da função ministerial, pelo órgão (Ministério Público) e seus

---

[365] MAZZILLI, 1997, p. 107.
[366] TEIXEIRA, 2002, p. 76.

agentes (Promotores, Procuradores), há independência da atuação e não apenas 'autonomia funcional'."[367] A distinção faria da independência atributo do agente e a autonomia atributo institucional.

Para os fins deste estudo, inserir a autonomia no trato institucional ou inseri-la na atuação individual do membro ministerial não gera distinções quanto ao controle. A plena e independente prerrogativa do agente ministerial decidir sobre opções, estratégias e teses, deve ser conciliada com a possibilidade de seu controle e revisão, interna e externamente – controle judicial, que no item seguinte será desenvolvido.

A garantia constitucional da independência funcional, como princípio institucional do Ministério Público,[368] lhe assegura tão só liberdade de convicção – do quando agir e de como compreender o justo. É a não subordinação funcional do agente ministerial, prevista nos artigos 10, XII, 15, X, 17, IV, e 20, todos da Lei nº 8.625/93, além da própria LCP 75/93, do Ministério Público da União.

Embora efetivamente a independência funcional venha a traduzir-se no direito de o agente ministerial oficiar livre e fundamentadamente, de acordo com sua consciência e a lei, não estando adstrito à orientação de outrem, essa independência se dá para sua opção decisória, como analogamente também livre é a decisão pelo magistrado. Nenhum dos dois, porém, como nenhum agente público, restará livre de controles ou revisões.

Assim como no Judiciário, não existe hierarquia entre os membros do Ministério Público, atuando as chefias com atribuições administrativas, direcionando forças e organizando os serviços. Isto garante a autonomia e independência do agente, mas, como no exemplo do juiz, não impede que revisões determinem caminhos ao processo diferentes do que pretendiam originariamente juiz ou promotor.

---

367 MEIRELLES, 1989, p. 57.

368 "Constituição Federal, art. 127. O Ministério Público é instituição permanente, essencial à função jurisdicional do Estado, incumbindo-lhe a defesa da ordem jurídica, do regime democrático e dos interesses sociais e individuais indisponíveis.

§ 1º São princípios institucionais do Ministério Público a unidade, a indivisibilidade e a independência funcional.

§ 2º Ao Ministério Público é assegurada autonomia funcional e administrativa [...]."

É de se discutir e repensar a independência funcional já no cível, nas opções de atuação do agente ministerial isolado. Todo promotor tem em sua comarca a possibilidade de escolher fiscalizar e exigir a falta de medicamentos, de atendimentos dignos nos serviços públicos ou nas cadeias, de proteger as matas ou evitar a poluição urbana... Todas promessas constitucionais podem ser fiscalizadas e exigidas pelo protetor da ordem jurídica, que possui autonomia decisória. Decide, mas deve sujeitar-se – como todo agente estatal – ao controle e à alteração revisional de seus atos.

O tema tem trazido dificuldades na atuação institucional do Ministério Público quando buscam seus órgãos gestores definir prioridades ou metas de atuação[369] – e esbarram muitas vezes na atuação de promotores que compreendem a independência funcional como alheamento da visão institucional global.

As orientações normativas indicam caminhos pensados para o todo, mas seguem os agentes compreendendo que a essas orientações não se encontram vinculados.

Não é correto transformar autonomia em rebeldia, em isolamento. Decide o promotor suas prioridades locais, mas sua decisão se submete à revisão pelas prioridades institucionais. Essa admissão da revisão até das opções de agir é a que mais garante atuação coletiva do Ministério Público, que por seus órgãos gestores mais condições possui de priorizar as necessidades de atuação.

Efetivamente o agente ministerial possui um mandato público, decorrente de previsão legal, e genérico,[370] podendo escolher as causas para agir. A decisão individual do representante ministerial, porém, cede à revisão pela compreensão geral da instituição. Isto é controle – pela sociedade, corregedorias e gestores do Ministério Público – e é a admissão da revisão mesmo nas escolhas administrativas.

Ao impor advertências, recomendações ou ameaçar procedimentos de responsabilização, também atua com plena independência o representante do Ministério Público. Precisa neste aspecto ser ampliado, porém, o controle institucional.

---

369 O que também fixa o Conselho Nacional de Justiça, por metas e recomendações, a serem seguidas por todos independentes juízes do país.

370 TEIXEIRA, 2002, p. 72.

Até se faz presente a possibilidade de revisão pela via judicial, afastando recomendações e procedimentos ministeriais que buscavam indevidamente responsabilizar prefeitos ou gestores públicos. Mas pouco atua o próprio Ministério Público na revisão dos atos de seus agentes – não há previsão de revisão ordinária das recomendações e raras são as correições examinando o mérito das ameaças de responsabilização, dos prazos e ordens ministeriais. É caminho ainda longo, mas necessário, a seguir: o controle ordinário das opções e dos procedimentos de fiscalização pública.

De outro lado, nas intervenções legais não há opções ao Ministério Público, que pela norma teve indicado o interesse público a demandar sua intervenção. É onde deve agir por presunção abstrata e absoluta de cuidado necessário à ordem jurídica. Mesmo então falta controle. Em não raras situações o agente ministerial afirma compreender não existir necessidade ou fundamento para sua intervenção e ainda que divirja dessa compreensão o órgão judicial, não é normal a nomeação de outro representante do Ministério Público para suprir a intervenção, ficando de fato o processo sem a atuação ministerial.

As manifestações processuais das Câmaras de Coordenação e Revisão já se constituem em inicial forma de controle e revisão das manifestações dos agentes ministeriais – vinculam, mas permitem a substituição do procurador. É um caminho inicial, um controle a ser expandido.

1.2. CONTROLES POR AÇÃO CONJUNTA OU REVISIONAL

Seguindo as premissas de que todo ato estatal exige controle e revisão e de que a independência funcional apenas garanta autonomia decisória, mas não a exclusão de revisão, resta pensar como pode a própria instituição ministerial controlar as deliberações de seus membros, especialmente nas negociações premiais aqui em exame.

Claro é que consistindo as deliberações ministeriais em infrações funcionais travestidas de aparente deliberação independente, ao se constatar o abuso consciente da atuação ministerial se tem como configurada infração disciplinar e como possível até mesmo o crime de prevaricação[371] ou de abuso de autoridade. Aqui já existe tratamento legal claro do controle dos abusos e correspondente apenamento ad-

---

[371] "Código Penal, art. 319 - Retardar ou deixar de praticar, indevidamente, ato de ofício, ou praticá-lo contra disposição expressa de lei, para satisfazer interesse ou sentimento pessoal: [...]."

ministrativo ou criminal, pelas chefias (com os riscos ínsitos em nosso sistema de perseguir eleitores, antigos ou futuros, dos gestores ministeriais) e corregedorias, além do procedimento judicial de responsabilização criminal.

Na revisão do mérito decisório ministerial, já existem previsões legais para os casos de arquivamento do inquérito policial e da ação civil pública, a serem realizadas pelos Procuradores-gerais de Justiça e Conselho Superior do Ministério Público, no Ministério Público dos Estados, assim como pelas Câmaras de Coordenação e Revisão[372], no Ministério Público Federal.

Outras relevantes deliberações de mérito, porém, também precisarão de controle e revisão. Não se pode compreender como indenes de controle as recomendações, advertências e ordens do agente ministerial. Podem os procedimentos de fiscalização ministerial resultar danos graves à administração pública e à coletividade, exigindo daí a possibilidade de controle, ainda que por provocação (do atingido ou da sociedade). Algum órgão institucional precisará ter poderes de rever ordens e ameaças desproporcionais ou ilícitas.

Na falta de especificação legal, o caminho a ser desenvolvido parece ser mais fácil com a ampliação do poder revisional aos mesmos órgãos – chefias e câmaras revisionais. A negociação pelo Estado também terá iguais controles e revisões.

Ministério Público, Controladoria Geral da União, Advocacia Geral da União e mesmo Tribunal de Contas da União, nos diversos acordos de danos públicos – colaboração premiada, improbidade e leniência – terão sua atuação controlada interna e externamente. Até por isonomia entre negociadores representantes estatais, não teria sentido impedir controle apenas de um dos negociadores, o Ministério Público. Todos representantes do Estado são extremamente qualificados, mas todos estarão submetidos a igual critério de controle.

---

[372] "Lei Complementar n° 75/93, art. 62. Compete às Câmaras de Coordenação e Revisão:

[...] IV - manifestar-se sobre o arquivamento de inquérito policial, inquérito parlamentar ou peças de informação, exceto nos casos de competência originária do Procurador-Geral; [...]."

E sempre se ressalta: a criação de controle das deliberações dos membros do Ministério Público é em verdade proteção institucional: com o controle interno mais forte e atuante, a decisão passa a ser do órgão e reduz-se o acesso para o inevitável controle externo, jurisdicional.

Na colaboração premida admitiu nosso Supremo Tribunal Federal sua característica de negociação, tendo como legitimados o Delegado de Polícia e o Ministério Público Federal.

A Autoridade Policial pode negociar os favores de pena e, assim como já salientado para o Ministério Público, precisar submeter-se a controles e revisão. A própria instituição policial – estadual ou federal – precisará criar mecanismos de controle das negociações por seus agentes, em formato similar ao recurso hierárquico na rejeição ao requerimento de inquérito,[373] ou pela criação de órgão específico para o fim de controlar e revisão acordos a serem submetidos à homologação judicial.

Embora não possa o Delegado de Polícia negociar a não persecução criminal, porque legitimidade exclusiva do Ministério Público, poderá propor favores de pena a serem judicialmente cumpridos, após a devida homologação. E esses favores negociados exigem controles do critério de negociação, realizados já internamente na instituição.

A subjetividade da negociação efetivamente dificulta o controle dos critérios de negociação, pois a concessão de favores de redução da pena possui parâmetros legais amplos e de difícil objetivação. Mesmo difícil o controle, porém, é ele necessário.

Ao Ministério Público, mais frequente negociador estatal na colaboração premiada, o primeiro e mais importante controle da negociação deve se dar por mecanismo revisional interno – recurso ou ratificação por Procuradores-gerais, Conselhos Superiores ou Câmaras Revisionais.

Enquanto não houver lei ou norma interna criando a atribuição revisional das negociações de colaborações premiadas, poderão as instituições em um primeiro momento apenas alertar erros, desproporções ou ilegalidades ao magistrado responsável pela homologação do acordo. Embora diretamente não atue então o controle interno cassando o ato que considere mal negociado ou ilícito, provocará o magistrado para que a homologação realize exame.

---

[373] Art. 5º, § 2º do Código de Processo Penal.

Nessa proposta de alerta de erros pela própria instituição surgirão certamente dúvidas de violação à unidade institucional, pois dois órgãos ministeriais se manifestarão com compreensões diferentes, mas isto já admite a jurisprudência nos pareceres em tribunais e no litisconsórcio de Ministérios Públicos – criação surgida pela constatação da diversidade de interesses e compreensões de órgãos e membros. Nesses casos já ocorre o fenômeno da diversidade de compreensões jurídicas, em único processo, por diferentes membros da mesma instituição, o Ministério Público.

O alerta institucional do erro mais que divergência, revela a preocupação com o justo uniforme, com a segurança jurídica processual. A aparente redução da força deliberativa individual faz de outro lado crescer – e muito mais – o Ministério Público, pela uniformizadora visão coletiva de um agir institucional: será mais respeitado o Ministério Público que trate todas negociações similares de modo semelhante, que não admita a possibilidade da criação de obrigações ou favores apenas para uns, que não permita isoladas negociações provocadoras de insegurança social.

Outro caminho de controle interno é a criação de normas administrativas para esse fim, dentro do Ministério Público, das Polícias Civil e Federal, criando mecanismos de apuração e revisão de deliberações isoladas de seus membros, especialmente neste trabalho com foco nos termos negociados na colaboração premiada. O controle interno é em verdade ínsito ao princípio hierárquico e à moral administrativa, de modo que parece dispensável até a exigência de lei prévia, podendo as instituições negociadoras estabelecer por normas internas instrumentos e órgãos de revisão dos acordos, para garantir sua legalidade e, especialmente, os critérios de negociação.

Um terceiro caminho surge na prática das colaborações como meio de controle institucional: a atuação colegiada. Os erros e má-conduções tendem a ser reduzidos na atuação em grupo, pelos necessários debates e natural fiscalização recíproca.

A atuação colegiada ministerial incorpora de todos agentes seu conhecimento, experiência e bons propósitos: melhora a atuação nos acordos por forças-tarefas, ganha a instituição e ganha a sociedade. Evitam-se na negociação colegiada desvios de desproporção, somam-se critérios de isonomia pela atuação de todos em prévias negociações e minoram-se os riscos de desvios pessoais de má-fé.

As negociações ministeriais mais conhecidas em nosso país têm ocorrido através de forças-tarefas, da ação colegiada do Ministério Público. A eficiência das forças-tarefas já foi neste trabalho antes destacada na conhecida operação Lava Jato, onde restou evidenciada a força institucional acrescida pelo compartilhamento de conhecimentos e estratégias nas negociações.

A atuação conjunta é em si forma de controle interno. Na atuação ministerial colegiada, por forças-tarefas ou grupos especializados, fica mitigada a própria independência funcional, pela busca do consenso ou princípio majoritário, como esclarece Paludo.[374] Embora indicados gestores do grupo, com poder de organização, as deliberações são coletivas, com diálogo e superação de divergências na composição de teses. A deliberação do grupo se dá como necessidade e como automático e implícito controle.

Um cuidado: toda atuação legal de servidor em atribuições diversas precisa ser revista periodicamente – pode não mais ser necessário o serviço deslocado e melhor à instituição é que o afastamento funcional não seja prolongado.

Já na atuação judicial, analogamente, há preocupação em não se manterem juízes por longo tempo fora de suas varas de origem, seja em funções administrativas, seja por convocações de auxílio ou mutirão. No Ministério Público não pode ser diferente: o agente poderá atuar em funções administrativas, em mutirões, em forças-tarefas, mas por períodos não prolongados.

O prolongamento temporal do desvio de função desenvolve de fato novos cargos públicos sem lei e tende a provocar no agente noção de pertencimento a funções e unidades administrativas que não as suas. Ademais, sendo o grupo todo de agentes mantido de modo duradouro fora de suas lotações originais, esse induzimento de noção errônea de pertencimento passa agora a ser de toda a força-tarefa: sentem-se os agentes ministeriais como a própria unidade administrativa força-tarefa, separada da instituição. Ou seja, o tempo tende a gerar desvios de compreender o Promotor que ele é a força-tarefa, que fala por ela – no Brasil até fora dos autos e com críticas a órgãos fora de sua competência – e que ela somente existe pela sua pessoa. Esquece que apenas atua naquela função e não é ele a unidade ou função fim, transforma-se de meio da realização ministerial do justo para personificar o justo.

---

[374] PALUDO, 2011.

A independência funcional é imprescindível ao representante do Ministério Público, que precisa ter liberdade de pensar e agir. O controle e a revisão de quaisquer atos de representantes estatais exige esse tratamento também às deliberações ministeriais, podendo dar-se o controle por órgãos para esse fim instituídos ou, ao menos, pela atuação conjunta dos agentes.

Como para a intervenção da sociedade e delatados por ora não existem mecanismos próprios para o controle interno, resta-lhes provocar o magistrado para ponderação na homologação do acordo.

Aos colaboradores, por outro lado, é possível usar da analogia para levar à Chefia do Ministério Público a denegação de acordo pelo agente ministerial local, na forma do art. 28 do Código de Processo Penal (princípio devolutivo). Assim já se compreendeu na denegação da transação penal:

> Súmula 696/STF
> Reunidos os pressupostos legais permissivos da suspensão condicional do processo, mas se recusando o promotor de justiça a propô-la, o juiz, dissentindo, remeterá a questão ao Procurador-Geral, aplicando-se por analogia o art. 28 do Código de Processo Penal.[375]

---

[375] No mesmo sentido:
"EMENTA: HABEAS CORPUS. CRIME DE TENTATIVA DE HOMICÍDIO QUALIICADO, DESCLASSIFICADO PARA LESÃO CORPORAL GRAVE. PRETENDIDO DIREITO SUBJETIVO À SUSPENSÃO CONDICIONAL DO PROCESSO (ART. 89 DA LEI Nº 9.099/95) OU À SUSPENSÃO DA PENA (ART. 77 DO CP). ORDEM DENEGADA. O benefício da suspensão condicional do processo não traduz direito subjetivo do acusado. Presentes os pressupostos objetivos da Lei nº 9.099/95 (art. 89) poderá o Ministério Público oferecer a proposta, que ainda passará pelo crivo do magistrado processante. Em havendo discordância do juízo quanto à negativa do Parquet, deve-se aplicar, por analogia, a norma do art. 28 do CPP, remetendo-se os autos à Procuradoria-Geral de Justiça (Súmula 696/STF). Não há que se falar em obrigatoriedade do Ministério Público quanto ao oferecimento do benefício da suspensão condicional do processo. Do contrário, o titular da ação penal seria compelido a sacar de um instrumento de índole tipicamente transacional, como é o sursis processual. O que desnaturaria o próprio instituto da suspensão, eis que não se pode falar propriamente em transação quando a uma das partes (o órgão de acusação, no caso) não é dado o poder de optar ou não por ela. Também não se concede o benefício da suspensão condicional da execução da pena como direito subjetivo do condenado, podendo ela ser indeferida quando o juiz processante demonstrar, concretamente, a ausência dos requisitos do art. 77 do CP. Ordem denegada.

É em tudo similar a situação, por se dar na colaboração premiada também negociação do representante estatal com o acusado para a simplificada processualização. Embora menos regrada a negociação da colaboração premiada do que a da transação penal nos delitos de pequeno potencial ofensivo, não se pode permitir a um agente estatal decidir pela concessão ou não de favores penais e processuais por desejos ou critérios pessoais insondáveis.

Toda deliberação estatal precisa ser fundamentada e na denegação da colaboração premiada também a motivação deve expressar razões jurídicas e de fato aptas a convencer do acerto da deliberação ministerial – então sujeita, na divergência judicial (que pode pelo interessado ser provocada), ao controle interno devolutivo pelo Chefe do Ministério Público.

Essa é a previsão expressa do princípio devolutivo ministerial, no § 2º do artigo 4º da Lei da Criminalidade Organizada.[376] Embora tenha o próprio Manual de Colaboração Premiada da Estratégia Nacional de Combate à Corrupção e à Lavagem de Dinheiro (ENCCLA),[377] previsto a livre discricionariedade estatal na negociação, não se pode permitir uma denegação sem razoabilidade, sem estar associada a valores plasmados na Constituição. Denega-se a colaboração se o crime é leve, se o agente é socialmente perigoso, se as promessas de colaboração não são relevantes, mas não se pode denegar imotivadamente a proposta.

(HC 84342, Relator(a): Min. CARLOS BRITTO, Primeira Turma, julgado em 12/04/2005, DJ 23-06-2006 PP-00053 EMENT VOL-02238-01 PP-00127 LEXSTF v. 28, n. 331, 2006, p. 393-402 RT v. 95, n. 852, 2006, p. 473-477)."

376 "Lei da Criminalidade Organizada, art. 4º, § 2º Considerando a relevância da colaboração prestada, o Ministério Público, a qualquer tempo, e o delegado de polícia, nos autos do inquérito policial, com a manifestação do Ministério Público, poderão requerer ou representar ao juiz pela concessão de perdão judicial ao colaborador, ainda que esse benefício não tenha sido previsto na proposta inicial, aplicando-se, no que couber, o art. 28 do Decreto-Lei nº 3.689, de 3 de outubro de 1941."

377 ESTRATÉGIA NACIONAL DE COMBATE À CORRUPÇÃO E À LAVAGEM DE DINHEIRO (ENCCLA). Manual de Colaboração Premiada (2014. p. 4.):

"A autoridade policial e o Ministério Público não são obrigados a propor ou aceitar a oferta de colaboração quando julgarem, pela circunstância do caso, que ela não é necessária."

Assim também compreendem Callegari e Linhares:

> Assim, ao optar pela colaboração, o ato de indeferimento pelo Ministério Público deve ser motivado em face da lei, ou seja, deve ocorrer uma justificativa motivada na qual fique claro o porquê da não aceitação da colaboração. Ainda que o Ministério Público seja o titular da ação penal aqui não se trata de um ato meramente discricionário, pois, como defendemos, trata-se também de mecanismo de defesa do investigado e a recusa deve ser motivada.
>
> [...] O problema reside na resistência inicial ao acordo e, aqui, parece ser necessário que se firme um mecanismo análogo ao previsto no art. 28 do CPP, isso porque se o responsável pelo acordo se recusar a firmar sem justificativa, outro caminho não haverá se não o de remeter ao Procurador-Geral para que desse a palavra final. Lembremos que, antes de tudo, o acordo deve visar o interesse público.[378]

A analogia também merece ser aplicada na hipótese de discordar o magistrado da proporcionalidade dos favores e obrigações negociados na colaboração premiada. O controle dos critérios de negociação não é atribuição judicial direta, pois atividade das partes negociantes, devendo a divergência judicial levar ao encaminhamento para a revisão interna do órgão, no citado formato do princípio devolutivo ministerial. Favores demais, desajustados, permitem ao magistrado provocar a intervenção controladora do Procurador-geral, em analogia ao art. 28 do Código de Processo Penal.

A absoluta independência deliberativa do agente ministerial não pode impedir controles e revisões, crescendo em força a legitimidade de um ato conferido e representativo da compreensão de toda uma instituição.

2. CONTROLE JUDICIAL NA HOMOLOGAÇÃO

A Lei da Criminalidade Organizada previu aos negociadores a escolha dos favores e de seus limites, no limite da lei, e ao juiz o exame da regularidade e legalidade: "O juiz poderá recusar homologação à proposta que não atender aos requisitos legais, ou adequá-la ao caso concreto."[379]

---

[378] Cf.: CALLEGARI; LINHARES, 2019, p. 128. No mesmo sentido também, por exemplo, Vasconcellos (2017), que nega a possibilidade de discricionariedade ao órgão acusador para propor ou aceitar a colaboração premiada.

[379] Art. 4º, § 8º da Lei da Criminalidade Organizada.

Já se indicou no capítulo passado (limites da negociação) ser o alcance judicial muito mais amplo do que o do simples exame do atendimento formal ao regramento da colaboração premial. Examina o magistrado dentro da legalidade também a obediência aos princípios constitucionais e processuais, às regras dos negócios jurídicos – privados e públicos – e, enfim, ao procedimento legal da colaboração.

Trata-se de controle necessário dos excessos, seja de favores ou exigências, e de limitação às autorizações legais de agir correto e justo em um processo criminal.

Fora da legalidade, no campo do mérito, a prerrogativa é das partes, o que agora vem especificado pela nova Lei Anticrime no § 8º, do art. 4º da Lei da Criminalidade Organizada com a providência a ser tomada pelo juiz de devolver o acordo "às partes para as adequações necessárias".

2.1. CONTROLE JUDICIAL DA LEGALIDADE

O amplo controle da legalidade, realizado pelo magistrado na homologação, examinando princípios e regras do sistema jurídico aplicáveis ao negócio jurídico processual, excede o mero exame de regularidade do procedimento e vem a analisar a validade formal e a própria validade do conteúdo material dos termos negociados.

A desobediência às regras do negócio jurídico civil – como a negociação do produto do crime, coisa ilícita –, a desobediência às regras do contrato de direito público – como o favorecimento do cidadão sem contrapartida útil ao Estado, violando a bilateralidade –, a desobediência a princípios constitucionais – afetando a impessoalidade, moralidade ou eficiência – ou processuais – princípio da não autoincriminação, do contraditório... –, torna nula a cláusula avençada. Cumpre ao juiz eliminar termos contratuais nulos e afastar excessos em cláusulas negociadas, limitando-as ao que válido seja.

Dando-se a divergência judicial quanto ao conteúdo material do acordo, ante excessivos favores estatais ou obrigações exigidas do colaborador, caberá o reexame do critério de negociação por revisão interna do órgão estatal negociador – polícia ou, mais comumente, Ministério Público. Enquanto não existentes normas de controle interno, já se indicou ser razoável compreender que poderá o magistrado utilizar por analogia o mecanismo devolutivo ministerial, do art.

28 do Código de Processo Penal[380], e de recurso hierárquico na polícia,[381] com o correspondente encaminhamento para revisão final pelo Procurador-geral de Justiça ou Delegado-geral de Polícia Civil.

Graves e claras violações aos princípios da proporcionalidade ou da isonomia ultrapassam o limite de critério de negociação – discricionário – e passam a também permitir revisão jurisdicional, como no próximo item será desenvolvido.

É o controle judicial sustentáculo de validade e do modelo acusatório, para que não se encerre o processo criminal na atuação de único órgão – o Ministério Público –, exigindo-se para o aperfeiçoamento processual que órgão externo ao acusador atue na solução do caso penal. Soluciona o juiz a lide penal negociada impondo os limites da lei, controlando critérios de negociação – inclusive com a revisão discricionária interna do órgão negociador – e homologando enfim a negociação plenamente válida.

2.2. ACESSO JUDICIAL AO MÉRITO DA NEGOCIAÇÃO

Não deve o magistrado substituir-se ao negociador da ação penal, como em verdade não poderia trocar escolhas suas por aquelas realizadas por qualquer administrador público:

> Não cabe ao Judiciário, nesse momento, examinar aspectos rela-cionados à conveniência ou à oportunidade do acordo celebra¬do ou as condições nele estabelecidas, muito menos investigar ou atestar a veracidade ou não dos fatos contidos em depoimen¬tos prestados pelo colaborador ou das informações trazidas a respeito de delitos por ele revelados.

---

380 "Código de Processo Penal, art. 28. Se o órgão do Ministério Público, ao invés de apresentar a denúncia, requerer o arquivamento do inquérito policial ou de quaisquer peças de informação, o juiz, no caso de considerar improcedentes as razões invocadas, fará remessa do inquérito ou peças de informação ao procurador-geral, e este oferecerá a denúncia, designará outro órgão do Ministério Público para oferecê-la, ou insistirá no pedido de arquivamento, ao qual só então estará o juiz obrigado a atender."

381 "Código de Processo Penal, art. 5º Nos crimes de ação pública o inquérito policial será iniciado:

II - mediante requisição da autoridade judiciária ou do Ministério Público, ou a requerimento do ofendido ou de quem tiver qualidade para representá-lo.

§ 2º Do despacho que indeferir o requerimento de abertura de inquérito caberá recurso para o chefe de Polícia."

(HC 127483, Relator(a): Min. DIAS TOFFOLI, Tribunal Pleno, julgado em 27/08/2015, PROCESSO ELETRÔNICO DJe-021 DIVULG 03-02-2016 PUBLIC 04-02-2016)

Não obstante, do mesmo modo que atua o Judiciário no controle da discricionariedade dos agentes públicos, poderá também agir especificamente nas opções de negociação do representante estatal na colaboração premiada.

A garantia de pleno acesso à jurisdição exige solução judicial mesmo a danos causados pelo próprio Estado e ainda que surgido por ato de seus representantes. Assim evoluíram doutrina e jurisprudência no país para admitir o controle do ato administrativo, inclusive sob o aspecto de razoabilidade e proporcionalidade:

> A tendência de ampliação do controle jurisdicional da Administração se acentuou a partir da Constituição Federal de 1988. O texto de 1988 está impregnado de um espírito geral de priorização dos direitos e garantias ante o poder público. Uma das decorrências desse espírito vislumbra-se na indicação de mais parâmetros da atuação, mesmo discricionária, da Administração, tais como o princípio da moralidade e o princípio da impessoalidade. O princípio da publicidade, por sua vez, impõe transparência na atuação administrativa, o que enseja maior controle. E a ação popular pode ter como um dos seus fulcros a anulação do ato lesivo da moralidade administrativa, independentemente de considerações de estrita legalidade.[382]

Também Juarez Freitas segue a compreensão de que inexiste discrição pura ou não-controlável principiologicamente pelo Judiciário, uma vez que o agente público é livre apenas para alcançar a tutela efetiva do direito fundamental à boa Administração Pública.[383]

E a jurisprudência assim caminhou, não permitindo simples substituição do administrador pelo juiz na opção de critérios válidos, que atendam aos princípios constitucionais, mas exigindo a opção claramente preferencial, proporcional, que melhor atenda aos comandos constitucionais principiológicos:

> [...] II - Ademais, é de se registrar que inexiste aspecto discricionário (juízo de conveniência e oportunidade) no ato administrativo que impõe sanção disciplinar. Nesses casos, o controle jurisdicional é amplo e não se limita a aspectos formais (Precedente: MS n" 12.983/DF, 3a Seção, da minha relatoria, DJ de 15/2/2008). (MS 12636 / DF, STJ - Terceira Seção, Relator(a) Min. Felix Fischer, Julgamento: 27.08.2008, DJe: 23.09.2008)

---

[382] MEDAUAR, 2010, p. 410.

[383] FREITAS, 2009.

> 1. Por força dos princípios da proporcionalidade, dignidade da pessoa humana e culpabilidade, aplicáveis ao Regime Jurídico Disciplinar de Servidor Público e mesmo a qualquer relação jurídica de Direito Sancionador, não há juízo de discricionariedade no ato administrativo que impõe sanção a Servidor Público em razão do cometimento de infração disciplinar, de sorte que o controle jurisdicional é amplo, não se limitando, portanto, somente aos aspectos formais. Precedente.
> 2. Os danos materiais e morais derivados de uma punição injusta ou desproporcional ao ato infracional cometido são insuscetíveis de eliminação, por isso a imposição de sanção disciplinar está sujeita a garantias muito severas, entre as quais avulta de importância a observância da regra do in dubio pro reo, expressão jurídica do princípio da presunção de inocência, intimamente ligado ao princípio da legalidade.
> (RMS 24.584/SP, Rel. Ministro NAPOLEÃO NUNES MAIA FILHO, QUINTA TURMA, julgado em 09/02/2010, DJe 08/03/2010)

Claras violações a princípios constitucionais ou a regramentos legais não permitem a exclusão da jurisdição a pretexto de livre escolha do administrador.

Se assim caminha nossa compreensão no exame do ato administrativo, mais fortemente ainda no contrato administrativo – por envolver diretamente interesses de terceiros –, à negociação estatal criminal iguais limitações de opções devem incidir.

Não se pode imaginar fora do controle judicial a barganha acordada de penas fora da lei ou por quem julgador não seja, não se podem permitir favores muito distanciados da prática usual em situações similares, não se podem permitir opções de não persecução criminal claramente desarrazoadas.

Assim é que além dos controles internos ministeriais,[384] mais amplos por envolverem critérios de negociação, amplitude dos favores e obrigações negociados, não poderá o Judiciário escusar-se de examinar erros ou excessos claros na barganha negociada.

O claro excesso, a desproporção, exigem o controle pelos princípios da isonomia e da proporcionalidade, com a revisão jurisdicional. Se é questão discutível de critério, melhor é ficar o controle com o órgão negociador, na citada figura do princípio devolutivo ministerial – controle pelo Chefe do Ministério Público –; se é clara opção desarrazoada, violadora de princípios constitucionais, atua diretamente o Judiciário.

---

[384] Indicados na subseção "Controle interno ministerial", do capítulo "Controles necessários".

Conferirá o juiz os parâmetros negociados de redução da pena ou de sua substituição nos limites da lei e dos princípios constitucionais – e excluirá o ilegal. O conveniente se mantém reservado ao controle interno institucional.

Assim se mantém o controle pleno, de oportunidade e extensão do critério de negociação pela instituição, ao lado do controle de legalidade plena pelo Judiciário. Evita-se não somente ser mantida a deliberação de negociação sem controle ou revisão, como também se evita o perigo oposto da intromissão judicial em mérito administrativo, que no processo criminal ainda conduziria o magistrado à inaceitável posição substitutiva da parte, em tendência de modelo processual inquisitório.

2.3. MOMENTO DO CONTROLE JUDICIAL DA LEGALIDADE

Necessariamente atua o magistrado em dois momentos na verificação do acordo de colaboração: na homologação e na sentença. Na homologação é realizado o juízo pleno de legalidade, na sentença é feito o juízo exclusivo de proporcionalidade no cumprimento das avenças.

A constatação de abuso ou erro na negociação deve dar-se no momento da homologação judicial do acordo de colaboração premiada. Neste momento pactuam o Estado e o cidadão acusado sobre os favores recíprocos, o acusado prometendo a revelação de fatos, provas e produtos do crime, o Estado prometendo proporcionais reduções de pena ou não persecução penal. Firmado o acordo, há contrato público vigente, que passa a regular os direitos e obrigações das partes negociadoras. Passa o contrato a ser fonte de confiança no cumprimento das obrigações assumidas.

Desde a homologação do acordo poderá o Estado compreender-se no direito de exigir e utilizar as provas prometidas pelo colaborador, realizar o confisco dos produtos de crime trazidos, requisitar a presença do colaborador para depor revelando a estrutura criminosa e seus agentes, poderá enfim tornar mais eficiente a persecução criminal exigindo o cumprimento das promessas negociadas do colaborador.

De outro lado, desde a homologação poderá o colaborador validamente exigir a redução da pena nos patamares negociados, bastando para tanto que realize ele ao cumprimento integral de suas obrigações.

Assim, fora das excepcionais hipóteses de vícios da vontade, de lide simulada, de negociação por conluio entre as partes para favorecimentos ilícitos e desproporcionais,[385] deve ser respeitado pelo Estado o acordo formalizado.

Os princípios da confiança e da boa-fé impedem rever acordos homologados, como contratos jurídicos em que desde então se constituem.

Nessa compreensão de que o acordo de colaboração homologado é contrato público imponível às partes, surge a decorrente noção de que erros e abusos precisam ser elididos até a homologação. Se não pode o Ministério Público prometer ao colaborador pena exata, regime prisional inventado, afastamento da persecução de parentes ou que poderá o particular ficar com parte do produto do crime – tudo como indicado no capítulo anterior, dos limites de negociação –, isso deverá ser excluído pelo controle judicial na homologação. Homologado o acordo, não é admissível ao Estado alegar ilegalidade, que seria de sua responsabilidade excluir, para eximir-se do cumprimento dos favores prometidos na colaboração.

O Estado negocia por seu representante – Delegado ou Promotor – e o Estado confere a legalidade do acordo por seu representante – o magistrado. Não poderá ao final do processo o Estado alegar vícios, na negociação ou na conferência de legalidade, para beneficiar-se do próprio erro. A vedação ao aproveitamento da torpeza própria impede vantagens pela má conduta.

Válidos ou não os termos do acordo estatal, foi ele admitido nessa condição de licitude pelo magistrado. Vindo o colaborador a cumprir suas promessas – de obtenção de provas ou produto do crime –, passa a ter direito ao acordo como avençado.

É na homologação, portanto, que deve ser realizado o controle judicial do respeito amplo à licitude, seja na observância de regramentos da lei em sentido estrito, seja no respeito aos comandos constitucionais. Na homologação deverá o juiz examinar as promessas estatais, se realizadas em obediência às restrições de pena fixada por lei, se não

---

[385] O princípio da moralidade interdita a obtenção de vantagens não respaldadas pela boa-fé. Exclui a legitimidade de condutas fundadas em subterfúgios, no aproveitamento da ausência de conhecimento ou de condições de defesa do próximo.

O princípio da moralidade exige que a atividade administrativa seja desenvolvida de modo leal e que assegure a toda a comunidade a obtenção de vantagens justas. Cf.: JUSTEN FILHO, 2016, p. 65.

invasivas da competência do juiz ou de outras instituições, se razoáveis em quantia de redução às promessas do colaborador. Caberá ao juiz verificar se o acusado tem respeitadas as garantias constitucionais, se as partes abrem mão apenas de direitos disponíveis, se a bilateralidade é respeitada na proporção de favores e obrigações pelas partes e até se existe clara violação de isonomia com outros colaboradores em semelhante situação de barganha.

Homologado o acordo, não poderá o Estado posteriormente repactuar de modo unilateral as condições firmadas ou deixar de cumpri-las, ressalvada a hipótese de descumprimento das avenças pelo próprio acusado colaborador.

Diferentemente dos contratos administrativos em geral, onde se pode regular o ressarcimento por danos que o desfazimento voluntário do contrato gere, na colaboração premiada já terá o acusado cumprido parcial ou completamente suas obrigações de provas e resultados, de modo que passa a validamente aspirar aos favores estatais prometidos. E não é possível pensar em ressarcimento financeiro pela culpa penal

De outro lado, já tendo o Estado acusador recebido provas e resultados do crime, não seria ético ou respeitador da boa-fé vir a unilateralmente declarar não mais ter interesse em cumprir os favores prometidos.

Superada a fase da homologação judicial, onde deverá o juiz analisar a legalidade, a impessoalidade, a moralidade e a proporcionalidade dos critérios de redução da pena, ou mesmo da não oferta da ação penal, cumprirá ao Estado respeitar essa avença nas decisões posteriores do processo. Negar o Estado, ao final, valor ao acordo, traz prejuízos extremos ao colaborador e viola a confiança na administração pública criminal.

A colaboração premiada, como qualquer ato administrativo, como qualquer negociação estatal, tem no Judiciário o controle final de sua regularidade ante a lei e a Constituição.

3. CONTROLE JUDICIAL DOS ADITAMENTOS

Colaboração é admissão de opção defensiva de abrir mão do direito de não facilitar a própria condenação, em troca de favores legais. É trocar a defesa do não agir pela opção de revelar toda a verdade do crime.

Acabou por ser criada na prática brasileira, porém, a oportunidade de repactuação: descobrem-se omissões ou mentiras do colaborador e, ao invés de ser desfeito o acordo, se lhe renova a possibilidade de completar a verdade.

A mentira do colaborador já é em si causa de desfazimento do acordo. Embora inafastável o direito de não autoincriminação, opta o acusado por falar e ao Estado interessa apenas a fala plena da verdade. Omissões e imperfeições não são admissíveis a quem pretende assumir a condição de colaborador e tão clara é essa opção procedimental, que nossa Lei de Criminalidade Organizada chega a expressar, inclusive impropriamente, que o colaborador renuncia ao direito ao silêncio e é ouvido com o compromisso legal de dizer a verdade[386] Embora o colaborador seja ao mesmo tempo acusado – buscando sua absolvição ou melhor tratamento penal – e acusador interessado dos demais corréus, assim não podendo ser formalmente tratado como testemunha isenta e compromissada, a intenção do legislador foi tornar certo que ao Estado interessa apenas a colaboração total – a constatação da mentira gera desinteresse de negociar, ou desfazimento do acordo de colaboração já homologado.

Criou-se no Brasil a possibilidade de ser retomada a plenitude da verdade na colaboração, com aditamentos ao acordo, com repactuações onde a mentira é substituída por nova versão e provas correspondentes. O primeiro problema é a admissão de que o colaborador parcial e mentiroso continuará a poder gozar de favores de redução da pena mesmo após revelada sua infidelidade, embora até se possam admitir as vantagens de o Estado passar então a ter a colaboração para novos crimes e agentes.

O segundo problema é de isonomia e proporcionalidade, pois não havendo previsão legal, há situações de seguidos aditamentos - mentiras descobertas gerando cada uma um novo aditamento – e outros casos onde não se admitiu sequer uma repactuação. Podem ser diferentes as situações de mentira e de interesse estatal no novo aditamento, mas novamente a falta de controle dificulta compreender as distinções, normalmente sem qualquer fundamento expressado para admitir ou para negar a repactuação.

---

[386] Lei nº 12.850/2013, art. 4º, § 14. Nos depoimentos que prestar, o colaborador renunciará, na presença de seu defensor, ao direito ao silêncio e estará sujeito ao compromisso legal de dizer a verdade.

A repactuação exige o mesmo controle de legalidade ampla da negociação original, no cumprimento da lei, dos princípios constitucionais e processuais, assim como de fundamentação, controle e possível revisão.

Finalmente, é de se esclarecer que, não realizado o aditamento aplicam-se as regras do contrato resolvido,[387] pois se tem de fato o desfazimento do ajuste, cabendo equilibrar seus ônus bilaterais com o aproveitamento da prova contra terceiros – e apenas estes - e proporcional redução de pena.

Não mais existe vigente acordo, mas não pode o Estado aproveitar-se da colaboração realizada sem correspondentes favores: a mentira descoberta invalida o prosseguimento do acordo, mas não a utilização sem compensação das provas preteritamente trazidas pelo colaborador.

4. CONTROLE JUDICIAL NA SENTENÇA

Após homologada, a colaboração é contrato e lei entre as partes. Salvo repactuação bilateral ou descumprimento do acordo, não poderão as partes deixar de a ele se submeter.

Assim, superada a fase tratada no tópico anterior do controle judicial na homologação, não mais poderá o Estado discutir a legalidade do acordo, mesmo sob relevantes prismas de erro de critério de negociação ou da oferta de favores indevidos.

Embora nos negócios jurídicos não se possam negociar objetos ilícitos, aí se enquadrando favores não previstos em lei e muito discutidos no capítulo "Limites da negociação", a peculiar condição de ser o Estado ao mesmo tempo negociador – por um representante – e aferidor da legalidade – por outro representante, o magistrado – lhe impede alegar erro de negociação ou de conferência para elidir sua responsabilidade na avença. É o já mencionado impedimento de *venire contra factum proprium*, de aproveitamento de vantagens por má conduta pessoal.

Ultrapassada a homologação, caberá revisão do acordo judicialmente apenas na sentença, agora não mais com o prisma de conferência da legalidade das cláusulas do acordo, mas tão somente de constatação da proporcionalidade de seu cumprimento. Examinará o juiz o integral

---

[387] Já indicadas na subseção "Renúncia ao silêncio", do capítulo "Caracteres na lei da criminalidade organizada".

cumprimento das promessas pelo acusado, para conceder o integral favor prometido – parcial o cumprimento das promessas do colaborador, também proporcionalmente parciais deverão ser as reduções de pena.

Na sentença definirá o juiz criminal as provas de culpa de todos acusados em face dos crimes a eles imputados, fixando-lhes as penas correspondentes. Evidente é que mesmo na condição de colaborador permanece esse cidadão negociador como réu na ação penal, presumidamente inocente, somente merecendo condenação acaso atingido o patamar de certeza jurídica necessário para a condenação: ausentes provas válidas da culpa, mesmo o colaborador confesso precisa ser absolvido.

Definida a culpa penal do colaborador, dosará o magistrado a pena correspondente, pelos exclusivos critérios legais. Determinada a pena, virão finalmente a incidir os favores de pena negociados:

> A partir do momento em que o Direito admite a figura da delação premiada (art. 14 da Lei 9.807/99) como causa de diminuição de pena e como forma de buscar a eficácia do processo criminal, reconhece que o delator assume uma postura sobremodo incomum: afastar-se do próprio instinto de conservação ou autoacobertamento, tanto individual quanto familiar, sujeito que fica a retaliações de toda ordem. Daí porque, ao negar ao delator o exame do grau da relevância de sua colaboração ou mesmo criar outros injustificados embaraços para lhe sonegar a sanção premial da causa de diminuição da pena, o Estado-juiz assume perante ele conduta desleal. Em contrapasso, portanto, do conteúdo do princípio que, no caput do art. 37 da Carta Magna, toma o explícito nome de moralidade.
> (HC 99736, Relator(a): Min. AYRES BRITTO, Primeira Turma, julgado em 27/04/2010, DJe-091 DIVULG 20-05-2010 PUBLIC 21-05-2010 EMENT VOL-02402-04 PP-00849 RT v. 99, n. 898, 2010, p. 513-518)[388]

---

[388] "EMENTA: HABEAS CORPUS. SENTENÇA CONDENATÓRIA. DELAÇÃO PREMIADA. CAUSA ESPECIAL DE DIMINUIÇÃO DE PENA RECONHECIDA PELO JUÍZO. PERCENTUAL DE REDUÇÃO. FALTA DE FUNDAMENTAÇÃO. ORDEM PARCIALMENTE CONCEDIDA. 1. A garantia de fundamentação dos provimentos judiciais decisórios (inciso IX do art. 93 da Constituição Federal) junge o magistrado a coordenadas objetivas de imparcialidade e propicia às partes conhecer os motivos que levaram o julgador a decidir neste ou naquele sentido. 2. A necessidade de motivação no trajeto da dosimetria da pena não passou despercebida na reforma penal de 1984. Tanto que a ela o legislador fez expressa referência na Exposição de Motivos da Nova Parte Geral do Código Penal, ao tratar do sistema trifásico de aplicação da pena privativa de liberdade. 3. Na concreta situação dos autos, o magistrado não examinou o relevo da colaboração do paciente com a investigação policial e com o equacionamento jurídico do processo-crime. Exame, esse, que se faz necessário para determinar o percentual de redução da reprimenda. Noutros termos: apesar da extrema gravidade

É então na dosimetria da sentença, para a incidência dos favores negociados, que novamente volta a atuar o magistrado na colaboração premiada, que antes já havia conferido a legalidade e homologado. Na dosimetria fará o magistrado a conferência entre as promessas do colaborador e seu cumprimento: uma a uma, fato a fato, as provas que prometeu e quais as que realizou – motivando o a valoração do cumprimento e a fração correspondente do favor de pena.

Salvo culpa exclusiva do próprio Estado – teoria administrativa do fato do príncipe[389] –, aplica-se na valoração judicial o princípio do favor de resultado, já discutido no capítulo "Caracteres estáveis da legislação premial", a redução é proporcional ao resultado atingido pelo colaborador e não por sua boa intenção de atingi-lo. Assim, serão reduzidos os favores prometidos se não cumprir o colaborador integralmente com suas promessas, ainda que por culpa de terceiros.[390] Cumpridas integralmente as obrigações pelo colaborador, integral também será a admissão do favor estatal de redução de pena.

---

da conduta protagonizada pelo acionante, o fato é que as instâncias ordinárias não se valeram de tais fundamentos para embasar a escolha do percentual de 1/3 de redução da pena. 4. A partir do momento em que o Direito admite a figura da delação premiada (art. 14 da Lei 9.807/99) como causa de diminuição de pena e como forma de buscar a eficácia do processo criminal, reconhece que o delator assume uma postura sobremodo incomum: afastar-se do próprio instinto de conservação ou autoacobertamento, tanto individual quanto familiar, sujeito que fica a retaliações de toda ordem. Daí porque, ao negar ao delator o exame do grau da relevância de sua colaboração ou mesmo criar outros injustificados embaraços para lhe sonegar a sanção premial da causa de diminuição da pena, o Estado-juiz assume perante ele conduta desleal. Em contrapasso, portanto, do conteúdo do princípio que, no caput do art. 37 da Carta Magna, toma o explícito nome de moralidade. 5. Ordem parcialmente concedida para o fim de determinar que o Juízo processante aplique esse ou aquele percentual de redução, mas de forma fundamentada.
(HC 99736, Relator(a): Min. AYRES BRITTO, Primeira Turma, julgado em 27/04/2010, DJe-091 DIVULG 20-05-2010 PUBLIC 21-05-2010 EMENT VOL-02402-04 PP-00849 RT v. 99, n. 898, 2010, p. 513-518)"

389 Ação estatal de ordem geral, que não possui relação direta com o contrato administrativo, mas que produz efeitos sobre este, onerando-o, dificultando ou impedindo a satisfação de determinadas obrigações, acarretando um desequilíbrio econômico-financeiro. Cf.: MOREIRA NETTO, 2009.

390 Já se mencionou no tópico "Critério do resultado", de "Critérios estáveis da legislação premial", do capítulo "Caracteres estáveis da colaboração premiada", que entende Bittar (2011) ser inaceitável excluir favores do colaborador quando a culpa é dos agentes estatais.

Já se salientou no capítulo anterior, dos limites da negociação, a impropriedade da fixação de pena concreta na negociação ministerial, por violar a lei, a competência jurisdicional da dosimetria e por estabelecer de fato o modelo inquisitorial em nosso processo. Outra dificuldade agora dever ser salientada na negociação de pena concreta: estando a pena já fixada, com montante exato e regime inventado (*regime fechado diferenciado*, a ser cumprido em casa...), torna-se mais obscuro o alcance da revisão jurisdicional de proporcionalidade de cumprimento do acordo – reduzirá pena, em quanto, e afetando ou não esse regime inventado? Estando o juiz a alterar pena fixada por terceiro, torna-se muito difícil regular seus limites de alterações.

A violação à jurisdicionalidade da dosimetria da pena se dá quando buscam as partes renegociar favores de pena durante o processo. Bittar explica que, mesmo sem previsão legal, tem sido realizado um "relatório conjunto" pelas partes da negociação um ano após a formalização do acordo, onde concordam sobre os benefícios a serem concedidos ao colaborador, proporcionalmente à efetividade da colaboração – sem concordância entre as partes, é realizada nova reunião seis meses após e, persistindo a divergência, são encaminhados relatórios independentes para a decisão judicial.[391]

Tem-se no relatório conjunto nova tentativa de impedir o juiz de dosar a pena – seja o acordo reconhecendo patamares de redução de pena, seja, pior, fixando a pena exata a ser na sentença acolhida pelo magistrado. Não é correto. O ônus e poder de dosar a pena é exclusivo do juiz, que acolherá a negociação como parâmetro de redução – até 2/3, como prevê a Lei da Organização Criminosa –, mas com privativa decisão quanto à proporcionalidade de eficácia do resultado e com exclusividade igual na dosimetria completa da pena.

Outro aspecto já salientado nos capítulos precedentes, é a prática de negociarem-se delações sem utilidade para o processo, podendo ser revelados crimes quaisquer e de pessoas quaisquer, sem necessária vinculação com os fatos desse processo. Além da violação aos limites do processo, de competência e dos riscos de pessoalizar a persecução criminal, passam esses acordos a impedir a valoração judicial da proporcionalidade na sentença: como verificar o cumprimento de promessas referentes a processos futuros, onde deverá o colaborador depor ou apresentar provas?

---

[391] BITTAR, 2011.

Devem as obrigações do colaborador ser vinculadas aos fatos do processo até para que na sentença possam já estar cumpridas e assim virem a ser aferidas para a aplicação dos favores estatais de redução da pena. Do modo como atualmente se têm desenvolvido as colaborações, ficaria o colaborador na inaceitável condição processual de cumprir uma pena indefinidamente provisória – enquanto pendentes processos onde comprometeu-se a colaborar, poderia ter reconhecida sua falta de cumprimento do acordo e vir a serem reduzidos os favores da pena já muito antes definida. Não é possível essa criação de pena sob condição.

Resta legalmente ao magistrado valorar o cumprimento apenas das obrigações possíveis até a sentença, momento em que realiza o juízo de proporcionalidade do cumprimento. Verificadas as obrigações cumpridas até a sentença, aplicam-se os favores de redução de pena, integral ou parcialmente, e se tem então a pena definitiva.

Futuras obrigações, mesmo negociadas e homologadas, não poderão afetar a pena definitivamente fixada. A pena definitiva somente pode ser alterada por condutas do condenado no seu cumprimento, como fuga ou faltas disciplinares, mas não pela revisão de atos ou promessas passadas do processo. Resultado dessa conclusão, é de que as promessas de provar outros crimes, em outros processos, não possuem em verdade valor exigível, pois o descumprimento não poderá afetar pena já antes fixada definitivamente.

Na sentença, pois, fixa o juiz culpa, pena e determina a redução proporcional pelo grau de cumprimento do acordo até o momento, tornando definitiva a pena. Não pode a pena ser antes ou por outro órgão estatal fixada e são desconsideradas obrigações a serem cumpridas no futuro, sujeitando-se por fim essa valoração judicial à revisão plena na apelação, que jamais poderá ser excluída do direito do colaborador.

COLABORAÇÃO PREMIADA NA LEI ANTICRIME

A Lei nº 13.964/2019, conhecida como Lei Anticrime, trouxe diversas modificações em leis criminais, quanto ao tema deste estudo inovando em geral na negociação dentro do processo penal e, mais diretamente, em detalhamentos e alterações diversas da colaboração premiada.

Ocorreu na tramitação dessa lei atualizadora fenômeno normal no processo democrático: a partir de um projeto de lei do Ministério da Justiça que vinha centrado em mais gravoso tratamento ao crime organizado – como pelo aumento do tempo máximo de cumprimento de penas privativas de liberdade, por um confisco mais alargado e pelo prazo mais gravoso para progressão de regime de reincidentes e crimes hediondos –, acabaram no Congresso Nacional sendo inseridos aspectos mais garantistas – como juiz de garantias, representação no estelionato e maior rigor para a prisão provisória.

Para a colaboração premiada houve maior detalhamento de seu procedimento, mais clara definição de competências e limitação de favores negociáveis.

1. COMPETÊNCIA DO JUIZ DE GARANTIAS

A Lei Anticrime incluiu no sistema processual brasileiro a figura do juiz das garantias, responsável pelas decisões judiciais no curso da investigação criminal, necessárias sempre que buscada limitação de direitos individuais[392] – jurisdicionalidade das restrições ao cidadão não contidas em lei.

---

[392] "CPP, Art. 3º-B. O juiz das garantias é responsável pelo controle da legalidade da investigação criminal e pela salvaguarda dos direitos individuais cuja franquia tenha sido reservada à autorização prévia do Poder Judiciário, competindo-lhe especialmente:

I - receber a comunicação imediata da prisão, nos termos do inciso LXII do caput do art. 5º da Constituição Federal;

II - receber o auto da prisão em flagrante para o controle da legalidade da prisão, observado o disposto no art. 310 deste Código;

III - zelar pela observância dos direitos do preso, podendo determinar que este seja conduzido à sua presença, a qualquer tempo;

IV - ser informado sobre a instauração de qualquer investigação criminal;

V - decidir sobre o requerimento de prisão provisória ou outra medida cautelar, observado o disposto no § 1º deste artigo;

VI - prorrogar a prisão provisória ou outra medida cautelar, bem como substituí-las ou revogá-las, assegurado, no primeiro caso, o exercício do contraditório em audiência pública e oral, na forma do disposto neste Código ou em legislação especial pertinente;

VII - decidir sobre o requerimento de produção antecipada de provas consideradas urgentes e não repetíveis, assegurados o contraditório e a ampla defesa em audiência pública e oral;

VIII - prorrogar o prazo de duração do inquérito, estando o investigado preso, em vista das razões apresentadas pela autoridade policial e observado o disposto no § 2º deste artigo;

IX - determinar o trancamento do inquérito policial quando não houver fundamento razoável para sua instauração ou prosseguimento;

X - requisitar documentos, laudos e informações ao delegado de polícia sobre o andamento da investigação;

XI - decidir sobre os requerimentos de:

a) interceptação telefônica, do fluxo de comunicações em sistemas de informática e telemática ou de outras formas de comunicação;

b) afastamento dos sigilos fiscal, bancário, de dados e telefônico;

c) busca e apreensão domiciliar;

d) acesso a informações sigilosas;

e) outros meios de obtenção da prova que restrinjam direitos fundamentais do investigado;

XII - julgar o habeas corpus impetrado antes do oferecimento da denúncia;

XIII - determinar a instauração de incidente de insanidade mental;

XIV - decidir sobre o recebimento da denúncia ou queixa, nos termos do art. 399 deste Código;

XV - assegurar prontamente, quando se fizer necessário, o direito outorgado ao investigado e ao seu defensor de acesso a todos os elementos informativos e provas produzidos no âmbito da investigação criminal, salvo no que concerne, estritamente, às diligências em andamento;

XVI - deferir pedido de admissão de assistente técnico para acompanhar a produção da perícia;

Trata-se de caminhar já observado em todo ocidente, com alterações constitucionais e processuais tendentes a modelos processuais penais mais acusatórios e adversariais. Assim se verifica no capítulo "Colaboração premiada em sistemas jurídicos" deste estudo, as alterações – mesmo com resistência judicial – na Itália, as alterações na Argentina, Chile e Colômbia, entre outros.

A separação do juiz de julgamento do juiz da colheita de provas, ou, ao menos, do juiz da investigação, é verificada em diversos sistemas de persecução no ocidente, prejudicando a maior compreensão do caso – natural ao juiz que atua em todas as fases do processo – para privilegiar sua imparcialidade, naturalmente prejudicada pelo ativismo na descoberta dos fatos: aquele que investiga tende a acreditar – ainda que inconscientemente, ao imaginar hipóteses fáticas – na culpa do investigado e isto dificilmente será afastado a pretexto de simples mudança para a fase contraditória do processo, afetando a valoração das provas (novamente, ainda que inconscientemente) e retirando força da constitucional presunção de inocência.

O risco à imparcialidade é destacado por Aury Lopes Jr. e Ruiz Ritter:

> Daí a conclusão de que "decidir" não é apenas fazer uma escolha. Muito mais do que isso, é assumir (fiel e involuntariamente) o compromisso de conservar uma posição, que decisivamente vinculará o seu responsável por prazo indeterminado, já que tudo que a contrariar produzirá dissonância e deverá ser evitado, ou se não for possível, deturpado, em prol da decisão tomada.[393]

Presente em modelos internacionais (como o Tribunal Europeu de Direitos Humanos[394]) e países europeus como Espanha, Portugal, França e Itália[395], na América Latina somente não se encontra previs-

---

XVII - decidir sobre a homologação de acordo de não persecução penal ou os de colaboração premiada, quando formalizados durante a investigação;

XVIII - outras matérias inerentes às atribuições definidas no caput deste artigo."

[393] LOPES JR.; RITTER, 2016, p. 70.

[394] Como no caso Cubber, de 26/10/1984, indicando que a instrução por juiz que sentencia viola o direito a um juiz imparcial, consagrado no art. 6.1 do Convênio para a Proteção dos Direitos Humanos e das Liberdades Fundamentais, de 1950.

[395] "Do panorama geral dado pela jurisprudência do Tribunal Europeu de Direitos Humanos (...) aos panoramas específicos do Tribunal Constitucional da Espanha, onde vige o princípio de que 'el juez que intsruye no puede juzgar', e da Corte

to o juiz das garantias em Cuba e Brasil. A inclusão agora em nosso sistema mantém o critério de separação do juiz do julgamento, atuando o juiz das garantias principalmente na definição da prisão, cautelares e provas violadoras do sigilo ou de domicílio durante a fase investigatória.

Rubens R. R. Casara (2010, P. 170) define o juiz das garantias como "[...] responsável pelo exercício das funções jurisdicionais alusivas à tutela das liberdades públicas, ou seja, das inviolabilidades pessoais/liberdades individuais frente à opressão estatal, na fase pré-processual."[396]

Após prorrogação inicial da vigência pelo Presidente do Supremo Tribunal Federal, Dias Tóffoli, com bases para implantação definidas pelo Conselho Nacional de Justiça[397], o Relator Luiz Fux concedeu liminar mais ampla sustando "sine die" o instituto:

> ADI 6298 MC/DF [...] (a7) Medida cautelar concedida, para suspensão da eficácia dos artigos 3º-A a 3º-F do Código de Processo Penal (Inconstitucionalidades formal e material); [...].[398]

Constitucional da Itália, em que predomina o entendimento – aliás consoante previsão legal – de que o exercício sucessivo de atuações jurisdicionais por um mesmo juiz em diferentes fases de um único procedimento penal é caso de incompatibilidade, depreende-se a relevância da questão sob análise e os efeitos daí decorrentes no que os italianos denominam de 'giusto proceso'" (MAYA, 2011, p. 237).

[396] CASARA, 2010, p. 170.

[397] Estudo do CNJ estabelece bases para implantação do juiz das garantias. Cf.: SANTOS, Rafa. Estudo do CNJ estabelece bases para implantação do juiz das garantias. Consultor Jurídico, 23 jun. 2020. Disponível em: https://www.conjur.com.br/2020-jun-23/estudo-cnj-estabelece-bases-implantacao-juiz-garantias. Acesso em: 11 set. 2020.

[398] "ADI 6298 MC/DF [...]
(a) Artigos 3º-A a 3º-F do Código de Processo Penal, na redação concedida pela Lei n. 13.964/2019 (Juiz das garantias e normas correlatas): (a1) O juiz das garantias, embora formalmente concebido pela lei como norma processual geral, altera materialmente a divisão e a organização de serviços judiciários em nível tal que enseja completa reorganização da justiça criminal do país, de sorte que inafastável considerar que os artigos 3º-A a 3º-F consistem preponderantemente em normas de organização judiciária, sobre as quais o Poder Judiciário tem iniciativa legislativa própria (Art. 96 da Constituição); (a2) O juízo das garantias e sua implementação causam impacto financeiro relevante ao Poder Judiciário, especialmente com as necessárias reestruturações e redistribuições de recursos humanos e materiais, bem como com o incremento dos sistemas processuais e das soluções de tecnologia da

A decisão da Suprema Corte retira por ora vigência ao inciso XVII do art. 3º-B, que dava competência ao juiz das garantias para "[...] decidir sobre a homologação de acordo de não persecução penal ou os de colaboração premiada, quando formalizados durante a investigação." Trata-se de regra lógica que prevê ação do juiz da pertinente fase investigatória, com a obtenção da pretendida separação decisória: quem decide a culpa de réus não sabe previamente dos fatos em homologação da colaboração premiada.

Os riscos normalmente destacados pela atuação do juiz nas investigações, fundamento da criação do juiz das garantias, são destacados na intervenção durante a colaboração premiada. Na homologação, mesmo sem intervir diretamente na negociação, precisa o magistrado tomar conhecimento dos fatos revelados, provas e produtos do crime prometidos, para decidir se é lícita e proporcional a negociação formalizada. Atua então em limite até mais amplo do que o da investigação, valorando o que se investigou e o que diz o colaborador ter ocorrido: riscos de contaminação psicológica e de antecipação de convencimento ampliados.

---

informação correlatas; (a3) A ausência de prévia dotação orçamentária para a instituição de gastos por parte da União e dos Estados viola diretamente o artigo 169 da Constituição e prejudica a autonomia financeira do Poder Judiciário, assegurada pelo artigo 99 da Constituição; (a4) Deveras, o artigo 113 do Ato das Disposições Constitucionais Transitórias, acrescentado pela Emenda Constitucional n. 95/2016, determina que "[a] proposição legislativa que crie ou altere despesa obrigatória ou renúncia de receita deverá ser acompanhada da estimativa do seu impacto orçamentário e financeiro"; (a5) É cediço em abalizados estudos comportamentais que, mercê de os seres humanos desenvolverem vieses em seus processos decisórios, isso por si só não autoriza a aplicação automática dessa premissa ao sistema de justiça criminal brasileiro, criando-se uma presunção generalizada de que qualquer juiz criminal do país tem tendências que favoreçam a acusação, nem permite inferir, a partir dessa ideia geral, que a estratégia institucional mais eficiente para minimizar eventuais vieses cognitivos de juízes criminais seja repartir as funções entre o juiz das garantias e o juiz da instrução; (a6) A complexidade da matéria em análise reclama a reunião de melhores subsídios que indiquem, acima de qualquer dúvida razoável, os reais impactos do juízo das garantias para os diversos interesses tutelados pela Constituição Federal, incluídos o devido processo legal, a duração razoável do processo e a eficiência da justiça criminal; (a7) Medida cautelar concedida, para suspensão da eficácia dos artigos 3º-A a 3º-F do Código de Processo Penal (Inconstitucionalidades formal e material); [...]."

Assim, embora tema controverso, é de todo salutar ao processo a criação do juiz das garantias e, mais especificamente, a definição de sua competência para atuação na colaboração premiada em fase investigatória – fase, inclusive, onde essa negociação normalmente ocorre.

Na falta do juiz das garantias, até definição do mérito do tema pelo Supremo Tribunal Federal, continua atuando o único juiz do caso penal para todo o processo, inclusive para as deliberações na investigação e na colaboração premiada.

Segue de todo modo em vigor o § 3º do art. 3º-C, de não aproveitamento probatório do material da investigação criminal.[399] Como em verdade não seria nos autos de negociação e homologação da colaboração premiada que se produziriam provas, isto pouca relevância teria para o processo. Dificuldades poderão surgir justamente no erro: se pretendida não apenas a promessa ou descrição das provas ratificadoras no acordo, mas diretamente a juntada de escritos, gravações e provas outras nesses autos.

A inovada determinação legal de separação dos procedimentos afetos ao juiz das garantias evita não somente a contaminação psicológica do juiz do julgamento, que outro será, mas o contraditório efetivo de provas, submetidas exclusivamente à fase adversarial do processo – salvo provas irrepetíveis. Assim, não poderão ser mantidas provas – nem juntadas deveriam ser – nos autos da colaboração premiada; todas provas disponíveis, mesmo decorrentes da colaboração, deverão com o recebimento da denúncia – momento em que levantado o sigilo – ser juntadas à investigação criminal, para acesso pleno.

Modelos de direito comparado, como na Itália e em vários países da América Latina, trazem o não aproveitamento das provas investigatórias para a definição da culpa, com separação plena dessas fases. Essa inclusive acabou sendo a compreensão do art. 3º-C do CPP para doutrinadores como Aury Lopes Jr. e Alexandre Morais da Rosa:

---

[399] CPP, Art. 3º, § 3º Os autos que compõem as matérias de competência do juiz das garantias ficarão acautelados na secretaria desse juízo, à disposição do Ministério Público e da defesa, e não serão apensados aos autos do processo enviados ao juiz da instrução e julgamento, ressalvados os documentos relativos às provas irrepetíveis, medidas de obtenção de provas ou de antecipação de provas, que deverão ser remetidos para apensamento em apartado.

Na fase de investigação e recebimento da acusação, atuará o Juiz das Garantias, enquanto na fase de julgamento, o Juiz de Julgamento não receberá, nem se contaminará pelo produzido na fase anterior, já que somente as provas irrepetíveis, medidas de obtenção de provas e antecipação de provas serão encaminhados. O restante deverá permanecer acautelado no Juiz das Garantias (CPP, art. 3-B, § 3º), com acesso às partes (CPP, art. 3-B, §4º), acabando-se com o uso manipulado de declarações da fase de investigação, porque só vale o produzido oralmente perante o Juiz de Julgamento.[400]

A lei, porém, apenas determina a separação – e não inacessibilidade do material probatório das garantias, assim como não abrange atos da investigação por inteiro e sim somente aqueles de procedimentos levados ao magistrado[401]. Ou seja, houve criação de mera subsidiariedade, de maior controle e sigilo dos procedimentos examinados pelo juiz das garantias e não exclusão da prova do inquérito para a valoração no julgamento[402].

A atuação do magistrado da investigação se dá no controle da legalidade e das garantias para a homologação da negociação de colaboração, devolvendo às partes em caso de desconformidade.

---

400 LOPES JR.; ROSA, 2019, n.p.

401 CPP, Art. 3º-C, § 3º Os autos que compõem as matérias de competência do juiz das garantias ficarão acautelados na secretaria desse juízo, à disposição do Ministério Público e da defesa, e não serão apensados aos autos do processo enviados ao juiz da instrução e julgamento, ressalvados os documentos relativos às provas irrepetíveis, medidas de obtenção de provas ou de antecipação de provas, que deverão ser remetidos para apensamento em apartado.

402 Nesse sentido, por exemplo: "A leitura correta do §3º do artigo 3º-C do CPP nos leva a admitir tanto a juntada dos autos do inquérito policial à ação penal quanto o apensamento das matérias decididas pelo juiz de garantias com base nos incisos VII, XI e XIII do artigo 3º-B do CPP, que foram expressamente ressalvados pelo parágrafo. [...] Em suma, a ação penal proposta pelo MP poderá ser acompanhada (i) do inquérito policial — e também do PIC; e (ii) dos autos a que se referem os incisos VII, XI e XIII, do artigo 3º-B do CPP, sem prejuízo de outras peças de informação." Cf.: ARAS, 2020, n.p.

2. PROCEDIMENTO

A Lei Anticrime encampou formalmente delimitação de categoria admitida pelo Supremo Tribunal Federal quanto a ser a colaboração premiada um "negócio jurídico processual" (art. 3º-A da Lei nº 12.850/2013), a determinar a possibilidade de ajustes entre as partes do processo, estabelecendo favores e obrigações recíprocos:

> 4. A colaboração premiada é um negócio jurídico processual, uma vez que, além de ser qualificada expressamente pela lei como "meio de obtenção de prova", seu objeto é a cooperação do imputado para a investigação e para o processo criminal, atividade de natureza processual, ainda que se agregue a esse negócio jurídico o efeito substancial (de direito material) concernente à sanção premial a ser atribuída a essa colaboração.
> (HC 127483, Relator(a): Min. DIAS TOFFOLI, Tribunal Pleno, julgado em 27/08/2015, PROCESSO ELETRÔNICO DJe-021 DIVULG 03-02-2016 PUBLIC 04-02-2016)

Trata-se de aproximação legislativa de categorização definida em precedente da Suprema Corte regulador do instituto. Não se trata de simples negociação de pena, mas também de favores de não persecução criminal e, quando não ilícitos, favores processuais ao imputado, correspondentes à sua colaboração.

Não se pode expungir limites de negociação do direito civil e administrativo, pois efetivo contrato de direito público. Não é apenas contrato de direito processual ou material, mas inclui ambas categorias, dentro sempre dos limites do legislador – não há espaço para o bom senso contrário à lei no direito penal e processual penal.

Outro ponto agora expresso é a caraterização agora normatizada de que a colaboração em si não é prova, mas sua promessa, negociação para tanto, assim caracterizando-se como "meio de obtenção de prova".[403] Finalmente, vincula a lei esse negócio jurídico de colaboração aos princípios, nomeadamente à "utilidade e interesses públicos".[404]

É previsão de princípios jurídicos diretamente decorrentes dos constitucionais requisitos da moralidade, ao tratar da utilidade, e da impessoalidade – ao tratar do interesse público.

---

[403] Art. 3º-A da Lei nº 12.850/2013.
[404] Art. 3º-A da Lei nº 12.850/2013.

Realmente a utilidade à investigação criminal e à reparação do crime, assim como o interesse público em perseguir crimes da organização criminosa são fundamentos necessários, pressupostos da negociação estatal para concessão de favores a imputados. Sem necessidade dessa colaboração, falta o necessário interesse estatal em reduzir penas de criminosos.

Já antes da inovação legal defendia este autor que "Claras violações a princípios constitucionais ou a regramentos legais não permitem a exclusão da jurisdição a pretexto de livre escolha do administrador."[405] Agora é na lei expressa a submissão da colaboração premiada a princípios, especialmente constitucionais, o que não poderia sequer ser discutível como ato de servidores públicos em atividade funcional.

Os demais princípios constitucionais, mesmo não expressos na lei, claramente incidem como imprescindíveis a qualquer ato administrativo. E também as leis que regem contratos, especialmente de direito público, seguem regulando as negociações estatais, mesmo em processo criminal, como destacado no tópico pertinente ao "Controle judicial da legalidade".

A inserção em lei de ser a colaboração premiada negócio jurídico que pressupõe princípios, jurídicos e especificamente constitucionais, serve para tornar certo o controle judicial mais amplo do que simples verificação de procedimento – na homologação – ou de proporcionalidade no cumprimento das promessas – na sentença.

2.1. FUNDAMENTAÇÃO MINISTERIAL

A exteriorização das razões de decidir do administrador são fundamento da existência do ato e justificação social de correção e transparência. Hely Lopes Meirelles sinteticamente explicava que "[...] denomina-se motivação a exposição ou a indicação por escrito dos fatos e dos fundamentos jurídicos do ato."[406] Ou, como mais detalha Celso Antônio Bandeira de Mello:

> [...] dito princípio implica para a Administração o dever de justificar seus atos, apontando-lhes os fundamentos de direito e de fato, assim como a correlação lógica entre os eventos e situações que deu por existentes e a

---

405 CORDEIRO, 2019a, p. 95.
406 MEIRELLES, 2004, p. 151.

providencia tomada, nos casos em que este último aclaramento seja necessário para aferir-se a consonância da conduta administrativa com a lei que lhe serviu de arrimo.[407]

Embora inicial divergência doutrinária discutisse a necessidade de motivação aos atos discricionários, quando presentes opções razoáveis e lícitas pelo administrador, jurisprudência e doutrina evoluíram para afirmar a indispensabilidade das razões de decidir para qualquer ato administrativo:

> O princípio da motivação exige que a Administração Pública indique os fundamentos de fato e de direito de suas decisões. Ele está consagrado pela doutrina e pela jurisprudência, não havendo mais espaço para as velhas doutrinas que discutiam se a sua obrigatoriedade alcançava só os atos vinculados ou só os atos discricionários, ou se estava presente em ambas as categorias. A sua obrigatoriedade se justifica em qualquer tipo de ato, porque se trata de formalidade necessária para permitir o controle de legalidade dos atos administrativos.[408]

Expressa é a Lei nº 9.784/99, no art. 2º, que "A Administração Pública obedecerá, dentre outros, aos princípios da [...] motivação", que "[...] deve ser explícita, clara e congruente, podendo consistir em declaração de concordância com fundamentos de anteriores pareceres, informações, decisões ou propostas, que, neste caso, serão parte integrante do ato."[409]

Mesmo sem previsão legal expressa ao Ministério Público para atos em geral, demonstra o inciso II do art. 22 da Lei Complementar nº 40/81 – estabelece normas gerais a serem adotadas na organização do Ministério Público estadual – a exigência de motivação nas manifestações judiciais, como necessidade do contraditório e para permitir o exercício da defesa:

> Art. 22 - São deveres dos membros do Ministério Público estadual [...]
> II - obedecer rigorosamente, nos atos em que oficiar, à formalidade exigida dos Juízes na sentença, sendo obrigatório em cada ato fazer relatório, dar os fundamentos, em que analisará as questões de fato e de direito, e lançar o seu parecer ou requerimento;

---

407 MELLO, 2013, p.115-116.

408 DI PIETRO, 2013, p. 77.

409 Cf.: Art. 50, § 1º. Adicionais são as previsões dos artigos 15 e 489 do Código de Processo Civil, aplicáveis como regra geral e principiológica ao direito administrativo.

Em verdade, o dever de motivação se verificará sempre que o ato estatal, inclusive provindo do Ministério Público e mesmo fora do processo, acarretar gravames ou prejuízos a cidadãos.

Na colaboração premiada acolhida, o ajuste formulado já indicará os benefícios e favores proporcionais fixados, justificando sua realização. De outro lado, não havia na lei determinação de explicitação dos fundamentos para a denegação ministerial ao acordo; isto se faz agora presente no § 1º do art. 3º-B da Lei nº 12.850/2013: "A proposta de acordo de colaboração premiada poderá ser sumariamente indeferida, com a devida justificativa, cientificando-se o interessado."

A previsão estende-se, por evidente, também ao Delegado de Polícia, autorizado que é a negociar a colaboração premiada, como já explicitado no tópico Negociadores, dentro do capítulo "Caracteres na lei da criminalidade organizada". Assim, também o Delegado de Polícia poderá motivadamente indeferir o pleito de colaboração premiada, para essa autoridade inclusive cabendo a análoga previsão do § 6º do art. 2º da Lei nº 12.830/2013:

> § 6º O indiciamento, privativo do delegado de polícia, dar-se-á por ato fundamentado, mediante análise técnico-jurídica do fato, que deverá indicar a autoria, materialidade e suas circunstâncias.

Se o indiciamento gera prejuízo, ao menos moral, a denegação da colaboração permite discutir prejuízos inclusive maiores, materiais, de redução da pena. A limitação constitucional de restrições individuais baseadas na lei ou em ordens estatais, faz ver como sempre necessário aos comandos do estado a devida fundamentação, como modo de convencimento e transparência, à sociedade e especialmente ao particular atingido.

Bem explicitou o legislador, pois, a necessária fundamentação para o indeferimento ministerial ao acordo. A providência permitirá ao imputado colaborador até eventualmente sanar o ponto justificador da não realização do acordo: se faltavam provas complementares, as junta, se não explicitou fatos, assim realiza.

Permitirá a justificação ministerial inclusive reduzir os riscos de negociações paralelas, simultaneamente conduzidas ante o Ministério Público e o Delegado de Polícia, pois poderá o magistrado melhor ponderar as razões de realização ou não do acordo: se um dos negociadores estatais nega o acordo porque as informações trazidas já são conhecidas, porque as provas são irrelevantes, pela posição de liderança do colaborador, a admissão dessas razões tornará desarrazoado o acordo com a outra autoridade negociadora. Sem fundamentação, surgiria o risco de serem homologados acordos sem conhecer os fundamentos – não expressados – para a denegação por negociador estatal diverso.

A falta da fundamentação é causa de nulidade, porque requisito de existência e validade do ato estatal-processual, similarmente ao que se daria na falta de motivação em decisões judiciais.

A fase ainda investigatória em regra não gera prejuízos, mas similarmente as provas irrepetíveis, permanentes – como é o caso das perícias e documentos – trazem sim prejuízos à ação penal, como reconhece a jurisprudência.[410] Esse será o caminho para a denegação fundamentada

---

410 Exemplificativamente:
"HABEAS CORPUS. PROCESSUAL PENAL. NULIDADE. CONSTATAÇÃO. INOBSERVÂNCIA AO DIREITO AO SILÊNCIO. NEMO TENETUR SE DETEGERE. ILEGALIDADE FLAGRANTE. USO INDEVIDO DE UNIFORME MILITAR. ORDEM CONCEDIDA I – É jurisprudência pacífica no Supremo Tribunal Federal a possibilidade do investigado ou acusado permanecer em silêncio, evitando-se a auto-incriminação. II – O depoimento da paciente, ouvida como testemunha na fase inquisitorial, foi colhido sem a observância do seu direito de permanecer em silêncio. II – Ordem concedida.
(HC 136331, Relator(a): RICARDO LEWANDOWSKI, Segunda Turma, julgado em 13/06/2017, PROCESSO ELETRÔNICO DJe-140 DIVULG 26-06-2017 PUBLIC 27-06-2017)
[...] 13. Restou configurado, portanto, que as interceptações telefônicas levadas a cabo, tanto na operação Vegas, quanto na operação Monte Carlo, revelaram que seu conteúdo passou por análise que, indiscutivelmente, não competia a juízo de primeiro grau, mas ao Supremo Tribunal Federal, o que contaminou de nulidade os elementos de prova angariados em desfavor do recorrente nas operações policiais em evidência, por violação do princípio do juiz natural (CF, art. 5º, LIII). 14. Recurso parcialmente provido para se conceder a ordem de habeas corpus no sentido de invalidar as interceptações telefônicas relacionadas ao recorrente nas operações Vegas e Monte Carlo, realizadas em primeiro grau, bem como as provas diretamente delas derivadas, determinando-se seu desentranhamento dos autos da ação penal à qual responde perante o Tribunal de Justiça do Estado de Goiás, a quem compete avaliar se remanesce justa causa para o prosseguimento do feito, a partir de eventual constatação de outras provas autônomas suficientes ao embasamento da acusação, uma vez que a via estreita do habeas corpus, na linha de precedentes, não permite revolver o acervo fático-probatório para melhor se reanalisar essa questão.
(RHC 135683, Relator(a): DIAS TOFFOLI, Segunda Turma, julgado em 25/10/2016, PROCESSO ELETRÔNICO DJe-066 DIVULG 31-03-2017 PUBLIC 03-04-2017)"

da colaboração premiada – embora até possível a revisão do indeferimento, que não gera sequer coisa julgada formal, novos fundamentos ou provas seriam exigíveis para o reexame e isto pode não se verificar, demonstrando o prejuízo estabilizado desse indeferimento.

Finalmente, reitera o legislador a necessidade de explicitação das razões de não realização do acordo de colaboração ao estabelecer no seguinte § 2º do art. 3º-B do CPP que mesmo posteriormente ficará impedido "[...] o indeferimento posterior sem justa causa."

Dá-se então previsão de revisão pelo negociador estatal do cabimento de acordo de colaboração premiada em momento posterior, mas antes da homologação judicial. Haveria admissão do acordo, formalização do termo de confidencialidade e eventual instrução preliminar, vindo somente então o negociador estatal a compreender pela denegação da colaboração ainda não homologada. A decisão é possível, válida, mas fundamentadamente – percebe o Ministério Público, por exemplo, que não existem as provas inicialmente indicadas de corroboração, que o colaborador esconde fatos ou mesmo que não há em verdade utilidade na colaboração.

Da deliberação estatal, por seu negociador, não há previsão de recurso. Ao Delegado de Polícia, atuando em fase pré-processual e de natureza administrativa, é natural a incidência do princípio hierárquico, com recurso administrativo ao "Chefe", por derradeiro o Delegado Geral de Polícia Civil, como analogamente se verifica do art. 5º, § 2º do CPP – "Do despacho que indeferir o requerimento de abertura de inquérito caberá recurso para o chefe de Polícia."

Embora se verifique a atuação do Ministério Público na mesma fase investigatória, não é admitido o recurso hierárquico frente a suas manifestações, e menos ainda recursos jurisdicionais, no máximo incidindo o controle censório pelas corregedorias ou Conselho Nacional do Ministério Público (CNMP).

A revisão ministerial *interna corporis* foi instituída na investigação policial para o caso de arquivamento,[411] previsão por ora suspensa na Medida Cautelar na Ação Direta de Inconstitucionalidade nº 6.298/

---

[411] Art. 28 do CPP, "Ordenado o arquivamento do inquérito policial [...] encaminhará os autos para a instância de revisão ministerial para fins de homologação."

DF, pelo Ministro Luiz Fux[412]. De todo modo, não pode sequer ser exigível igual tratamento de controle frente a manifestações outras, embora caminho recomendável (*lege ferenda*) para o controle da discricionariedade ministerial, não afastada pelo princípio da independência funcional – como tratado no tópico Independência funcional, controle e revisão, dentro do capítulo "Controles necessários".

Ideal nesse sopesar seria a admissão analógica desse dispositivo para o controle interno ministerial, que se trata em tópico independente no parágrafo anterior citado, a aferir os critérios de denegação, já que não poderá o magistrado divergir da denegação pretendendo forçar o representante da persecução estatal à negociação. Não há previsão legal, porém, para esse caminho recursal.

A motivação garante ao colaborador aptidão para a defesa e permite ao juiz denegar acordos ilegais ou reapresentar o acordo para reexame na falta de cumprimento aos requisitos legais.

Finalmente, expressa a Lei Anticrime que "Na hipótese de não ser celebrado o acordo por iniciativa do celebrante, esse não poderá se valer de nenhuma das informações ou provas apresentadas pelo colaborador, de boa-fé, para qualquer outra finalidade."[413] Aqui se tem restrição do uso da prova, pois o ainda vigente § 10 do art. 4º da Lei nº 12.850/2013 prevê que a retratação da proposta apenas impede o uso das "provas autoincriminatórias", ou seja, antes poderiam as provas

---

[412] "[...] (c) Artigo 28, caput, Código de Processo Penal (Alteração do procedimento de arquivamento do inquérito policial): (c1) Viola as cláusulas que exigem prévia dotação orçamentária para a realização de despesas (Artigo 169, Constituição), além da autonomia financeira dos Ministérios Públicos (Artigo 127, Constituição), a alteração promovida no rito de arquivamento do inquérito policial, máxime quando desconsidera os impactos sistêmicos e financeiros ao funcionamento dos órgãos do parquet; (c2) A previsão de o dispositivo ora impugnado entrar em vigor em 23.01.2020, sem que os Ministérios Públicos tivessem tido tempo hábil para se adaptar estruturalmente à nova competência estabelecida, revela a irrazoablidade da regra, inquinando-a com o vício da inconstitucionalidade. A vacatio legis da Lei n. 13.964/2019 transcorreu integralmente durante o período de recesso parlamentar federal e estadual, o que impediu qualquer tipo de mobilização dos Ministérios Públicos para a propositura de eventuais projetos de lei que venham a possibilitar a implementação adequada dessa nova sistemática; (c3) Medida cautelar deferida, para suspensão da eficácia do artigo 28, caput, do Código de 6 Supremo Tribunal Federal Documento assinado digitalmente conforme MP nº 2.200-2/2001 de 24/08/2001."

[413] § 6º do art. 3º - B da Lei nº 12.850/2013.

ser usadas em desfavor de terceiros, mas agora o uso só poderá ocorrer se a retração dera-se por iniciativa do colaborador. Sendo a iniciativa do celebrante, a restrição agora imposta é de não serem as provas utilizadas para quaisquer fins.

André Luís Callegari e Raul Linhares criticam o uso de provas apresentadas durante as tratativas, antes da homologação judicial, mesmo quando provenha a retratação do colaborador:

> Mais do que isso, entendemos que, mesmo em caso de retratação pelo agente colaborador, não se deveria admitir a utilização das provas por ele fornecidas contra terceiros. Até a assinatura do acordo (ou seja, durante a fase de meras tratativas), todas as informações e os documentos fornecidos pelo colaborador o são exclusivamente para fins de negociação (cada parte deve convencer a outra da utilidade do acordo). Se o colaborador fornece informações e documentos de boa-fé, mas, ao final, não se convence da utilidade da celebração do acordo, não pode a atividade de negociação exercer efeitos incriminatórios contra terceiros. É por meio do acordo (não da negociação) que a autoridade adquire legitimamente o material probatório. Além disso, se a retratação por parte do Ministério Público é plenamente possível e não deve produzir qualquer efeito, da mesma forma deve se entender a retratação do colaborador.[414]

Talvez até fosse esse o caminho ideal: enquanto negocia-se não se faz instrução para o processo e definição de culpa. Não formalizado o contrato pela homologação judicial, seriam inadmissíveis as provas apresentadas durante a negociação.

Não foi essa, porém, a previsão legal. Permanecem válidas frente a terceiros as provas trazidas na negociação quando a retratação seja pelo colaborador; são inadmissíveis para qualquer fim, porém, quando a retratação se dá pela autoridade pública celebrante.

A nova vedação expressa a impossibilidade de aproveitamento da torpeza própria: ninguém pode se beneficiar pelo mau agir, pela conduta contrária à ordem jurídica. Se o negociador estatal não mais deseja fazer o acordo, tampouco poderá dele beneficiar-se sem contraprestação. Assim se evita abuso ou má-fé do negociador estatal em iniciar tratativas apenas para aproveitar-se de provas de acordo que jamais se realizará. Claro, como já exposto reiteradamente neste tópico, a motivação é também aqui imprescindível, para justificar o agora desinteresse estatal em seguir com acordo onde as negociações já se desenvolviam.

---

[414] CALLEGARI; LINHARES, 2020, n.p.

2.2. CONFIDENCIALIDADE

O sigilo das tratativas para o acordo, e de seu conteúdo, é imprescindível à fase da negociação. Homologado judicialmente o acordo, passa ele a ser contrato imponível às partes e já poderia dar-se sua publicidade.

A Lei Anticrime, porém, limitou o início da publicidade ao recebimento da denúncia, peremptoriamente:

> Art. 7º § 3º O acordo de colaboração premiada e os depoimentos do colaborador serão mantidos em sigilo até o recebimento da denúncia ou da queixa-crime, sendo vedado ao magistrado decidir por sua publicidade em qualquer hipótese.

Não é comum o comando legal de vedação a diferentes compreensões pelo magistrado "em qualquer hipótese". É reforço normativo que merece a devida aplicação, sem excepcionamentos.

Imagina-se a restrição peremptória pelas justificativas várias já encontradas em precedentes: desinteresse do sigilo por alguma das partes, divulgação do conteúdo na imprensa, conhecimento do acordo pelos delatados. Os riscos de divulgação social do que ainda é apenas promessa de prova dos crimes de terceiros realmente merecem atenção especial e assim se justifica essa vedação plena à divulgação antes do recebimento da denúncia, porque exteriorizador da admissão de justa causa para ação criminal contra os crimes delatados.

Permanece de todo modo o risco de prejuízo à imagem dos delatados se compreendido que pode dar-se o recebimento da denúncia ou queixa quanto a parte dos crimes revelados, pois quanto aos demais ainda seria imaginável que delações tenham sido feitas sem provas de corroboração, sem mínima prova da autoria dos crimes remanescentes pelos delatados. No tópico Limites, deste capítulo, será abordada a possibilidade de abranger a colaboração crimes outros além daqueles investigados.

Para ainda maior força ao sigilo, prevê agora o art. 3º-B, § 2º, da Lei nº 12.850/2013, que seja firmado "Termo de Confidencialidade" quando não sumariamente denegada a proposta de colaboração premiada. O sigilo sempre foi natural às tratativas da negociação penal e expresso na Lei contra o Crime Organizado, mas a formalização e assinatura do termo acarretará, até moralmente, maior sensação de importância e decorrente respeito – é o que se espera.

Sem forma legal, importa é o conteúdo dessa contratação de sigilo das negociações, mantido – agora por lei peremptória – até o recebimento da denúncia, sob pena do crime de violação de sigilo – funcional do art. 325 do CP – "e quebra da confiança e da boa-fé"– para responsabilização administrativa ou civil. Na prática forense, já antes dessa inovação legal eram formalizados termos de confidencialidade, para assegurar o sigilo já em lei estabelecido.

No mais, seguem vigentes as antigas previsões de sigilo da Lei, inclusive na tramitação da homologação judicial e restrição a seu acesso, como já desenvolvido no tópico "Sigilo e impugnação do acordo", do "Objeto da delação", no capítulo "Caracteres na lei da criminalidade organizada".

Seguem, também, as decorrentes discussões de acesso ao colaborador e a terceiros atingidos pela negociação, como condição para a ampla defesa e como garantia constitucional de pleno acesso à jurisdição.

2.3. DETALHAMENTOS DO ACORDO

O acordo de colaboração exige ao réu a assistência de defensor técnico. O impedimento à autodefesa por quem não seja advogado, se estende às negociações de processo e pena, exigindo a lei poderes específicos ao advogado ou defensor público – tanto para a propositura do acordo, como para a formalização dos termos de recebimento dessa proposta ou de confidencialidade.

Embora preveja o § 5º do art. 3º-B da Lei nº 12.850/2013 assinatura por "advogado ou defensor público com poderes específicos", parecendo daí trazer a exigência desses poderes apenas ao defensor público, o seguinte art. 3º-C diz que "A proposta de colaboração premiada deve estar instruída com procuração do interessado com poderes específicos [...]", sem distinções – ao contrário, especifica que essa proposta será assinada "[...] pessoalmente pela parte que pretende a colaboração e seu advogado ou defensor público."

Assim, não haveria sentido interpretar que a proposta é formulada por advogado ou defensor com poderes específicos, mas para assinar o termo de seu recebimento apenas ao defensor seriam exigidos esses poderes. Deve ser, pois, compreendido que todo o procedimento de colaboração premiada, desde sua proposta, ao acompanhamento e orientação do acusado, até a assinatura dos termos, dá-se com autorização especial do imputado.

O conflito de interesses poderá afastar o advogado da colaboração, quando surja a revelação de fatos que sejam potencialmente danosos a outros agentes pelo mesmo procurador representados, ou seja o próprio advogado por eles atingido.

A previsão de troca do advogado quando seja o "colaborador hipossuficiente" não possui sentido. Se é caso de hipossuficiência econômica, já será por lei indicada a atuação de defensor público e se é caso de incapacidades outras, inclusive mental, dar-se-á a devida representação - mas não a substituição do advogado constituído.

Finalmente quanto à assistência jurídica, é ela exigida para todos os atos e tratativas da colaboração, como prevê o § 1º do art. 3º-C da Lei nº 12.850/2013. Os atos realizados durante as negociações da colaboração premiada agora têm registro obrigatório por meio de gravação magnética, estenotipia, digital ou técnica similar, inclusive audiovisual.[415] O que antes era previsto como providência a ser realizada "sempre que possível", agora se impõe como registro que "deverá ser feito" na nova lei. Assim garante-se a ética, moralidade e licitude das negociações, bem como o pleno acesso ao colaborador e – acaso se entenda como possível, como nesta obra é defendido – a terceiros prejudicados.

A tendência dos registros audiovisuais se faz também aqui sentida, por seus ganhos de confiabilidade, afastando-se riscos de pressões indevidas, de promessas ilícitas ou de negociações não registradas.

Outra previsão legal relevante, embora também expressando compreensão já consagrada na doutrina e jurisprudência, é de que "São nulas de pleno direito as previsões de renúncia ao direito de impugnar a decisão homologatória."[416]

Já como uma das primeiras intervenções da Suprema Corte em acordos de colaboração na Operação Lava jato, o Min. Teori Zavascki afastou de cláusula do acordo interpretação que "[...] como renúncia, de sua parte, ao pleno exercício, no futuro, do direito fundamental de acesso à Justiça, assegurado pelo art. 5º, XXXV, da Constituição."[417]

---

415 § 13 do art. 4 da Lei nº 12.850/2013.
416 Art. 4º, § 7º-B da Lei nº 12.850/2013.
417 Petição 5244/STF, j. 19/12/2014.

Realmente, nem no direito material civil é impedida a impugnação a acordos realizados, pela demonstração de vícios da vontade ou ilegalidade. Na mais gravosa seara penal menos ainda se poderia inserir renúncia à impugnação do acordo homologado, acrescendo-se à vontade e legalidade estrita, as demais considerações de legalidade já discorridas nesta obra – valoração de princípios constitucionais, limites ao negócio jurídico privado e público, assim como a presença da justa causa criminal. Pode o imputado, pois, formalizar acordo, garantindo benefícios estatais por promessas de colaboração, e após buscar demonstrar que em verdade o fato é atípico, está prescrito, sem mínimos indícios probatórios ou apresenta o próprio acordo algum vício em sua formalização.

Para a proteção dos colaboradores, previu também a Lei Anticrime a proteção deles por prisão em separado mesmo durante o processo,[418] preservando-os dos riscos de represália e vingança. É inovação protetiva, que amplia a antiga previsão de separação apenas para "[...] cumprir pena em estabelecimento penal diverso dos demais corréus ou condenados" – antiga redação do inciso.

2.4. DESCONHECIMENTO PARA A NÃO PERSECUÇÃO CRIMINAL

O único favor ministerial previsto em lei na colaboração premiada é a não persecução, pois prerrogativa e competência exclusiva do Ministério Público.

Mantendo a compreensão clássica do instituto, nossa Lei de combate às organizações criminosas veda esse favor ministerial a quem não seja o primeiro a colaborar ou seja líder da organização criminosa,[419] como tratado no tópico "Favor judicial e favor ministerial", dentro da "Aplicação do favor", no capítulo "Caracteres na lei da criminalidade organizada".

A novidade trazida pela Lei Anticrime é "[...] referir-se a infração de cuja existência não tenha prévio conhecimento [...]"[420] como isso compreendendo-se a ausência de instauração de "[...] inquérito ou procedimento investigatório para apuração dos fatos apresentados pelo colaborador."[421]

---

[418] "Art. 5º, VI - cumprir pena ou prisão cautelar em estabelecimento penal diverso dos demais corréus ou condenados."

[419] Art. 4º, § 4º, I da Lei nº 12.850/2013.

[420] § 4º do art. 4º da Lei nº 12.850/2013.

[421] § 4º-A do art. 4º da Lei nº 12.850/2013.

A pretensão da nova restrição é conceder o extremo favor de não persecução criminosos menos perigosos do grupo e para fatos desconhecidos, seja porque jamais objeto de colaboração de corréus, seja porque não investigados. Como restrição agora inovada, sua incidência é apenas para homologações futuras, não afetando prévios acordo já definidos por homologação e que, assim, a todos vinculam, especialmente ao estado persecutor.[422]

A vedação é à não persecução criminal, mas não se impede o normal acordo de colaboração, com propostas de favores judiciais, até mesmo de perdão. Trata-se daí de critério a ser aferido pelo magistrado, competente para a dosimetria da pena, e não de benesse extrema ministerial, porque impede sequer conhecerem-se durante o processo as provas e limites de conduta do imputado colaborador.

3. PROVAS

As provas trazidas pelo colaborador merecem valor como provas de interessados, equivalendo à hipótese de provas da vítima ou de informantes e igual valor merecendo seu depoimento.

Expressa a Lei Anticrime a necessidade de constarem já do acordo de colaboração a indicação das "provas e os elementos de corroboração".[423] É providência de cautela para evitar o ajustamento de favores por promessas inviáveis, porque ausentes provas de corroboração.

Já se definiu no tópico "Corroboração da colaboração", no capítulo "Caracteres na lei da criminalidade organizada" a necessidade de corroboração por prova independente – não provinda do colaborador – como condição de restrição de direitos. Mais do que critério de valoração da prova – que é baixo, pelo interesse pessoal do colaborador –, tem-se agora restrição legal de admissibilidade isolada da prova desse interessado – por fala ou documentos dele oriundos.

---

[422] No mesmo sentido, André Luís Callegari e Raul Linhares: "Contudo, passou-se a restringir a aplicação da imunidade processual ("não denúncia") ao caso de colaboração sobre fato desconhecido previamente pelo Ministério Público[5] — restrição que, sob hipótese alguma, deve importar em revisão de acordos pretéritos, aplicando-se a nova normatividade apenas aos casos futuros." Cf.: CALLEGARI; LINHARES, 2020, n.p.

[423] § 4º do art. 3º-C da Lei nº 12.850/2013.

A exigência legal da indicação das provas de corroboração garante maior credibilidade às promessas do colaborador e se torna condição de admissibilidade de condenação, ou mesmo da fixação de cautelares. Infelizmente persecuções penais foram desenvolvidas, com relevantes danos à imagem de delatados, a partir de acordos baseados na palavra do delator, que não conseguir trazer outras provas. A lei exige agora a verificação de seriedade da delação já para sua homologação.

A Lei Anticrime também deixa expressa premissa probatória na jurisprudência já fixada: a fala do delator é indício de culpa insuficiente para restrições individuais, mas não admitida como suporte suficiente para a restrição de direitos. Assim, não poderão ser fixadas cautelares, recebida denúncia ou prolatada condenação apenas "[...] com fundamento nas declarações do colaborador."[424]

É restrição similar à já trazida na lei de vedação à condenação fundada apenas em confissão ou nas provas do inquérito policial. Mais do que tratamento indiciário à prova, da fala do delator, é definição de requisito mínimo de admissibilidade da prova – não serve a prova sem esse requisito para os fins delimitados em lei.

Nessa abrangência legal, são impedidas medidas invasivas da privacidade, como buscas e apreensões e quebra de sigilos – há vedação legal de admissibilidade dessa prova exclusiva para os fins de restrição individual e, nesse limite, se compreendem também as diligências invasivas.

Finalmente, acolheu expressamente a Lei Anticrime o contraditório ao delator pelo delatado, como já resolvera o Supremo Tribunal Federal no HC 127.483/PR, Relator Min. Dias Toffoli: "[...] o delatado, no exercício do contraditório, terá o direito de inquirir o colaborador, seja na audiência de interrogatório, seja em audiência especificamente designada para esse fim [...]", como examinado nesta obra na subseção "Colaborador e contraditório", no capítulo "Caracteres na lei da criminalidade organizada".

---

[424] Cf.: (§ 16 do art. 4º da Lei nº 12.850/2013. "Art. 4º, § 16. Nenhuma das seguintes medidas será decretada ou proferida com fundamento apenas nas declarações do colaborador:

I - medidas cautelares reais ou pessoais;

II - recebimento de denúncia ou queixa-crime;

III - sentença condenatória.

Essa especificação veio no § 10-A do art. 4º da Lei nº 12.850/2013: "Em todas as fases do processo, deve-se garantir ao réu delatado a oportunidade de manifestar-se após o decurso do prazo concedido ao réu que o delatou." É regra básica de processo acusatório: o réu fala e prova por último, para contrapor-se às falas e provas de quem o acusa – e nessa condição se encontra o delator.

Como já se destacou no tópico acima relembrado desta obra, há que se ampliar a compreensão de que o contraditório envolve não apenas do direito de falar após, como consta do precedente da Suprema Corte brasileira e da nova redação legal, mas também compreende mínimo exercício do contraditório o direito de provar após: provas do delatado ao final, após aquelas trazidas pelo Ministério Público e pela defesa dos colaboradores, assim como interrogatório ao final, já ciente dos depoimentos dos corréus.

Com a prova ao final, poderá o delatado demonstrar erros e contrapor-se às provas de culpa, seja provinda do órgão ministerial, seja provinda dos corréus colaboradores.

3.1. INVESTIGAÇÕES E PROVAS ANTECIPADAS

A lei anticrime trouxe a previsão de que a colaboração "não implica, por si só, a suspensão da investigação",[425] aclarando o tratamento da negociação como incidente sem efeito suspensivo, o que é natural, pois podem prolongar-se no tempo as tratativas para a colaboração, de modo que a suspensão das investigações poderia prejudicar a útil e tempestiva colheita de indícios probatórios.

Realmente, embora seja normalmente mais procurado o acordo na fase investigatória, o critério da utilidade permite a aferição ministerial e judicial de interesse na colaboração em qualquer fase processual, mesmo em execução penal, de modo que não seria razoável suspender o processo em qualquer fase para o prosseguimento das negociações.

Previu lei nova, também, o cabimento de dilação probatória para o acordo, podendo "[...] ser precedido de instrução, quando houver necessidade de identificação ou complementação de seu objeto, dos fatos narrados, sua definição jurídica, relevância, utilidade e interesse público."[426]

---

[425] (§ 3º do art. 3º-B da Lei nº 12.850/2013)
[426] Art. 3º-B § 4º, da Lei nº 12.850/2013.

É que como caberá na negociação a definição de favores estatais correspondentes à utilidade da colaboração, pode realmente ser necessário ter mais clara a delimitação dos fatos criminosos, da quadrilha e produto do crime revelados e das provas de corroboração a embasar o acordo. Não se terá busca investigatória para definição de culpa, somente apurada no posterior contraditório da ação penal, mas válidas serão as provas já obtidas nessa fase extra-investigatória, como se colhidas para o inquérito policial fossem.

Ao serem apurados indícios probatórios dos contornos fáticos narrados pelo delator, são obtidos dados justificadores da boa definição dos favores estatais proporcionais, mas também já se obtêm provas iniciais do próprio crime investigado – é suporte probatório necessário à negociação, mas também prova investigatória válida.

Finalmente, tornou a Lei Anticrime certo que mesmo sendo incidente do processo, normalmente em fase investigatória, age o juiz com plenos poderes, inclusive podendo fixar cautelares.

Como ínsito à jurisdição, o poder cautelar é exercido para a utilidade e proteção de qualquer processo. Na seara penal, porém, mais limitado é seu uso, pois possível causa da restrição de direitos – então limitada à autorização legal expressa.

Assim é que as Regras de Tóquio já previram a limitação das cautelares penais ao princípio da legalidade – penal e processo penal não se regulam pelo bom senso, mas pela lei estrita:

> O princípio da legalidade incide no processo penal, enquanto "legalidade da repressão", como exigência de tipicidade (nulla coactio sine lege) das medidas cautelares, a implicar o princípio da taxatividade: medidas cautelares pessoais são apenas aquelas legalmente previstas e nas hipóteses estritas que a lei autoriza.
> O juiz, no processo penal, está rigorosamente vinculado às previsões legislativas, razão por que somente pode decretar as medidas coercitivas previstas em lei e nas condições por ela estabelecidas, não se admitindo medidas cautelares atípicas (isto é, não previstas em lei) nem o recurso à analogia com o processo civil.
> No processo penal, portanto, não existe o poder geral de cautela.[427]

No Brasil o tema ainda é controverso, sendo até usual a criação de cautelares pessoais penais pelo juiz, a pretexto de proporcionalidade e razoabilidade: se pode prender, pode inventar cautelar obrigando o im-

---

[427] CAPEZ, 2017, n.p.

putado a ir à missa, a não ingerir bebidas alcoólicas. É a perigosa boa intenção persecutória, que retira segurança jurídica e tende a abusos.

Dentro dos limites da lei, em princípio, poderá sempre o juiz fixar cautelares em qualquer fase do processo, mesmo investigatória e mesmo durante as negociações para a colaboração premiada. A previsão legal de "acordo em contrário"[428] não está a exigir acordo das partes para a fixação judicial de cautelares, mas para que a cautelares invasivas aos direitos do colaborador sejam com a concordância deste realizadas.

É previsão legal que somente tem sentido de mais forte argumentação, pela demonstração ao magistrado de que a cautelar não apenas é necessária, como sequer há oposição do colaborador que por ela é atingido, como na apreensão de dinheiro depositado no estrangeiro, apreensão de imóveis em nome de "laranjas" etc. Não há como compreender, na presente fase do processo penal brasileiro, que possam as partes exigir do juiz cautelares porque acordes ou ajustarem formalmente a suspensão do processo, mesmo em fase investigatória.

Tampouco sentido haveria na interpretação de necessidade da convenção de partes para a fixação genérica de cautelas pelo juiz, que neste ponto age até de ofício – embora nos limites da lei – para a proteção do processo ou da sociedade.

4. LIMITE DE UTILIDADE DA DELAÇÃO

Talvez a grande polêmica surgida nas inovações da colaboração premiada pela Lei Anticrime seja a definição dos limites de fatos a serem revelados e valorados na negociação:

> Art. 3º - C, § 3º No acordo de colaboração premiada, o colaborador deve narrar todos os fatos ilícitos para os quais concorreu e que tenham relação direta com os fatos investigados.
> o da delação premiada do ex-senador Delcídio do Amaral.

A discussão não se verifica na exigência de ter o colaborador concorrido para os crimes. Embora até existissem acordos onde o colaborador revelava crimes de terceiros para os quais não concorreu, ordinariamente já se compreendia que isso não se confundia com a colaboração premiada, constituindo-se em verdadeiro informante do

---

[428] Art. 3º-B, § 3º, da Lei nº 12.850/2013.

bem, o *whistleblower*, que com limitações foi introduzido na mesma Lei Anticrime através da inserção dos artigos 4º-A, 4º-B e 4º-C à Lei nº 13.608/2018[429].

É previsão legal de proteção plena a quem informa crimes lesivos ao interesse público, com recompensa de 5% (cinco por cento) do valor recuperado. Não se confessam crimes, não se tem informações de coautor, mas simples notícia dos crimes de terceiros, com eventual premiação. Não é revelação de crimes próprios, com coautores, como se dá na colaboração premiada.

Em verdade a grande discussão é quanto à limitação aos fatos ilícitos relacionados diretamente aos investigados. Aqui é que se impõe limitação forte a indevida tendência prática ampliadora.

---

429 "Art. 4º-A. A União, os Estados, o Distrito Federal e os Municípios e suas autarquias e fundações, empresas públicas e sociedades de economia mista manterão unidade de ouvidoria ou correição, para assegurar a qualquer pessoa o direito de relatar informações sobre crimes contra a administração pública, ilícitos administrativos ou quaisquer ações ou omissões lesivas ao interesse público.

Parágrafo único. Considerado razoável o relato pela unidade de ouvidoria ou correição e procedido o encaminhamento para apuração, ao informante serão asseguradas proteção integral contra retaliações e isenção de responsabilização civil ou penal em relação ao relato, exceto se o informante tiver apresentado, de modo consciente, informações ou provas falsas.

Art. 4º-B. O informante terá direito à preservação de sua identidade, a qual apenas será revelada em caso de relevante interesse público ou interesse concreto para a apuração dos fatos.

Parágrafo único. A revelação da identidade somente será efetivada mediante comunicação prévia ao informante e com sua concordância formal.

Art. 4º-C. Além das medidas de proteção previstas na Lei nº 9.807, de 13 de julho de 1999, será assegurada ao informante proteção contra ações ou omissões praticadas em retaliação ao exercício do direito de relatar, tais como demissão arbitrária, alteração injustificada de funções ou atribuições, imposição de sanções, de prejuízos remuneratórios ou materiais de qualquer espécie, retirada de benefícios, diretos ou indiretos, ou negativa de fornecimento de referências profissionais positivas.

§ 1º A prática de ações ou omissões de retaliação ao informante configurará falta disciplinar grave e sujeitará o agente à demissão a bem do serviço público.

§ 2º O informante será ressarcido em dobro por eventuais danos materiais causados por ações ou omissões praticadas em retaliação, sem prejuízo de danos morais.

§ 3º Quando as informações disponibilizadas resultarem em recuperação de produto de crime contra a administração pública, poderá ser fixada recompensa em favor do informante em até 5% (cinco por cento) do valor recuperado."

Já se explicou no capítulo "Caracteres da colaboração premiada", que além da quase totalidade das leis do Brasil terem fixado um limite para a delação, a estabelecer um critério normativo de utilidade, a própria Lei da criminalidade organizada manteve esse limite ao especificar o que poderia ser delatado, como se especificou no Critério da utilidade, dentro do objeto da delação.

Deste modo, já antes mesmo da Lei Anticrime já explicitava este autor que não haveria autorização legal ou sentido lógico em premiarem-se notícias de crimes dos outros dentro da colaboração premiada. A colaboração exige a incidente confissão dos próprios crimes e quando se fala de crimes sem concorrência do colaborador não há crime próprio a confessar.

Nesse sentido houve já manifestação da Suprema Corte brasileira quando no Inq 4130 o Relator Dias Toffoli apontou que os fatos não conexos seriam passíveis de conhecimento como encontro fortuito de provas, embora o exame tenha sido feito para fins de determinação de desmembramento dos fatos sem conexão direta.[430] Realmente, a colaboração viria para solucionar os crimes investigados de grupo criminoso, mas acaba sendo delatada a existência de crimes outros – problema nenhum haverá de validade dessa informação e eventuais provas, mais de pelo princípio da serendipidade apenas porque notícia do crime, a todos possível e socialmente recomendável. O que não haverá, sem previsão expressa, é a aplicação de favores pela notícia do crime de terceiros.

---

[430] "Delação de crimes não conexos com a investigação primária. Equiparação ao encontro fortuito de prova. [...] 4. A competência para processar e julgar os crimes delatados pelo colaborador que não sejam conexos com os fatos objeto da investigação matriz dependerá do local em que consumados, de sua natureza e da condição das pessoas incriminadas (prerrogativa de foro). [...] 20. A questão de ordem se resolve no sentido do desmembramento do feito, a fim de que a investigação prossiga perante a Suprema Corte somente em relação à autoridade com prerrogativa de foro, com a consequente remessa de cópia dos autos à Seção Judiciária do Estado de São Paulo, independentemente da publicação do acórdão, para livre distribuição, preservada a validade dos atos praticados na origem, inclusive medidas cautelares, dentre as quais a prisão preventiva de um dos investigados, tendo em vista a aplicação da teoria do juízo aparente (HC nº 81.260/ES, Pleno, Relator o Ministro Sepúlveda Pertence, DJ de 19/4/02).

(Inq 4130 QO, Relator(a): DIAS TOFFOLI, Tribunal Pleno, julgado em 23/09/2015, ACÓRDÃO ELETRÔNICO DJe-020 DIVULG 02-02-2016 PUBLIC 03-02-2016)."

Claro é que sempre poderá – até deverá – o cidadão revelar crimes que tenha conhecimento, mas não utilizar essa informação apenas para beneficiar-se com redução de pena quando eventualmente descoberto. Não há na lei favor a quem passe a vida reunindo provas de crimes de terceiros para beneficiar-se quando perseguido criminalmente – até se poderia isso prever, mas por lei explícita e mediante prévio e amplo debate legislativo.

Ao contrário, o legislador sempre identificou o que se poderia delatar para reduzir a própria pena: crimes tributários, crimes de drogas. Tudo vinculado aos limites da lei e da utilidade como prova para aquele processo.

O que passou a prática forense a demonstrar, foi que se revelavam crimes de terceiros sem participação do colaborador, apenas com a vantagem deste vir a reduzir sua pena em outro crime e com o risco de alguém direcionar o processo para pessoas: o colaborador provavelmente direcionando notícias de crimes a inimigos, o negociador estatal igualmente correndo o risco de ser tentado a pedir provas dos crimes que deseje, contra pessoas, partidos políticos, ideias. O processo penal precisa se limitar à persecução por fatos e não por pessoas; os favores de pena pela colaboração exigem limitação à utilidade para o específico processo.

Luiza Calegari e Pedro Canário relembram situações de delações de crimes de terceiros homologadas e até problemas daí surgidos:

> Diversos de seus relatos foram de acontecimentos dos quais ele não participou ou apenas ficou sabendo. Ou ainda o caso do ex-ministro da Fazenda e da Casa Civil Antonio Palocci, que teve sua proposta de delação rejeitada pelo Ministério Público porque diversos dos fatos podiam ser encontrados no Google. A delação de Delcídio foi rejeitada e diversos dos inquéritos abertos com base nela, arquivados.[431]

---

431 Cf.: CALEGARI; CANÁRIO, 2019, n.p.. E seguem: Houve ainda o caso da deputada Gleisi Hoffmann (PT-PR). Ela foi delatada pelo ex-diretor da Petrobras Paulo Roberto Costa, mas essa versão foi desmentida pelo doleiro Alberto Youssef. Segundo o doleiro, responsável pelas entregas de dinheiro, Paulo Roberto Costa não tinha relação com o PT, e por isso não teria como saber das negociações envolvendo Gleisi. O assunto foi e voltou entre os dois até que o MP se viu com sete versões diferentes para explicar como o dinheiro teria sido entregue a Gleisi, na época senadora. Ela foi absolvida por falta de provas.

E ressaltam posição em igual sentido de Lenio Streck, arguindo que se estaria a acabar com "picaretagem" nas delações, e de Gustavo Badaró, criticando que se pede ao colaborador sua história de vida, assim como de Luis Henrique Machado, no sentido de por vezes se revelam fatos sequer ilícitos, sem utilidade para a investigação ou geradores de posteriores arquivamentos por falta de provas.[432]

Em contrário, Diogo Malan afirmaria que

> Nosso sistema jurídico permite que qualquer pessoa do povo apresente notícia-crime às autoridades públicas por crimes de ação penal de iniciativa pública (CPP, artigo 5º, parágrafo 3º). Ou seja, há um interesse público

---

432 Por isso especialistas comemoraram a sanção do trecho pelo presidente. Para Lenio Streck, constitucionalista e colunista da ConJur, o dispositivo acaba com a "picaretagem" nas delações. "Colaborador deve mostrar o 'produto' que tem a 'vender'. A lei vai acabar — pelo menos assim se espera — com a chantagem que alguns colaboradores fazem — ou faziam — com pessoas que eles apontariam, caso não recebessem determinadas vantagens. Colaborador era 'todo prosa', porque podia até inventar coisas, que nem estavam relacionadas com os fatos ilícitos cometidos por ele, colaborador. Era uma bagunça. Um vale tudo. Agora parece que vai mudar", afirma.

Gustavo Badaró, professor de Direito Processual Penal na USP, afirma que a lei decreta o fim dos famosos "anexos" na delação. "A delação acabou sendo quase como uma "história de vida". A polícia ou o MP estão investigando uma determinada organização criminosa pela prática de certos crimes e se faz um acordo exigindo que a pessoa conte tudo o que sabe sobre tudo o que fez na vida toda. Se isso não for feito, muitas vezes o delator é ameaçado, por exemplo, com o rompimento do acordo de delação premiada por fatos que não tinham relação com o objeto daquele termo." Para ele, portanto, "a mudança é uma medida correta no sentido de estabelecer limites ao acordo de colaboração".

Para o criminalista Fernando Fernandes, "a criação de uma espécie de devido processo quanto ao acordo permitirá com que se inicie um controle maior de legalidade e de limites quanto ao objeto do acordo, das tratativas e das "revelações" do possível colaborador".

O criminalista Luis Henrique Machado destaca que, em muitas colaborações, narram-se fatos que nem sequer tratam de ilícitos penais, ou seja, não têm nenhuma utilidade para a investigação. "Nesse ponto, a lei visa claramente o pragmatismo e outorgar uma maior eficiência aos acordos de delação entabulados".

Machado defende o senador Renan Calheiros (MDB-AL) na "lava jato". Ex-presidente do Senado, Renan é recordista de inquéritos abertos na megaoperação. Mas também se encaminha para o recorde de inquéritos arquivados por falta de provas.

relevante na apuração desses fatos. Assim, nada impede que o colaborador narre quaisquer fatos verídicos - tenham ou não eles relação direta com aqueles que já são investigados.[433]

Também Alexandre Wunderlich, pretendendo fixar limite legal às penas, mas não às "sanções premiais", conclui serem estas livres em negociação criativa:

> Então, se ao juiz é autorizado a concretização máxima do benefício do "perdão" da "pena" e a lei não veda outras formas de "sanção premial", não vejo empecilho para o estabelecimento de avenças com "sanções premiais diferenciadas", que não seguem a dosimetria estabelecida com fulcro nas circunstancias judiciais do artigo 59 do Código Penal, mas sim o parâmetro previsto no artigo 4º, §1º, pois a "concessão do benefício levará em conta a personalidade do colaborador, a natureza, as circunstâncias, a gravidade e a repercussão social do fato criminoso e a eficácia da colaboração".[434]

Nessa obra já se ressaltou desde o exame da legislação brasileira sobre o favor de pena na colaboração, que a delimitação legal do que se pode delatar em verdade se viu presente como regra nas normativas nacionais. Agora fez a Lei Anticrime apenas a explicitação de critério já estável e histórico da colaboração premiada: a utilidade da delação é vinculada aos propósitos especificados na respectiva lei e aos fatos da organização criminosa investigada.

Não se chegará à interpretação extrema de limitar a delação aos fatos noticiados na portaria policial ou requisição ministerial investigatória, mas é preciso relação direta com eles. Não poderá por uma colaboração em corrupção no trânsito, pretender saber que crimes praticou o chefe do motorista flagrado na sonegação de tributos...

Ademais, dando-se a alteração dentro da Lei de Criminalidade Organizada, onde se previu utilidade na revelação de seus integrantes, infrações e produtos – inclusive resgatando a vítima íntegra –, assim como dos fatos relacionados diretamente a isso, na forma do art. 4º da Lei nº 12.850/90, a explicitação legal de delação sobre fatos diretamente relacionados aos investigados terá igual limite: crimes da organização criminosa, seus agentes e produtos. Não há limite ao enquadramento típico ou até de fatos específicos do início da investigação, mas de vinculação a esses fatos pela prática por mesmo grupo criminoso.

---

[433] MALAN *apud* CALEGARI; CANÁRIO, 2019, n.p.

[434] WUNDERLICH, 2020, n.p.

Segue o legislador, assim, tendência histórica nas legislações brasileiras sobre esse benefício, premiando com redução de pena a quem trate do fato investigado que é por lei abrangido – sonegação tributária, drogas, crime organizado – e não premiando fatos quaisquer de terceiros.

Somente lei pode conceder favores de menor persecução e o critério da utilidade, agora expresso mais claramente no art. 3º - C, § 3º – "tenham relação direta com os fatos investigados" – da Lei de combate às organizações criminosas, assim necessariamente fatos relacionados aos crimes de uma organização criminosa, tornou muito menos discutível o alcance da delação.

Finalmente, vale esclarecer que como critério estável, apenas agora explicitado, sua aplicação se dá de imediato a todos fatos criminosos ainda passíveis de homologação judicial – que estabelece o contrato perfeito, a ser respeitado pelas partes e Estado persecutor.

Diferentemente pensam Pierpaolo Cruz Bottini e Vladimir Aras, que até admitem a restrição contida na Lei Anticrime, como limitadora da delação a fatos relacionados aos crimes investigados, embora criticando o desestímulo à colaboração,[435] mas propõem a não retroação da nova lei:

> Em se tratando de regra de direito penal material, que restringe ao réu colaborador as causas de diminuição de pena, benefícios penais e regimes de cumprimento da sanção, a alteração não retroage, de forma que aqueles que praticaram delitos até o dia anterior à data de sua vigência (23/1/2020) podem pleitear os benefícios vedados pela nova lei.[436]

É interessante posicionamente pela pretensão de proteção. Não é caso, porém, de restrição a direito que em verdade jamais existiu – a limitação aos propósitos e fatos na lei sempre se fez presente, agora isto apenas melhor se esclareceu. A prática forense em contrário não

---

[435] Parece vedar, por exemplo, os chamados regimes especiais, comuns nos acordos de colaboração, que previam o cumprimento domiciliar das penas de privação de liberdade, com monitoramento eletrônico (modalidade não prevista na legislação penal ou de execução penal).

Com tal dispositivo, a lei endurece as condições dos acordos, uma vez que impede cumprimento de pena em contexto mais favorável ao colaborador em comparação àqueles previstos no Código Penal e na Lei de Execução Penal. Nessa medida, é um desestímulo à colaboração premiada, pois esta se torna menos vantajosa para o investigado ou réu.

[436] BOTTINI; ARAS, 2020, n.p.

se dava de modo tranquilo – ao contrário, já se citaram precedentes não admitindo essas invenções – e sequer poderia a tradição de poucos anos constituir direito adquirido a interpretação legal.

5. RESCISÃO

Já se desenvolveu na subseção "Desfazimento da colaboração", no capítulo "Caracteres na lei da criminalidade organizada", que até a homologação podem as partes desistir da realização do acordo, sendo que após esse momento ele passa a vincular a todos. Explicitou-se que mesmo sem previsão de desfazimento unilateral, faticamente isso pode ocorrer, sugerindo-se então que o acordo deva ser resolvido como contrato bilateral, com a fixação judicial de favores proporcionais às promessas realizadas pelo colaborador.

Inova a Lei Anticrime ao prever que "O acordo homologado poderá ser rescindido em caso de omissão dolosa sobre os fatos objeto da colaboração".[437]

Embora tecnicamente a rescisão seja o gênero que compreende a resolução e resilição, esta por acordo bilateral ou direito potestativo legal, a ideia do dispositivo é de encerramento do contrato por culpa de uma parte, que passa a se submeter ao direito unilateral da outra – resilição unilateral.

Assim, poderá o Ministério Público promover o exercício de seu direito potestativo de resolver o acordo de colaboração quando seja descoberta omissão dolosa de crimes relacionados diretamente aos fatos investigados – limite legal da colaboração.

Como direito potestativo, fica ao critério do negociador estatal, por prazo razoável não previsto em lei: a razoabilidade será examinada casuisticamente, não se admitindo ao direito potestativo por culpa de uma parte a eternização do motivo como causa resolutiva.

Na prática dos acordos de colaboração, já era usual constar em cláusula do acordo a previsão de seu desfazimento por omissões propositais do colaborador.

A imputação de omissão dolosa é fundamento para o direito potestativo ministerial de resilição, cabendo ao judiciário resolver eventual discussão quanto à existência da omissão, quanto a estar ela no limite

---

[437] § 17 do art. 4º da Lei nº 12.850/2013.

de utilidade da lei – fatos diretamente relacionados aos investigado –, quanto à constatação do limite de fatos delatados e quanto à conduta dolosa do colaborador.

Embora possa existir discussão de vinculação aos fatos delatados e se estes estavam no limite de utilidade legal, mais prováveis serão os debates acerca do dolo na omissão, muito possivelmente sendo alegado pelo colaborador involuntário esquecimento ou presunção de importância do fato. Ao juiz caberá solver o debate, acolhendo a omissão dolosa de fatos exigíveis para a rescisão do acordo, ou negando-a para manter a vigência dos favores prometidos.

Mesmo admitindo-se a culpa inicial do colaborador, que deixa de revelar todos os fatos delatados e exigíveis – dentro da relação direta aos fatos investigados –, as provas por ele trazidas permanecerão válidas no processo – salvo contra o próprio colaborador – e merecerão proporcional valoração de favores de redução da pena. Mantém-se, assim, a paridade de ônus no contrato bilateral, recebendo cada parte a parcela correspondente de benefícios e arcando com os ônus correspondentes: aproveita a acusação de provas, mas recebe o colaborador favores penais proporcionais.

Seguiu a lei sem prever procedimento para a colaboração, que já se tratou no tópico "Desfazimento da colaboração", no capítulo "Caracteres na lei da criminalidade organizada", como imprescindível – respeitando ao contraditório prévio e motivação para a imposição do gravame de desfazimento do acordo.

Nesse sentido bem ressaltam André Luís Callegari e Raul Linhares que o dano se mantém:

> Ainda hoje não se dispõe de balizas legais para se avaliar a (in)existência de descumprimento do acordo pelo colaborador, a maior ou menor gravidade do descumprimento e se tal descumprimento deve importar em rescisão do acordo ou em sua revisão. Essa temática é objeto de exame pioneiro pelo ministro Edson Fachin, no Inquérito 4.483, ainda pendente de decisão.[438]

Se já a inadmissão hoje exige motivação expressa e se claro é o reconhecimento do contraditório dentro da colaboração.

---

[438] CALLEGARI; LINHARES, 2020, n.p.

Não tratou o legislador da complementação dos acordos de colaboração, tão usual na prática forense, onde a descoberta das omissões não gera o desfazimento do acordo pelo interesse ministerial em sua vigência complementada. O colaborador revela então os fatos antes não tratados e são reexaminados os favores estatais correspondentes, preservando "[...] o interesse público no resultado da colaboração, permanecendo o agente a colaborar com a atividade persecutória estatal."[439] É o informalmente chamado *recall* da colaboração.

Tratando-se o desfazimento do acordo por omissão dolosa de hipótese de direito potestativo ministerial, realmente nada impediria manter o ajuste ou refazê-lo, incluindo os fatos antes omitidos.

Deve, porém, incidir a exigência de motivação para denegação dos acordos de colaboração também aos *recalls*, de modo que justifique o representante estatal da razão de não admitir a complementação pelo colaborador – seja porque perdeu-se a fé na sua colaboração, seja porque desnecessária, seja por outro motivo relevante. O que não se pode admitir é discricionária e imotivada ação do negociador estatal que por vezes aceita complementação de fatos, por vezes não a aceita. A motivação é razão de transparência e de controle da discricionariedade dos agentes públicos.

Outra cláusula de rescisão comum na prática forense que veio agora a ser incorporada ao texto legal é a rescisão por continuidade da "conduta ilícita relacionada ao objeto da colaboração".[440]

Realmente na colaboração do imputado espera o Estado facilitar a persecução e cessar crimes da organização criminosa. Se o imputa não cessa a atividade criminosa, deixa de se fazer presente um dos grandes fundamentos do acordo e gera ao Estado a inaceitável condição de negociar com que pratica e segue praticando crimes.

Mesmo decorrendo o desfazimento do contrato por culpa em ação ilegal do imputado, os resultados e consequências não se alteram: as

---

439 Cf.: CALLEGARI; LINHARES, 2020, n.p. Outro fragmento dos mesmos autores que é importante ressaltar é: "Entretanto, em caso de descumprimento pelo agente colaborador, sempre que possível for, deve-se conferir preferência à revisão ("recall") do acordo, geralmente com o redimensionamento das sanções premiais. Desse modo, preserva-se o interesse público no resultado da colaboração, permanecendo o agente a colaborar com a atividade persecutória estatal."

440 § 18 do art. 4º da Lei nº 12.850/2013.

provas por ele trazidas são válidas para a persecução apenas de corréus, mas recebe ele favores penais proporcionais.

A lei previu vedações ao uso da prova do colaborador contra ele próprio em caso de retratação, antes da homologação judicial, seja promovida pelo imputado,[441] seja promovida pelo celebrante.[442] Mesmo sem exclusão legal da prova, seu uso contra o réu violaria, porém, a boa-fé: acreditou o imputado que confessava para uma redução de pena, trouxe provas de sua culpa acreditando nos favores prometido. São provas produzidas interessadamente.

Desfeito o acordo, desaparece – ao menos proporcionalmente, pela redução ou desaparecimento dos benefícios – o interesse inicial. Seria um procedimento de muito questionável ética usar o Estado de confissão e provas autoincriminatórias produzidas pelo imputado por interesse após retirado.

Mesmo terceiros não poderão utilizar da interessada prova autoincriminatória, para responsabilização civil. Embora não participando do acordo, a vítima estaria então beneficiando-se de um engano ao imputado, que somente confessou pelas promessas ofertadas. Somente valerá confissão e provas outras autoincriminatórias quando as confirma o colaborador a rescisão do acordo, então já ciente que não o faz por promessas estatais. As restrições de admissibilidade e valor valem para o feito criminal e como prova emprestada em outros feitos criminais ou cíveis.

Claro que a situação surge por imputada culpa do colaborador, que como consequência tem a decisão de rescisão do contrato, ficando sem receber benefícios integrais. A culpa para a rescisão do contrato não acarreta, porém, culpa para a valoração da prova colhida.

De outro lado, se mantém um dos fundamentos de inadmissão das provas autoincriminatórias, trazido na lei para a retratação antes da homologação judicial: a boa-fé, proibindo o uso incriminatório ao colaborador que traz interessadamente a prova interessadamente de sua culpa.

A proteção da boa-fé e a admissão do interesse do colaborador ao trazer provas de sua própria culpa, impedem que rescindido o contrato sejam aproveitadas as provas autoincriminatórias do imputado.

---

441 §6º do art. 3º-B da Lei nº 12.850/2013 veda provas contra o imputado

442 §6º do art. 3º-B da Lei nº 12.850/2013 - veda qualquer uso da prova.

6. INTERVENÇÃO JUDICIAL

A intervenção judicial vem na Lei Anticrime melhor definida, com o cuidado necessário de afastar o juiz das negociações, mas tornando certa sua obrigação de bem examinar amplamente a legalidade e de ser sua a competência na dosimetria da pena.

Além de manter a previsão da regularidade e legalidade, o novo § 7º do art. 4º da Lei nº 12.850/2013 prevê que o exame da voluntariedade se dá pela oitiva judicial do colaborador, assistido por advogado, não mais como opção – como antes constava –, mas como dever do juiz. Trata-se de regra de proteção que merece integral cumprimento. Não obstante, se mesmo para a audiência de custódia infelizmente se tem admitido que sua falta não acarreta diretamente nulidade, difícil é imaginar que a jurisprudência nacional acolha a nulidade do acordo por falta dessa oitiva em lei imposta.

Outra novidade é ter o legislador ressalta o especial cuidado judicial na apuração da voluntariedade quando se trate de colaborador que "[...] está ou esteve sob efeito de medidas cautelares." É que ao preso a possibilidade de ameaças, diretas ou indiretas – promessas posteriores de soltura, de transferência a outras unidades prisionais –, pelo Estado ou mesmo por outros presos, tem maior possibilidade de ocorrência.

Não se afasta valor à negociação da colaboração com réu preso – ou antes preso –, mas se exige maior cuidado judicial na aferição da livre vontade de adesão pelo imputado.

Acresce o mesmo parágrafo o dever judicial de valorar a adequação legal das condições – exame de legalidade –, a adequação legal dos regimes e de progressão – também dentro da legalidade – e de inadequação das condições – exame de proporcionalidade da negociação, com devolução do acordo às partes. Bem distingue o legislador que ao juiz cabe a aferição da legalidade e da dosimetria, enquanto cabe às partes a definição das condições negociadas – sob externo exame de proporcionalidade pelo juiz.

Realmente, não tinha sentido na legislação brasileira a prática forense de fixação de penas pelo Ministério Público ou Delegado. A jurisdicionalidade da dosimetria não pode ser excluída sem expressa – e de muito discutível constitucionalidade – previsão legal específica.

Fez o contrário a Lei Anticrime, expressou que o juiz é quem dosa a pena, fazendo a análise fundamentada "[...] do perdão judicial e das primeiras etapas de aplicação da pena [...] antes de conceder os benefícios pactuados."[443] A previsão do legislador não é de que seja a pena fixada no acordo – como muito ocorria na prática forense – e nem mesmo na homologação – examina o juiz as primeiras etapas de dosimetria –, mas que já reconheça o magistrado se há razoabilidade nas propostas de redução legal da pena: até dois terços ou substituição por restritivas de direitos, ou mesmo de perdão.

É que ao se examinarem as circunstâncias judiciais e legais – primeiras etapas da dosimetria e limite exigido ao exame judicial para a homologação – já terá o magistrado condições de identificar claros erros de propostas por perdão, por penas restritivas ou do favor máximo de perdão judicial. Perceberá o magistrado, por exemplo, que o agente possui vida social conturbada, que o crime é extremamente reprovável, que possui condenações prévias sucessivas, reincidência ou agravantes outras, a indicarem como não suficiente a proposta de perdão, de restritivas ou de altos patamares de redução da pena – próximos do limite de 2/3 (dois terços).

No mesmo sentido, André Luís Callegari e Raul Linhares reconhecem a expressa delimitação legal dos favores negociados:

> Entendemos que não mais existe espaço para sanções extralegais nos acordos de colaboração premiada. Afinal, o comando legal exige do magistrado, no juízo de homologação, que verifique a adequação dos "benefícios" pactuados com aqueles estabelecidos no rol legal; impondo, na segunda parte do mesmo dispositivo, a nulidade das cláusulas que violem os critérios legais de cumprimento de pena, quando a sanção premial importar em privação da liberdade.[444]

Presente desproporcional oferta de favores estatais, porque pretendidas reduções demasiadas ou ínfimas da pena – justamente descoberta pelo exame judicial das primeiras fases da aplicação da pena –, deverá o magistrado devolver o acordo para sua revisão pelas partes. Se pretendido favor ilegal – como pena restritiva a reincidente –, caberá em qualquer caso – mesmo ante insistência das partes – a denegação por violação à regra e princípio da legalidade.

Também haverá desrespeito à legalidade, com imposição de nulidade do art. 4º, § 7º, II, da Lei nº 12.850/2013, a fixação de regime prisional ou de progressão diferentemente do previsto em lei ou com critérios ilegais. Põe o legislador por terra infeliz invenção que grassava na prá-

---

443 § 7º-A.

444 CALLEGARI; LINHARES, 2020, n.p.

tica forense de não somente se inventarem penas, como se inventarem regimes prisionais – diferenciados, na "mansão" do condenado), por critérios ilegais – desrespeitando ao artigo 33 do Código Penal – e com progressão de regime em prazo e condições ilegais.

Pena é fundamento de resposta estatal, de restrição individual, e não pode fundar-se em invenções, em bom senso, exigindo sempre o limite da lei estrita e prévia. É previsto simplesmente a explicativa, interpretadora do sistema jurídico sempre vigente: jamais se admitiram penas, regimes ou progressos inventados, ilegais. A incidência da nova norma é imediata e retroativa, pois simplesmente explicativa.

Não há direito adquirido à tradição forense de invenção de regimes. Há direito adquirido, porém, aos contratos homologados. Embora ilegais os regimes, se homologados pelo juiz a partir de uma negociação do representante estatal – Ministério Público ou Delegado de Polícia –, caberá ao estado persecutor o cumprimento do acordado. É situação similar à sentença erroneamente fixada pelo juiz, com benefícios indevidos ao condenado - a ilegalidade por erro do Estado não pode servir de fundamento para se beneficiar com sua revisão, em prejuízo do cidadão condenado.

Pior do que o erro de uma condenação com benefícios ilegais, é o desfazimento do contrato ou de condenações em benefício da torpeza e erro próprios. O contrato homologado precisa ser integralmente cumprido.

Toda razão possuem Bottini e Aras quando criticam a incongruência criada pela permissão de progressões de regime "[...] ainda que ausentes os requisitos objetivos [...]",[445] para os acordos após a sentença, quando isto foi vedado para os acordos antes dela (inciso II do § 7º do art. 4º - nulas as cláusulas que violem as regras de cada um dos regimes prisionais) . Há incongruência.

Os favores na colaboração tardia, após a condenação por sentença – sem distinção de ser ela ainda recorrível ou não –, deveriam ser menores do que aqueles cominados à colaboração anterior, que minora o trabalho acusatório estatal. O favor de pena é incentivo à facilitação da persecução criminal e isto resta diminuído com a colaboração tardia, mesmo sendo então revelados coautores, estrutura criminosa ou produto do crime antes desconhecidos. Houve necessidade do esforço estatal para toda a investigação e provas até a sentença.

---

[445] § 5º do art. 4º.

Assim, corretamente estabeleceu o § 5º do art. 4º menor redução máxima da pena – limite na metade – do que o previsto para as colaborações prévias – limite em dois terços –, mas incongruentemente ampliou favor ao permitir a progressão de regime antes do cumprimento objetivo de pena exigido pela lei requisito temporal objetivo. O resultado não é ideal, mas possível de admissão: segue sendo favor legal estimulando a colaboração premiada mesmo após condenação.

Embora desproporcional o favor legal maior à colaboração tardia, é regra legal expressa e passa a ser exceção ao requisito temporal para a progressão de regime, imediatamente aplicável a quaisquer acordos de colaboração com condenação já ocorrida, transitados ou não em julgado.

Aqui não se tem situação de pena fora da lei, justamente pela previsão expressa de possibilidade de progressão de regime mesmo sem o requisito temporal. A dúvida é se esse favor legal, desarrazoadamente concedido para situação menos útil à persecução, se estenderia à colaboração prévia, onde negado taxativamente favor diferenciado de progressão.

Já se observaram situações onde a jurisprudência admitiu a analogia para benefícios, como na incidência da Lei dos Juizados Criminais – e seus benefícios de transação e suspensão condicional do processo – a crimes com pena máxima cominada em até dois anos, mesmo a lei estadual na época prevendo o limite em um ano – por analogia ao critério do pequeno potencial ofensivo fixado na nova lei dos juizados federais. De outro lado, a diferenciação taxativa já fez a jurisprudência manter a distinção de tratamento, como nos favores pelo parcelamento em sonegação de tributos ou de contribuição previdenciária, ou no pagamento em descaminho.

Tende a jurisprudência nacional a acolher mais facilmente a analogia quando percebida omissão, mas dificilmente a aceita quando há diferente tratamento legal específico, identificando então distinções para a ponderação diversa. É o que se tem na espécie, embora efetivamente seja melhor o aproveitamento da colaboração prévia, pode ser admitido que o legislador pretendeu criar incentivos ao benefício da progressão e a simples redução de pena até a metade pode ter sido entendido como pouco.

Tratando-se de alterações na mesma lei, é melhor ser compreendido o diferente tratamento pela admissão de diferentes objetivos e compensações: na colaboração prévia não se altera a progressão mas se admitem penas restritivas, perdão judicial e não persecução criminal; na colaboração tardia, para incentivar a delação de quem já não poderia ter afastada a condenação – não caberia perdão ou não persecução quando já condenado –, cria-se diferenciada progressão de regimes prisionais. Pode até não se concordar com o critério, mas é possível admiti-lo como razoável.

Assim, não se verifica inconstitucionalidade na vedação à invenção de critérios para progressão de regime, prevista na colaboração prévia à sentença, pois justamente isso seria o ordinário: cumprirem-se os limites e critérios da dosimetria e da execução penal. O eventual critério diferente, ou até erro na fixação desse maior benefício à colaboração tardia, não torna nula previsão legal correta – direcionada à colaboração prévia – de cumprirem-se as normas legais referentes à pena e sua execução.

É situação similar à redução de pena para mais gravoso crime, deixando de estender esse favor a crimes mais leves: a proporcionalidade não justifica extensão do favor legal.

Em contrário, a posição já salientada de Bottini e Aras:

> Assim, os benefícios sobre progressão de regime devem se estender a todos os colaboradores, sendo inconstitucional a vedação do inciso II do § 7º do art. 4, por ferir a isonomia e a proporcionalidade previstas no art. 5º, I, XLVI e LVI, da Constituição Federal.[446]

A posição de inconstitucionalidade para extensão do novo favor por isonomia deveria ter sido consideração e critério pelo legislador, mas temerária seria essa extensão

O inciso III do mesmo parágrafo trata da avaliação dos resultados prometidos ao critério de utilidade da delação – se são dados favores por colaborações admitidas na lei, se não se prometem reduzir penas por colaborações em crimes de que não participou ou sem vinculação com os crimes da organização criminosa investigada... É nova demonstração de vinculação e limites à delação e seus favores exclusivamente à lei – a negociação dá-se, sempre, dentro da lei. Favores de pena por colaborações legalmente irrelevantes ou estranhas à investigação, são ilegais e não podem ser homologados.

---

[446] BOTTINI; ARAS, 2020, n.p.

Pela insistência prática em acordos com penas exatas e até com cumprimento antecipado das penas, é bom novamente ressaltar que isto jamais foi permitido – somente pode o Ministério Público garantir o favor seu de não persecução criminal, a dosimetria da pena competindo ao magistrado – e que agora a lei torna ainda mais claro que na homologação examina o juiz proporcionalidade e legalidade das promessas, mas não fixa (nem o magistrado) pena, apenas admite patamares de redução (1/3, 1/2, 2/3…), penas restritivas de direitos ou perdão judicial. Na sentença é definirá concretamente culpa, condenação e pena, para início de cumprimento com o trânsito em julgado.

Com a homologação judicial, correta ou incorretamente feita, o acordo é lei entre as partes e vincula o Estado no cumprimento das reduções de pena prometidas, acaso também cumpra o delator integralmente com suas promessas de colaboração.

Finalmente, é interessante observar a menção expressa feita pelo § 7º-A art. 4º da Lei nº 12.850/2013 de que "O juiz ou o tribunal deve proceder à análise fundamentada do mérito da denúncia", a tornar certa a necessidade de exame da justa causa para a persecução criminal.

Há modelos em direito comparado, como visto no primeiro capítulo desta obra, que admitem negociações sem justa causa – bastando a admissão de culpa do imputado – e modelos outros que mantém o juiz obrigado a este exame – essa segunda sempre foi a opção brasileira, que agora restou expressa em norma apenas explicativa. Não há na legislação brasileira hipótese de culpa ou condenação sem provas e a confissão não é suficiente como prova mínima para esse fim; a revisão dessa tradição e delimitação legal exigirá prolongado e aprofundado debate legislativo para tanto.

Assim, não poderá o magistrado homologar acordos de colaboração que não possuam mínima prova de autoria de um crime demonstrado. Somente após constatar a justa causa para a ação penal é que se verifica a legalidade do acordo e de suas cláusulas, segue o magistrado à valoração da proporcionalidade dos favores.

A previsão do § 8º do art. 4º da Lei nº 12.850/2013 de devolução às partes para adequação quando o juiz perceber ilegalidade da proposta, somente pode ser compreendida como oportunidade de adequação à legalidade. Não há conveniência na ilegalidade, não podem as partes insistir em favores ou condições ilegais, como a fixação de penas, regimes ou progressões inventados ou fora das condições da lei. A insistência das partes em acordo ilegal gerará apenas a denegação judicial à pretendida homologação.

De outro lado, considerando o juiz desproporcionais os favores, a devolução às partes não é prevista em lei. A prática forense tem admitido a intervenção judicial na hipótese de constatar graves erros de proporcionalidade dos favores, com a devolução ao Ministério Público para reavaliação – e comum é o atendimento ministerial, com revisão do ponto exorbitante.

Não obstante, já se expressou nesta obra que dentro da legalidade se encontram inseridos os princípios constitucionais e não pode o magistrado admitir homologação a acordos que violem gravemente a proporcionalidade, a eficiência estatal e a presunção de inocência, entre outros princípios.

A jurisprudência e a prática forense têm admitido a devolução do acordo para reexame por desproporções graves entre favores e promessas, a pretensão aqui inserida de exame judicial na legalidade de grave desproporção é por ora ainda um caminhar proposto

7. CONCLUSÕES

A nova Lei Anticrime alterou dispositivos vários da colaboração premiada inseridos na Lei n° 12.850/2013, cumprindo sua missão de aperfeiçoamento da legislação no crime organizado.

Foram normatizadas definições já encampadas pela doutrina e jurisprudência nacional, de que a colaboração premiada é negócio jurídico para obtenção de prova, de que o réu sempre se manifestará após os delatores, de que só a fala do delator não permite restrições de direitos, de que não são aproveitáveis as provas de acordos não homologados e de cabimento da rescisão por omissão dolosa ou continuidade do colaborador nos crimes.

Inovou-se na definição da competência do juiz de garantias, com separação dos autos pertinentes, na exigência de motivação para o indeferimento ao pleito de colaboração, no requisito de desconhecimento para a não persecução criminal e na indicação das provas de corroboração junto ao acordo.

Finalmente, mais se detalhou na nova lei a confidencialidade da barganha até o recebimento da denúncia, a participação permanente e com poderes especiais do advogado, assim como o limite do critério da utilidade a fatos investigados da organização criminosa.

São importantes aperfeiçoamentos, quase todos com caráter explicativo e não inovador em gravames aos particulares, assim incidindo a fatos e negociações pretéritas não homologadas – homologado o acordo, precisará ser ele respeitado pelas partes, inclusive pelo estado persecutor.

CONSIDERAÇÕES FINAIS

O consenso é marca do modelo acusatório adversarial, com privilegiada posição das partes no processo. É a assunção de que a Justiça é jogo do processo.

Perde a sociedade com processos menos voltados à definição da verdade. Mesmo exageradamente criticada como mito, a verdade é necessária a qualquer processo: não há justiça na aplicação perfeita do direito a fatos inventados. Os riscos de perda da parcialidade precisam ser controlados, especialmente pelo processo de valoração da prova e sua motivação, mas perdem vítima e sociedade quando se absolvem criminosos; perdem ainda mais se condenam inocentes. A verdade de mito passa a ser dispensável no modelo do consenso pleno.

Alguns países, vistos no confronto sintético de direito comparado, mantêm o controle judicial de justa causa – provas mínimas de autoria do crime – e da proporção dos favores negociados. Mesmo admitindo-se o controle judicial da prova, a confissão releva como prova de culpa em qualquer valoração, mesmo judicial e tecnicamente, de modo que a admissão dos fatos pelo imputado tende a definir sua condenação. A prova do ocorrido cede à vontade das partes.

A condenação, com todos efeitos penais e civis, passa a dispensar o devido processo, dispensa por vezes investigação e dispensa contraditório ou defesa – que passa a ser ato formal de técnica negociadora dos favores possíveis.

O modelo da barganha americano chega a admitir exageros acusatórios como incentivo à adesão do imputado, com a ameaça de muitos e graves crimes, de altas penas e de grandes custos. Perdem as garantias.

Ganha muito a eficiência. Exemplos históricos registram condenações em poucos dias, menos de uma semana após os fatos: a admissão da culpa permite o julgamento imediato, com penas favorecidas. O sistema judicial passa a ter menos processos em tramitação, resolvendo a maioria dos crimes por negociação, e, com isso, pode melhorar em qualidade a atuação de seus envolvidos, pode incrementar as técnicas de investigação, pode ser mais eficiente.

As críticas, como se expôs no capítulo inicial, normalmente deixam de existir nos países que adotam rotineiramente a negociação. Acostumam-se os operadores do direito com a eficiência e riscos do consenso. Tendem as críticas a provir do estrangeiro, pela desconfiança nos erros, pelo risco na redução de garantias de dignidade do processado.

O Brasil cresce no consenso em processo penal. Dos iniciais acordos em crimes de pequeno potencial ofensivo, caminhamos para o extremo oposto de gravidade ao negociar a colaboração premiada em criminalidade organizada. Hoje ampliamos para a negociação em crimes leves. Segue a negociação no Brasil, porém, dentro dos limites legais judicialmente controlados, com exigência de prova da culpa em processo contraditório – não há culpa nem pena sem processo, por ora, na lei brasileira.

A desoneração da carga probatória, e até investigatória, pela colaboração premiada incentiva a proliferação de seu uso. Não pode esse mecanismo, porém, se vulgarizar: apenas agentes menores de organizações atuantes em graves crimes devem ser os destinatários desse mecanismo – colaboração premiada não é substitutivo da confissão (*guilty plea*), ou fonte de impunidade criminal.

A eficiência da colaboração é demonstrada pelos resultados no Brasil da última década, em número de persecuções, em recuperação do produto do crime, em responsabilização de "inatingíveis" – líderes sociais criminosos do "colarinho branco".

A busca da eficiência não pode ser, porém, objetivo único da persecução criminal. Precisa a eficiência ser sopesada com a proteção das garantias processuais constitucionais. Não se pode negociar por coerção estatal, com violação de direitos: inadmissível é a humilhação ou a privação da liberdade para induzir a colaboração, inadmissível é a negação ou condução do acordo por interesses pessoalizados do negociador, inadmissível é a pactuação violadora da lei ou da Constituição. Como todo negócio estatal, é ele vinculado às permissões legais e orientado pelos princípios constitucionais e processuais.

Estavelmente a legislação brasileira criou princípios ou critérios para a colaboração: favor judicial, proporcionalidade do favor, dimensionamento pelo resultado da colaboração, voluntariedade e utilidade delimitadora do alcance e extensão da delação. Esses regramentos se mantêm na atual Lei da Criminalidade organizada e servem como complemento e como critério interpretativo.

Preocupa a negociação de pena concreta, já dosada como pena final, em acordos de colaboração premiada. Homologa o juiz uma pena imposta pelo agente ministerial ao colaborador, abrindo mão da função jurisdicional e criando um novo inquisidor no Brasil, que investiga, acusa, julga condenando e fixando a pena: o Ministério Público.

O enorme poder constitucionalmente outorgado ao Ministério Público para a proteção da ordem jurídica não o exime de controles e da revisão de seus atos – e a independência funcional não é obstáculo. Ser livre para decidir pelo direito e pela consciência é exigência de independência para o exercício da função ministerial, como equivalente à liberdade de convicção judicial – nenhum dos dois, porém, ficará sem controle ou revisão de seus atos. Não se pode admitir que o agente ministerial isoladamente decida o que e quem perseguir, que ordens determinar – com os graves e imediatos efeitos que provocam em gestões estatais –, como gerir os fundos que institucionalmente recebe e restem todas essas decisões sem controle ou revisão.

Também na colaboração premiada a atuação isolada do agente ministerial deverá ser controlada e merecer revisão. Já prevê a Lei da Criminalidade Organizada o controle pelo princípio devolutivo ministerial,[447] mas esse instrumento precisa ser ainda ampliado – não apenas para a rejeição do acordo, como para a revisão de cláusulas com injustificável critério de negociação. A própria atuação conjunta de agentes ministeriais já em si seria controle inicial – e de qualidade – da colaboração, pelo melhor resultado de um colegiado e cuidando-se para que seus integrantes sejam alterados no tempo.

Além da revisão ministerial, também o Judiciário precisa assumir o efetivo controle da legalidade, de modo pleno. A homologação é a mais relevante fase da colaboração premiada, onde deverá o juiz não apenas verificar a legalidade formal do procedimento, mas especialmente o

---

[447] "Art. 4º, § 2º Considerando a relevância da colaboração prestada, o Ministério Público, a qualquer tempo, e o delegado de polícia, nos autos do inquérito policial, com a manifestação do Ministério Público, poderão requerer ou representar ao juiz pela concessão de perdão judicial ao colaborador, ainda que esse benefício não tenha sido previsto na proposta inicial, aplicando-se, no que couber, o art. 28 do Decreto-Lei nº 3.689, de 3 de outubro de 1941 (Código de Processo Penal)."

conteúdo material dos termos acordados. Não se podem admitir acordos que mantenham o acusado com o produto do crime, onde sejam inventados favores e obrigações ilegais, onde sejam violadas garantias processuais, onde venha a ser definida culpa e pena, onde se inicie desde logo a execução da pena por quem pode até sequer ser denunciado ou condenado.

Ultrapassada a fase da homologação, porém, admite o Estado a legalidade do contrato que firmou e a ele se vincula. Cumpridas integral ou parcialmente as obrigações assumidas pelo colaborador, precisará o favor de pena correspondente ser proporcionalmente aplicado.

Na fase posterior da sentença já não se examinam desacertos ou ilegalidades do acordo. Se atou o Estado como negociador e como conferente da legalidade, não pode após o cumprimento pelo colaborador pretender discutir ilicitudes do negócio jurídico, violando a boa-fé e beneficiando-se dos próprios erros – é o impedimento do *venire contra factum proprium*.

A colaboração premiada, como negócio jurídico entabulado pelo Ministério Público ou Delegado de Polícia, estabelece proporcionais obrigações ao colaborador – vinculadas aos fatos e grupo criminoso do processo – em troca de proporcionais favores previstos em lei – vedada a criação sem fundamento legal, especialmente de imunidade ou pena.

É também a colaboração estratégia da defesa, na opção de melhores ganhos, que para isso aceita falar a verdade plena, mas que no futuro pode decidir não mais colaborar, voltando a exercer o direito de silêncio – então desfazendo-se o acordo, com proporcional concessão de favores pelos resultados até então produzidos. Em complemento, nada impede que a opção pela colaboração seja judicialmente reconhecida na dosimetria, mesmo sem a celebração de acordos prévios – é a autocolaboração.

A exigência de controle social dos atos administrativos e processuais não permite admitir sigilo ao acordo estatal. Delatados possuem interesse processual direito e a sociedade necessita conferir critérios do acordo e riscos sociais de impunidade.

O resultado propiciado pelo colaborador se dá até mesmo como fonte de conhecimento para a investigação, mas predominantemente é meio de obtenção de provas válidas, mas que precisam se submeter ao contraditório pleno, e, no caso das declarações do colaborador, como prova interessada, a serem corroboradas.

O agir estatal exige encaminhamentos limitados na lei e orientados ao bem comum. Especialmente onde há margem discricionária, mais ao agente estatal é demandado o respeito aos valores fundamentais e mais se impõem controle e revisão. A negociação premial penal assim precisa caminhar.

A nova Lei Anticrime tornou ainda mais certos os limites à lei e o controle. Juiz examina – para a homologação – e fixa – na condenação – a dosimetria e favores negociados, dentro das cominações legais e sem invenções de pena, regimes ou progressão. O controle judicial se dá na análise ampla da legalidade e exige do próprio Ministério Público o controle interno ante defeitos de mérito da negociação. O sigilo é proteção necessária ao delatado, mas jamais fundamento de obstáculo à sua defesa e os fatos da delação somente serão premiados por crimes relacionados à investigação desenvolvida da organização criminosa.

A prova trazida pelo colaborador é interessada, muito útil, mas jamais única e, se desfeito o acordo, jamais autoincriminatória. A não persecução criminal, único favor ministerial, precisa ser utilizada com muita moderação, a criminosos menores da organização criminosa, por crimes desconhecidos. São relevantes definições legais a uma negociação que precisa ser eficaz, mas ainda garantidora de um devido processo legal.

A colaboração premiada é útil e eficiente meio de combate a graves crimes, direcionada àqueles agentes de menor periculosidade, utilizada extraordinariamente, por negociação que exige publicidade, limites conhecidos e controláveis – como qualquer ação estatal – por órgãos internos e externos, que impeçam obrigações e favores violadores da lei ou da Constituição.

REFERÊNCIAS

ALEXY, Robert. *Teoria dos Direitos Fundamentais*. 2. ed. São Paulo: Malheiros Editores, 2014.

AMODIO, Enio. I Pentiti nella Common Law. *Rivista Italiana di Diritto e Procedura Penale*. Milano: Giuffrè Editore, 1986.

ARAS, Vladimir. Técnicas especiais de investigação. In: CARLI, Carla Veríssimo de (Org.). *Lavagem de dinheiro*: prevenção e controle penal. Porto Alegre: Editora Verbo Jurídico, 2011.

ÁVILA, Humberto Bergmann. A distinção entre princípios e regras e a redefinição do dever de proporcionalidade. *Revista de Direito Administrativo*, Rio de Janeiro, v. 215, p. 151-179, 1999.

BADARÓ, Gustavo Henrique Righi Ivahy. *Processo Penal*. 3. ed. São Paulo: Editora RT, 2015.

BADARÓ, Gustavo Henrique: A Colaboração premiada: meio de obtenção de prova ou um novo modelo de justiça penal não epistêmica? BOTTINI, Pierpaolo Cruz; MOURA, Maria Thereza de Assis. (Org.). *Colaboração premiada*. São Paulo: Editora Revista dos Tribunais, 2017. p. 127-149.

BARROS, Suzana de Toledo. *O princípio da proporcionalidade e o controle de constitucionalidade das leis restritivas de Direitos Fundamentais*. Brasília: Brasília Jurídica, 2003.

BARROSO, Luís Roberto. *O novo direito constitucional brasileiro*: contribuições para a construção teórica e prática da jurisdição constitucional no Brasil. Belo Horizonte: Fórum, 2018.

BECCARIA, Cesare. *Dos delitos e das penas*. Tradução de J. Cretella Jr. e Agnes Cretella. 2. ed., São Paulo: RT, 1999.

BECKER, Gary. Crime and punishment – an economic approach. *Journal of Political Economy*, v. 76, 1968, p. 176. Disponível em: https://www.jstor.org/stable/1830482?seq=1#page_scan_tab_contents. Acesso em: 10 ago. 2020.

BINMORE, Ken. Game. *Theory*: a Very Short Introduction. Nova York: Oxford University Press, 2007.

BITENCOURT, Cezar Roberto. *Código Penal Comentado*. São Paulo: Saraiva, 2015.

BITENCOURT, Cezar Roberto. *Tratado de Direito Penal, parte especial*. 4. ed. São Paulo: Saraiva, 2008.

BITTAR, Walter Barbosa. *Delação premiada*: direito estrangeiro, doutrina e jurisprudência. Rio de Janeiro: Lumen Juris, 2011.

BONATO, Gilson. Por um efetivo "Devido Processo Penal". *In*: BONATO, Gilson (Org.). *Direito Penal e Processual Penal, uma visão garantista*. Rio de Janeiro: Editora Lumen Juris, 2001. p. 121-138.

BOTTINI, Pierpaolo Cruz; ARAS, Vladimir. Reflexões sobre a homologação do acordo de colaboração premiada. Consultor Jurídico, 2 jul. 2020. Disponível em: https://webcache.googleusercontent.com/search?q=cache:pMR03GPDxwcJ:https://www.jota.info/opiniao-e-analise/artigos/reflexoes-sobre-a-homologacao-do-acordo-de-colaboracao-premiada-02072020+&cd=1&hl=pt-PT&ct=clnk&gl=br. Acesso em: 11 ago. 2020.

BOTTINO, Thiago. Colaboração premiada e incentivos à cooperação no processo penal: uma análise crítica dos acordos firmados na "Operação Lava Jato". *Revista Brasileira de Ciências Criminais*, v. 122, ago. 2016. Disponível em: https://dialnet.unirioja.es/servlet/articulo?codigo=5719892. Acesso em: 4 set. 2020.

BRANDALISE, Rodrigo da Silva. *Justiça penal negociada*: negociação de sentença criminal e princípios processuais relevantes. Curitiba: Juruá, 2016.

CALEGARI, Luiza; CANÁRIO, Pedro. Delator não pode mais relatar fatos não relacionados à investigação. Consultor Jurídico, 25 dez. 2019. Disponível em https://www.conjur.com.br/2019-dez-25/delator-nao-relator-fatos-quais-nao-participou. Acesso em: 11 ago. 2020.

CALLEGARI, André Luís; LINHARES, Raul Marques. *Colaboração premiada, lições práticas e teóricas de acordo com a jurisprudência do Supremo Tribunal Federal*. Porto Alegre: Editora Livraria do Advogado, 2019.

CALLEGARI, André Luís; LINHARES, Raul Marques. Delatados devem falar por último no processo penal. CONJUR, 2 set. 2019. Disponível em: https://www.conjur.com.br/2019-set-02/opiniao-delatados-falar-ultimo-processo-penal. Acesso em: 10 ago. 2020.

CALLEGARI, André Luís; LINHARES, Raul. A colaboração premiada após a lei "anticrime". Consultor Jurídico, 4 mar. 2020. Disponível em: https://www.conjur.com.br/2020-mar-04/opiniao-colaboracao-premiada-lei-anticrime. Acesso em: 10 ago. 2020.

CANOTILHO, J. J. Gomes; BRANDÃO, Nuno. Secção de doutrina: colaboração premiada e auxílio judiciário em matéria penal: a ordem pública como obstáculo à cooperação com a operação Lava Jato. *Revista de Legislação e de Jurisprudência*, Coimbra, set./out. 2016. Disponível em: https://www.conjur.com.br/dl/acordos-delacao-lava-jato-sao.pdf. Acesso em: 4 set. 2020.

CAPEZ, Rodrigo. No processo penal não existe o poder geral de cautela. Consultor Jurídico – 06Mar17. Disponível em: https://www.conjur.com.br/2017-mar-06/rodrigo-capez-processo-penal-nao-existe-poder-geral-cautela. Acesso em: 8 ago. 2020.

CHOUKR, Fauzi Hassan. Comentários às Técnicas Investigativas da Legislação Emergencial - A Colaboração à Brasileira com a Justiça: A Lei 9.807. Disponível em: http://www.novacriminologia.com.br/Artigos/ArtigoLer.asp?idArtigo=1261. Acesso em: 12 set. 2010.

COELHO, Gabriela. SIGILO DA FONTE, Gilmar Mendes dá cautelar proibindo investigações sobre Glenn Greenwald. Consultor Jurídico, 7 ago. 2019. Disponível em: https://www.conjur.com.br/2019-ago-07/gilmar-mendes-proibe-investigacoes-glenn-greenwald. Acesso em: 10 ago. 2020.

CORDEIRO, NEFI. Colaboração premiada e combate à corrupção – princípios constitucionais da administração pública regulando o negócio judicial. *In:* HIROSE, R. T. (Coord.). *Carreiras típicas de estado desafios e avanços na prevenção e no combate à corrupção.* Belo Horizonte: Editora Fórum, 2019a.

CORDEIRO, NEFI. Delação premiada na legislação brasileira. *Revista da AJURIS*, Porto Alegre, ano 37, n. 117, p. 273-296, mar. 2010.

CORDEIRO, NEFI. O acesso judicial ao mérito da colaboração premiada - garantia processual e constitucional. *In:* SUPERIOR TRIBUNAL DE JUSTIÇA. *Doutrina:* edição comemorativa, 30 anos. Brasília: Superior Tribunal de Justiça, 2019b. Disponível em: https://ww2.stj.jus.br/docs_internet/revista/eletronica/revista_doutrina_dos_30_anos.pdf. Acesso em: 24 set. 2020.

COSTA, Leonardo Dantas. *Delação premiada:* a atuação do Estado e a relevância da voluntariedade do colaborador com a justiça. Curitiba: Juruá, 2017.

COSTA, Pedro Jorge do Nascimento. Silêncio e Mentira como Prova: a Proteção às Organizações Criminosas. *In:* SALGADO, Daniel de Resende; QUEIROZ, Ronaldo Pinheiro de (Org.). *A prova no enfrentamento à macrocriminalidade.* Salvador: Juspodium, 2015. p. 163-186.

COUTINHO, Jacinto Nelson de Miranda. Fundamentos â Inconstitucionalidade da Delação Premiada. *Boletim IBCCRIM*, ano 13, n. 159, p. 7-9, fev. 2006.

COUTINHO, Jacinto Nelson de Miranda; CARVALHO, Edward Rocha de. Acordos de delação premiada e o conteúdo ético mínimo do Estado. *Revista de Estudos Criminais*, Porto Alegre, ano 6, n. 22, p. 75-84, abr./ jun. 2006.

COUTINHO, Jacinto Nelson de Miranda; CASTANHO DE CARVALHO, Luis Gustavo Grandinetti. *O novo processo penal à luz da Constituição.* Rio de Janeiro: Lumen Juris, 2010.

Cretella Júnior, José. *Curso de Direito Administrativo.* Rio de Janeiro: Forense. 1967.

Cunha, Rogério Sanches; PINTO, Ronaldo Batista; SOUZA, Renee do Ó. *Leis penais especiais comentadas.* Salvador: Editora JusPODIVM, 2020.

DI PIETRO, Maria Sylvia Zanella. *Direito Administrativo.* 26. ed. São Paulo: Atlas. 2013.

DOTTI, René Ariel. *Curso de Direito Penal.* 2. ed. Rio de Janeiro: Forense, 2004.

ESTELLITA, Heloisa. A delação premiada para a identificação dos demais coautores ou partícipes: algumas reflexões à luz do devido processo legal. *Boletim IBCCRIM*, São Paulo, ano 17, n. 202, p. 2-3, set. 2009.

ESTRATÉGIA NACIONAL DE COMBATE À CORRUPÇÃO E À LAVAGEM DE DINHEIRO (ENCCLA). Manual de Colaboração Premiada. Brasília, jan. 2014. Disponível em: http://www.mpf.mp.br/atuacao-tematica/sci/dados-da-atuacao/eventos-2/eventos-internacionais/conteudo-banners-1/enccla/restrito/manual-colaboracao-premiada-jan14.pdf/view. Acesso em: 10 ago. 2020.

FERNANDES, Antonio Scarance; ESSADO, Tiago Cintra. Corrupção: aspectos processuais. *Revista Brasileira de Ciências Criminais*, v. 89, mar./abr. 2011.

FERRAJOLI, Luigi. *Direito e razão*: teoria do garantismo penal. São Paulo: Revista dos Tribunais, 2002.

FERREIRA FILHO, Manoel Gonçalves. A corrupção como fenômeno social e político. *Revista de Direito Administrativo*, p. 1-18, jul./set. 1991. Disponível em: http://bibliotecadigital.fgv.br/ojs/index.php/rda/article/view/44482. Acesso em: 4 set. 2020.

FIGUEIREDO DIAS, Jorge de. *Direito Processual Penal*. Coimbra: Coimbra Editora, 1981. v. 1.

FIGUEIREDO DIAS, Jorge. Acordos sobre a Sentença em Processo Penal. O "Fim" do Estado de Direito ou um Novo "Princípio"? Porto: Editor Ordem dos Advogados Portugueses, 2011.

FISCHER, Douglas. O que é Garantismo (Penal) Integral? *In:* CALABRISCH, Bruno; FISCHER, Douglas; PELELLA, Eduardo (Org). *Garantismo Penal Integral*: questões penais e processuais, criminalidade moderna e aplicação do modelo garantista no Brasil. 4. ed. Porto Alegre: Verbo Jurídico Editora, 2017.

FONSECA, Cibele Benevides Guedes da. *Colaboração premiada*. Belo Horizonte: Del Rey, 2017.

FREITAS, Juarez. *O controle dos atos administrativos e os princípios fundamentais*. 4. ed. rev. e ampl. São Paulo: Malheiros, 2009.

GALLI, Marcelo. É mentira dizer que a corrupção será derrotada com o Direito Penal (entrevista Eugenio Raúl Zaffaroni). Consultor Jurídico, 1 nov. 2015. Disponível em: https://www.conjur.com.br/2015-nov-01/entrevista-raul-zaffaroni-jurista-ministro-aposentado-argentino. Acesso em: 10 ago. 2020.

GASPARINI, Diógenes. *Direito administrativo*. 15. ed. São Paulo: Saraiva, 2010.

GAZZOLA, Gustavo dos Reis. Delação Premiada. CUNHA, Rogério Sanches *et al.* (Coord.). Limites Constitucionais da Investigação. São Paulo: RT, 2009.

GOMES, Luiz Flávio. Corrupção Política e Delação Premiada. *Revista Magister de Direito Penal e Processual Penal*, Porto Alegre, p. 108-109, ago./set. 2005

GRINOVER, Ada Pellegrini. A iniciativa instrutória do juiz no processo penal acusatório. Disponível em: http://www.ablj.org.br/revistas/revista15/revista15%20%20ADA%20PELLEGRINI%20GRINOVER%20%E2%80%93%20A%20Iniciativa%20instrutoria%20do%20Juiz%20no%20Processo%20Penal%20acusat%C3%B3rio.pdf. Acesso em: 10 ago. 2020.

GRINOVER, Ada Pellegrini. O crime organizado no sistema italiano. *Revista Brasileira de Ciências Criminais*, São Paulo, ano 3, n. 12, out./dez. 1995.

HARTMANN, Stefan Espírito Santo. *O juízo de corroboração das declarações do corréu colaborador nos acordos de colaboração premiada*. Dissertação (Mestrado em Direito) –Faculdade de Direito da Universidade Federal do Rio Grande do Sul, Porto Alegre, 2019.

HILBRECHT, Ronald O. Uma introdução à teoria dos jogos. *In:* TIIM, Luciano Benetti (Org.). *Direito e Economia no Brasil*. 2. ed. São Paulo: Editora Atlas S.A. 2014.

IHERING, Rudolf Von. *A luta pelo direito*. 4. ed. rev. São Paulo: Revista dos Tribunais, 2004.

JESUS, Damásio E. de. Estágio Atual da "Delação Premiada" no Direito Penal Brasileiro. *Revista Magister de Direito Penal e Processual Penal*, Porto Alegre, p. 98-102, ago./set. 2005.

JUSTEN FILHO, Marçal. *Curso de Direito Administrativo*. 12. ed. São Paulo: Editora Revista dos Tribunais, 2016.

KAGAN, Robert A. *Adversarial Legalism:* The American Way of Law. Cambridge, Massachusetts, Londres, Inglaterra: Harvard University Press, 2003.

KAWAMOTO, Silvia Reiko. Breves apontamentos sobre o crime organizado e a proteção a testemunha na Itália e nos Estados Unidos. *In:* PENTEADO, Luciano de Camargo (Org.) . *Justiça Penal*. São Paulo: Editora Revista dos Tribunais, 2000. v. 7. (Críticas e Sugestões)

KNIJNIK, Danilo. *A prova nos juízos cível, penal e tributário*. Rio de Janeiro: Forense, 2007.

LIMA, Renato Brasileiro de. *Manual de Processo Penal*. 2. ed. Salvador: Juspodivm, 2020.

LOPES JÚNIOR, Aury. *Direito Processual Penal*. 14. ed. São Paulo: Saraiva, 2017.

LOPES JÚNIOR, Aury; ROSA, Alexandre Morais da. Entenda o impacto do Juiz das Garantias no Processo Penal. Consultor Jurídico, 27 dez. 2019. Disponível em: https://www.conjur.com.br/2019-dez-27/limite-penal-entenda-impacto-juiz-garantias-processo-penal. Acesso em: 10 ago. 2020.

MAIER, Júlio. *Derecho Procesal Penal*. Buenos Aires: Editores Del Puerto, 2002. v. I.

MALACARNE, Emília e MALAFAIA, Juliana. A incômoda im(p)unidade dos irmãos Joesley e Wesley Batista. Consultor Jurídico, 1 jun. 2017. Disponível em: https://www.conjur.com.br/2017-jun-01/opiniao-incomoda-impunidade-irmaos-batista. Acesso em: 10 ago. 2020.

MARCÃO, Renato. Delação Premiada. *Revista Magister de Direito Penal e Processual Penal*, p. 103-107, ago./set. 2005.

MAZZILLI, Hugo Nigro. Ministério Público – Instituição e Processo. In: Antônio Augusto de Mello de Camargo Ferraz (Coord.). *Independência do Ministério Público*. São Paulo: Editora Atlas, 1997.

MEIRELLES, Helly Lopes. *O Ministério Público na Constituição de 1988*. São Paulo: Editora Saraiva, 1989.

MEIRELLES, Hely Lopes. *Direito Administrativo Brasileiro*. 29. ed. São Paulo: Malheiros, 2004.

MELLO, Celso Antônio Bandeira de. *Curso de Direito Administrativo*. 31. ed. São Paulo: Malheiros Editores. 2013.

MENDES, Gilmar Ferreira; BRANCO, Paulo G G. *Curso de Direito Constitucional*. São Paulo: Saraiva, 2015.

MENDONÇA, Heloísa. Brasil piora 17 posições no ranking de corrupção da Transparência Internacional. EL PAÍS, 21 fev. 2018. Disponível em: https://brasil.elpais.com/brasil/2018/02/20/politica/1519152680_008147.html. Acesso em: 10 ago. 2020.

MENDRONI, Marcelo Batlouni. *Crime organizado*: aspectos gerais e mecanismos legais. 3. ed. São Paulo: Atlas, 2009.

MESSITTE, Peter. Plea Bargaining in Various Criminal Systems. Article Presented at the 11th Annual Conference on Legal and Policy Issues in the Americas, Montevideo, Uruguay, 2010. Disponível em: https://www.law.ufl.edu/_pdf/academics/centers/cgr/11th_conference/Peter_Messitte_Plea_Bargaining.pdf. Acesso em: 10 ago. 2020.

MONTE, Vanise Rõhrig. A necessária interpretação do instituto da delação premiada, previsto na Lei 9.807/99, â luz dos princípios constitucionais. *Revista da Ajuris*, Porto Alegre, ano 26, n. 82, p. 234-248, jun. 2001.

MONTESQUIEU, Charles de Secondat. *O espírito das leis*: as formas de governo, a Federação, a divisão dos Poderes. 9. ed. São Paulo: Saraiva, 2008.

MORAES, Alexandre de. *Reforma Administrativa*: Emenda Constitucional nº 19/98. 3. ed. São Paulo: Atlas, 1999.

MOREIRA NETTO, Diogo de Figueiredo. *Curso de Direito Administrativo*. Belo Horizonte: Editora Forense, 2009.

NUCCI, Guilherme de Souza. *Leis Penais e Processuais Penais Comentadas*. 4. ed. São Paulo: Editora Revista dos Tribunais, 2009.

ORGANIZAÇÃO DAS NAÇÕES UNIDAS. Resolução nº 45/110 - Regras Mínimas das Nações Unidas para a Elaboração de Medidas não Privativas de Liberdade (Regras de Tóquio).

PACELLI, Eugênio. *Curso de Processo Penal*. São Paulo: Atlas, 2017.

PALUDO, Januário. *Manual da Escola Superior do Ministério Público da União*: Forças-Tarefas Direito Comparado e Legislação aplicável. Brasília: Escola Superior do Ministério Público da União, 2011.

PENTEADO, Jaques de Camargo. Delação Premiada. *In:* COSTA, José de Faria; SILVA, Marco Antonio Marques da (Coord.). *Direito Penal Especial, Processo Penal e Direitos Fundamentais: Visão Luso-Brasileira*. São Paulo: Quartier Latin, 2006. p. 628-659.

PEREIRA, Frederico Valdez. *Delação premiada, legitimidade e procedimento:* aspectos controvertidos do instituto da colaboração premiada de coautor de delitos como instrumento de enfrentamento do crime organizado. 3. ed. Curitiba: Juruá Editora, 2016.

PEST, Robert. A Colaboração Premiada no Processo Penal Alemão. Tradução de Luís Henrique Machado. *Revista de Direito Univille*, Porto Alegre, n. 74, mar./abr, 2017. Porto Alegre: RDU, 2017.

PRADO, Geraldo. Professores criticam parecer sobre prisões preventivas na "lava jato". Delação forçada. Consultor Jurídico, 28 nov. 2014. Disponível em: https://www.conjur.com.br/2014-nov-28/professores-criticam-parecer-prisao-preventiva-lava-jato. Acesso em: 13 ago. 2020.

RIBEIRO, Diaulas Costa. *Ministério Público:* dimensão constitucional e repercussão no processo penal. São Paulo: Saraiva, 2003.

RICHTER, André. Lava Jato completa 4 anos neste sábado; veja números da operação. Agência Brasil, 17 mar. 2018. Disponível em: http://agenciabrasil.ebc.com.br/politica/noticia/2018-03/lava-jato-completa-4-anos-neste-sabado-veja-numeros-da-operacao. Acesso em: 11 set. 2020.

ROSA, Alexandre Moraes da. *Para entender a delação premiada pela teoria dos jogos:* táticas e estratégias do negócio jurídico. Florianópolis: EMais, 2018.

ROSA, Alexandre Morais da; BERMUDEZ, André Luiz. *Para entender a delação premiada pela teoria dos jogos:* táticas e estratégias do negócio jurídico. 2. ed. Florianópolis: Emais, 2019.

ROXIN, Claus. *Derecho Penal. Parte General.* Madrid: Civitas, 2000. v. I.

ROXIN, Claus. *Derecho Procesal Penal.* Buenos Aires. Editores del Puerto. 2000.

SANTOS, Rafa. Estudo do CNJ estabelece bases para implantação do juiz das garantias. Consultor Jurídico, 23 jun. 2020. Disponível em: https://www.conjur.com.br/2020-jun-23/estudo-cnj-estabelece-bases-implantacao-juiz-garantias. Acesso em: 11 set. 2020.

SILVA, Vírgilio Afonso da. O proporcional e o razoável. *Revista dos Tribunais*, São Paulo, n. 798, p. 23-50, 2002. Disponível em: https://revistas.unifacs.br/index.php/redu/article/viewFile/1495/1179. Acesso em: 4 set. 2020.

SUPREMO TRIBUNAL FEDERAL. ADI 5508. STF decide que delegados de polícia podem firmar acordos de colaboração premiada. 20 jun. 2018. Disponível em: http://www.stf.jus.br/portal/cms/verNoticiaDetalhe.asp?idConteudo=382031. Acesso em: 10 ago. 2020.

TEIXEIRA, Francisco Dias. Princípios constitucionais do Ministério Público. *Boletim Científico ESMPU*, Brasília, ano I, n. 2, p. 69-82, jan./mar. 2002.

TRANSPARENCY. Corruption perceptions index 2017. Disponível em: https://www.transparency.org/news/feature/corruption_perceptions_index_2017?gclid=EAIaIQobChMIyIrG1dHJ3AIVWoGzCh1T-XANZEAAYASAAEgLPxvD_BwE. Acesso em: 10 ago. 2020.

VALLE, Juliano Keller do; GARCIA, Marcos Leite. A lógica perversa da colaboração premiada no processo penal brasileiro: por que (ainda) é necessário falar sobre o garantismo de Ferrajoli? *Revista de Direito Penal, Processo Penal e Constituição*, Maranhão, v. 3, jul. dez. 2017.

VASCONCELOS, Vinicius Gomes de. *Colaboração premiada no processo penal*. São Paulo: Thomson Reuters Brasil, 2018.

WUNDERLICH, Alexandre. "Sanção premial diferenciada" após o pacote "anticrime". Consultor Jurídico, 9 jan. 2020. Disponível em: https://www.conjur.com.br/2020-jan-09/wunderlich-sancao-premial-diferenciada-pacote-anticrime. Acesso em: 11 ago. 2020.

ZAFFARONI, Eugenio Raúl. Entrevista. Consultor Jurídico, 5 jul. 2009. Disponível em: https://www.conjur.com.br/2009-jul-05/entrevista-eugenio-raul-zaffaroni-ministro-argentino. Acesso em: 4 set. 2020.

◎ editoraletramento   🌐 editoraletramento.com.br
ƒ editoraletramento   in company/grupoeditorialletramento
🐦 grupoletramento   ✉ contato@editoraletramento.com.br

🌐 casadodireito.com   ƒ casadodireitoed   ◎ casadodireito